高等院校精品教材

U0798817

21世纪
常用财经应用文写作基础教程

◎ 畅晋华 编著

東華大學出版社

内容简介

本书由上海立信会计学院教师畅晋华编著。全书根据21世纪财经发展形势的要求，概述了财经应用文的文体、写作规范和技巧，并分类详述了几种常用文体的写作。全书体现了当前本、专科财经类专业对应用文教学的要求。本书可作为高等学校经济管理类专业本、专科学生教学用书，也可作为经济管理类专业从业人员自学参考用书。

图书在版编目(CIP)数据

21世纪常用财经应用文写作基础教程/畅晋华编著.
—上海:东华大学出版社,2014.9
ISBN 978-7-5669-0611-3

Ⅰ.①2… Ⅱ.①畅… Ⅲ.①经济—应用文—写作—教材 Ⅳ.①H152.3

中国版本图书馆CIP数据核字(2014)第206527号

责任编辑 王克斌
封面设计 魏依东

21世纪常用财经应用文写作基础教程
畅晋华 编著

出版发行	东华大学出版社(上海市延安西路1882号 邮政编码:200051)
联系电话	编辑部 021-62373511 发行部 021-62193056 62373056
网址	http://www.dhupress.net
天猫旗舰店	http://dhdx.tmall.com
经销	新华书店上海发行所发行
印刷	句容市排印厂
开本	787 mm×960 mm 1/16
印张	18
字数	348千
版次	2014年9月第1版
印次	2017年2月第2次

ISBN 978-7-5669-0611-3 定价 35.00元

前　言

大学生学习应用文写作，势在必行。

本书在把握基础知识点的基础上，力求体现21世纪财经、经济类专业对应用文教学的最新要求。

本书从不同角度介绍了一些应用文写作的技巧和方法，旨在帮助读者克服应用文写作的习惯性错误，目的在于方便读者，灵活运用。

为了学生终生学习的需要，本教材通过多种形式，注重条据、书信、计划、总结等写作基本功的训练，力求将实用性、示范性、可读性、趣味性等有机结合起来。本书在编写过程中，得到了上海立信会计学院畅秀萍老师、南开大学的张纯露、章修琳，北京大学原帅的热情帮助，得到了东华大学出版社的大力支持，在此一并衷心致谢。

同时，特别感谢我的家人在本书编写过程中给予的理解和支持。

本书中摘录、引用的有些资料，由于时间关系及无法查明具体出处，请原作者看到本书后与本书作者联系。

由于时间仓促，水平有限，遗漏和谬误之处恳请大家指正！

畅晋华

二〇一四年八月于上海

目 录

第一单元 基础概论

第二单元 常用财经日用文书

第一单元　基础概论

第一章　财经应用文写作概论

内容提要

财经应用文的概念、种类、特点和作用

学习目标

★ 了解财经应用文的概念、特点
★ 掌握财经应用文的种类、作用及规律
★ 掌握财经应用文的写作要求

第一节　财经应用文的概念、特点和作用

一、财经应用文的概念及含义

1. 财经应用文的概念

应用文是指国家党政机关、社会团体、企事业单位和个人在处理公务、日常事务、沟通信息、协调关系时所使用的具有惯用格式和实用价值的文体总称。财经应用文是应用文的一个重要分支，是一种专业文书。

财经公文：指用于处理财经部门问题的行政公文。如用于财经方面的公告、通告、通知、通报、报告、请示、批复、函等。也就是指财政机关、企事业单位、团体以及个人在财经活动中反映财经信息，处理财经事务，研究、解决财经实用问题的一种具有特定格式的专业应用文。

财经应用文是各级财政部门传达国家财政方针、发布财政法规、交流经验、沟通信息、解决财经问题的重要工具。

2. 财经应用文的含义

财经应用文通用文书：指用于财经部门管理日常事务经常使用的文书。如财务工作计划、财务工作总结、财务规章制度等。

财经应用文的专用文书：指财经契约与司法、财经传播与策划、财经报告等专业性很强的文书。如：合同方面有经济合同、意向书、协议书三种；市场状况方面有市场调查报告；研究建议方面有可行性研究报告，项目建议书等经济预测报告、审计报告等。

财经经济学术论文：对经济科学领域中的问题进行专业探讨，表述科研成果的文书。

除此之外，本书还编写了财经方面的书信、条据、启事、说明书、简报、民用诉状等。

二、财经应用文的特点和作用

（一）财经应用文的特点

1. 实用性和针对性

写文章都是为实现一定的目的而写的。比如，文学作品的写作目的是为了反映社会生活，表现人们的思想感情。说明文的写作目的是为了说明某个事理或事物。财经应用文的写作目的与它们都不同，是为了处理工作和生活中的实际问题。比如：写一篇请示，是为了向上级请求批准办理某一事项；写一份财务报告，目的是向上级报告财务收支状况；写一篇民事诉状，是为了解决已经发生的民事纠纷；写一篇广告，是为了向公众宣传某种商品或服务。从这个意义上说，应用文都具有实用性。

同时，财经应用文还具有针对性，有比较明确的对象，即特定的读者。诸如书信要写称呼；介绍信要写抬头；公文要写主送单位；拟写会议通知，要明确出席对象；编发简报，要明确送达单位；签订合同和书写诉状，均要明确双方当事人等。

2. 规范性和格式性

文学作品只有体裁上的区别，而在同一体裁中可以千姿百态、争奇斗艳。在文学创作中，我们反对格式雷同，走程式化道路。但是，应用文恰恰在格式上具有程式化、规范化的特点。

规范性是指财经应用文的内容结构和文章格式有标准性、规定性、统一性。应用文的内容结构一般都是约定俗成，有规律可循的。如写计划，一般先写目的，然后再写具体任务、目标、措施、时间、步骤；写消息，一般采用倒金字塔结构形式，即把最重要的内容写在前面；写调查报告，一般先介绍调查的目的、调查的对象、调查的时间和地点、调查的方式，然后再就调查的问题分项阐述。应用文的文面格式有两种情况：一种是已固化并被指定的规范格式，如公文格式、司法文书格式、合同格式等；另一种是惯用格式，虽没有严格的规定，但格式比较稳定一致，如一些会议文书、财务文书和事务文书等。

3. 真实性和实效性

文学创作可以虚构，文学作品中的人不等于现实生活中的原型，故事中的情节也并非要照搬生活。比如小说就是塑造典型环境中的典型人物，而这种来源于生活的艺术形象更集中、更典型地反映了生活的本质。

但是，应用文的性质决定了真实性是它的显著特征。作为解决实际问题的应用文体，它必须如实地反映客观现实，必须准确无误。真实是指应用文的内容，应用文无论处理公务或私务，都要以诚信、诚实为基础，实事求是，遵守道德，讲求信誉，决不能弄虚作假，虚构编造。比如写会议纪要，不能无中生有，张冠李戴；写调查报告，不能闭门造车，凭想当然来写；写广告不能虚实相间，真假混淆；写新闻，一定要要真实地反映时间、地点、人物和事件。

除真实性之外，财经应用文另一特点就是受时间限制。应用文的性质和写作的目的决定了应用文的时效性，应用文的各个文种都有时间限制，都是针对一定时间内要解决的问题，过了时限就失去了效用，所以，要及时发文，按时办理，这是财经应用文与其他文章的重要区别。

4. 执行性和专业性

财经应用文的权威性是指在职权范围内发布的公务文书，具有法定执行性，如财经制度、经济合同等；有些财经文书对经济活动有一定的指导和制约作用，如经济活动分析报告、预测报告等。

专业性主要是指内容表达上常用专业术语、指标数据说明问题。有时为了表达得简洁准确，还经常用图表来说明问题。

5. 政策性和程序性

财经应用文是传达贯彻执行国家财经方针政策，处理财经事务的一种重要工具，这就注定了财经应用文具有鲜明的政策性。写作也有比较严格的程序，这种程序是指要遵循一定的审批手续。例如，代表单位签订合同，须经领导授权；单位秘书部门常在领导的授意下，起草计划、总结、调查报告，编发简报。特别是拟写行政公文，必须经领导的授权和指导，最后要由领导的审定、签发。

（二）财经应用文的作用

在日常活动中，财经应用文的用途可以分为两大类：一类是行政机关、团体和企事业单位用来处理公务的；一类是个人或集体用来处理私事的。

1. 传递信息

应用文可以起到传递信息的作用。下级的希望要求、工作情况以及所属部门、单位的各种动态，特别是新情况、新问题、新经验，需要及时向上级主管部门反映；

上级主管部门制定的方针、政策和指示、意见等，需要尽快向下级传达；同级或不同部门相互之间商洽工作，交流情况，协作共事，也需要一定的书面材料，这一切多是由机关应用文承担。如决定、通知、通报、规定等，一方面统一人们的思想认识，规范人们的行为，增强人们的法制观念和工作责任感，另一方面通过这种信息的传递，不断推动社会的发展和进步。

2. 处理事务

在经济活动中，求职应聘要写自荐书，做生意要签订合同，打官司要写诉状，最简单的财经往来也要有条据，最常用的启事、广告、请柬等应用文都帮助人们处理了很多日常事务。

3. 沟通交流

企业开业，需要注册登记，要与投资者沟通，出具验资报告，要向工商行政管理局打报，申请营业执照；甲乙双方合作，需签订协议合同；推销产品，需要策划广告；商洽业务需要发函等。在这些经济活动中，财经应用文都起着沟通交流的作用。

4. 依据凭证

在财经活动中，上级下达的文件、各级政府颁布的法规、有关方面的规章制度等，都可作为开展工作和检查工作的依据。

凭证性条据、合同文本、公证材料等，都是经济业务中的重要凭证。若在财经事务中出现问题、纠纷，就可依据这些凭据，循法律之途径，维护自己的权益。

除此以外，一些重要的经济应用文也是一定历史阶段的档案资料。

5. 宣传教育

机关的大多数公文，都有宣传教育的职能。特别是“决议”、“决定”、“报告”、“指示”等高级领导机关的文件，其内容一般都包含指导思想，理论和实践的依据，方针政策以及实施方案等。向下传达贯彻这些文件就是为了统一思想，提高认识，推动工作。有些作为新闻报导发表的文件，宣传教育的范围就更广，影响就更大。下级向上级报送的简报、报告等等，实质上也有向上级机关和领导同志作宣传的作用。

6. 规范行为

财经机关应用文的许多种类，都不同程度地规定了人们的行动准则和行为方向，特别是法规性和政令性文件，对于人们该干什么，不该干什么，在什么时间、什么范围、什么地点做什么等等，都有明确的规定。有的还具体地制订了奖惩办法。这类文件经发布后，就必须坚决执行，任何人都不得违反。

7. 提高效益

财经应用文很大程度上是以提高经济效益，促进管理，规范经济工作为目的的，如工作计划是为了部门和个人工作的顺利完成；工作总结是为促进今后工作做得更好等。这一切都是为了推动工作的进展、提高工作的效率而写的。有的经验总结也起着宣传教育的作用。

第二节　财经应用文的发展沿革

一、财经应用文的产生

写作应用文书，不是今天才有，而是古已有之，已有数千年的历史。它萌芽于先秦时期的殷商和战国，发展于秦汉和南北朝，成熟于唐宋，至明清，在经历了它的后现代变革，直至今天，依然发挥着巨大作用……

殷墟出土的甲骨文证明，从有文字开始，就有了应用文写作。甲骨卜辞是我国应用文的原始雏形。中国最古老的皇室文集周代的《尚书》中汇编的典、谟、训、诰、命、誓等上古帝王发布的文告，开创了应用文书写的先河。

《尚书》是我国第一部古老的应用文专集。记载了虞、夏、商、周四代的部分文件、训令、誓词及一些历史事迹。我们从《尚书》中保存的《尧典》《舜典》《汤誓》《牧誓》看，有的是古代皇帝禅位、就职时的誓词，有的是军旅出师前的檄文，有的是钱物的运用办法。财经应用文也由此产生。

最典型的，如建安时期，曹魏就沿用汉制，向编户征收田租、户调。建安五年七月（公元 200 年）阳安郡都尉李通“急录户调”。建安元年（196 年），曹操颁布《置屯田令》，任命任峻为典农中郎将，主持屯田事业。及至建安九年九月，曹操平定河北之乱后，颁布了《收租调令》，打破了旧的赋税制度，也就是按亩交纳谷物，即“租”；按户交纳布、绢、丝，即“调”。《收租调令》明确规定，按亩收租，每亩每年交纳粟 4 升；依户征调，每户年纳绢 2 匹、棉 2 斤。除此之外，不得擅自额外加码，并责成各州、郡官员加强检查督办。《收租调令》的颁布和实施，不仅稳定了国家财政收入来源，较好地理顺了国家与人民的分配关系，而且减轻和规范了农民的税负，同时也促进了农业的发展，稳定了民心。后还颁布《求贤令》等。

后来，宋代的王安石变法还置制三司条例司。王安石认为：“今欲理财，则当收利权。”宋神宗曾深表赞许。

二、财经应用文的发展

秦、汉两代是应用文发展、成熟的重要时期。秦统一中国后，规定了国家机关的文书制度，公文文体分类和公文格式已初步确立，有了上行文和下行文的区分。名篇有李斯《谏逐客书》等。

汉代把皇帝对臣下的文书定为制、诏、刺、策四种。臣对君的文书定为章、奏、表、议四种。如贾谊的《论积贮疏》、晁错的《论贵粟疏》等。

三国魏晋南北朝是应用文继续发展的时期。诸葛亮的《出师表》、李密的《陈情表》等都是传世名篇。

唐宋以后，文学创作日趋发展，不少文人致力于诗、词、曲、小说的创作，但应用文写作仍然处于"政事之先务"的主导地位。魏征《谏太宗十思疏》、韩愈的《祭十二郎文》、欧阳修的《答吴充秀才书》、王安石的《答司马谏议书》等，都是应用文名篇佳作。

明清时期，文体分类日趋详细、繁杂。据徐望之《公牍通论》所计，应用文已发展到六七十种。这也反映了统治者对公文的重视。

辛亥革命以后，政府对文书进行了改革。1921 年，颁布了《公文程式》，规定了"令"、"咨"、"呈"、"示"、"状"五种。

新中国成立后，1951 年 4 月，中共中央办公厅、政务院秘书厅在北京召开了全国秘书长会议，讨论、通过并颁布了《公文处理暂行办法》。这个文件是新中国成立后第一个公文法规。财经应用文也随着我国的应用文的发展而发展。

财经应用文的发展如图 1-1 所示。

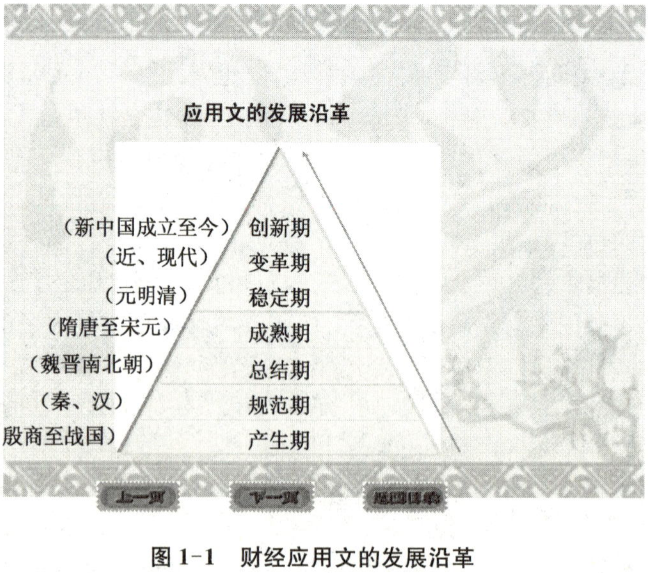

图 1-1　财经应用文的发展沿革

第三节　财经应用文的分类和写作要求

一、财经应用文的分类

按照财经应用文的使用范围和内容性质来划分，财经应用文种类有：

(一) 财经公务文书

财经公务文书又可以分为财经行政公文和财经事务文书。

1. 财经行政方面的公文

指《国家行政机关公文处理办法》所规定的文种。包括：命令(令)、决定、公告、通告、通知、通报、议案、报告、请示、批复、意见、函、会议纪要、决议、公报等十五种。

2. 财经事务方面的文书

包括计划、总结、调查报告、述职报告、竞聘报告、规章制度、会议记录、会议讲话稿、开幕词、闭幕词、简报等。

(二) 财经专用文书

财经文书指的是专业性较强的文书。主要有：

1. 财经专用文书

如市场调查报告、市场预测报告、经济活动分析报告、可行性研究报告、审计报告、经济合同、招标书、投标书等。

2. 财经司法文书

如起诉状、答辩状、上诉状、判决书、公证书等。

3. 财经科技文书

如科技论文、科技报告、毕业设计报告、实验报告、产品说明书等。

4. 财经传播文书

如消息、通讯、特写、广告等。

5. 财经日用文书

如信函、条据等。

另外财经应用文还有涉及外交、军事方面等的专业文书，但由于使用很专一，本书从略。

二、财经应用文的写作要求

1. 内容

写作财经应用文，要求内容一定要从实际出发，考虑该篇财经应用文有何非写不可、必不可少的内容，努力做到内容要素齐全完备。

2. 格式

要求符合所用应用文体的程式性要求。程式性是应用文的又一大特点，它主要表现为具有一定的惯用格式。这一点，法定的行政公文与电报表现得极为突出。拿公文来说，标题、发文字号、主送及抄送抄报机关名称、正文、附件、标注、发文时间、秘密等级、缓急程度等项的写法及其书写位置等都有特定的要求，甚至连文字的书写排印、用纸的规格及装订等都有严格的规定。

有些财经应用文虽无明确规定其书面格式、书写体例，但一般都有其较常用的结构形式。

复习思考题

一、财经应用文有哪些特点？

二、财经应用文是如何分类的？

三、谈谈财经应用文的发展和写作要求。

第二章　财经应用文写作基础知识

内容提要

财经应用文的主旨和材料的关系
财经应用文结构
语言和表达方式

学习目标

★ 了解财经应用文主旨和材料的关系
★ 掌握财经应用文的结构及学习方法
★ 明确应用文语言和表达方式

第一节　财经应用文的主旨和材料

一、财经应用文的主旨

主旨就是主要的意义、用意或目的。在文学作品中常称为主题、主题思想；议论文称为中心论点；说明类文章中称中心意思；应用文则称为主旨。财经应用文的主旨，是由文稿的行文目的、思想认识和主张要求共同构成的，是撰稿人在传达政策、发布指示、周知事项、汇报工作、总结经验和沟通情况时所表达的行文意图。这个意图就是应用文的宗旨或基本精神。财经应用文要根据标题确定主旨。

1. “主题先行，意在笔先”

应用文主旨的产生过程，是先确定主题，后去组织材料。应用文的写作有时是被动的，是客观需要。工作上、生活中遇到了实际问题需要询问、反映和答复，领导分配的任务、单位和个人的约稿等。

2. 主旨的内涵不同

应用文的主旨，是通过事实材料和说理、说明，表达某种主要观点或基本意见。

其主旨，往往是代表一定的群体或组织行为，是经过集体讨论研究决定的，所体现的是整体的意志和利益，是某一组织对某个问题的认识与评价；而文学作品的主题则是通过描绘现实生活和塑造艺术形象，表现作者的思想感情，认识与评价带有极为明显的主观感情色彩。

3. 主旨要单一、明确、集中

应用文的主旨要求单纯、专一，特别是公文，为了防止行文关系混乱，提高工作效率，使文章收到较好的表达效果，公文要求一文一事，主旨单一，即使篇幅较长的应用文，也是通过不同侧面说明同一个主旨，以一个主旨贯穿全篇，其他的分论点紧紧围绕一个中心，从属全篇的主旨，达到有机的统一。

财经应用文应紧紧围绕一个问题组织材料，突出一个中心，无论是肯定或否定，也无论是支持或反对，都必须做到单一而鲜明，才便于读者或受文机关准确地把握理解文章的行文意图。文学作品允许一部长篇小说表现几个不同或不尽相同的主题，使之立体化、复杂化、多样化，读者欣赏阅读也尽可以仁者见仁、智者见智，留下广阔的思考空间。

财经应用文主旨的正确、鲜明、撮要、单一集中，是写好的关键。

4. 财经应用文主旨表现方法不同

应用文的主旨，其表现方法主要是记叙、议论和说明，多为陈述性概述，一般是直叙、平叙。如总结、调查报告中介绍工作进程，介绍事实的原委，简介基本情况，用语直截了当、明白，以简明、质朴无华取胜。而文学作品的主题却提倡表现方法的多样与新颖，既可以描写、形容、抒情，也可以虚构、夸语、顶针、象征，还可以运用意识流等多种写作手法。

5. 主旨正确

这是对财经应用文的最基本要求。无论写哪一类文章，都要考虑写作的目的和社会效果，这就要求作者坚持正确的立场、观点和方法，坚持实事求是，认真领会与贯彻党和国家的路线、方针、政策、法令、法规，准确地反映客观实际，从而确立正确的主旨，对工作起积极的指导作用。

财经应用文一旦确立了主题，就要选择恰当的写作材料来表现主题，离开生动具体的材料就不存在主题，离开材料就不会有血肉丰满的文章。

二、财经应用文的材料

材料是写作的基础，没有材料就写不成文章。然而，写成一篇财经应用文，需要很多材料。材料要靠有心积累。生活是源泉。不但适用于文艺创作的材料积累，而且也适用于财经写作的材料积累。这就告诉我们，财经写作的材料既要搜集直接材料，也要搜集间接材料。至于如何选材，可以从以下几个方面着手：

（一）选择直接表现主题的现实材料

如果说主题是文章的“灵魂”，那材料便是文章的“血肉之驱”。主题蕴含在具体的材料之中，材料是为表现主题服务的。因此，选择材料必须紧紧围绕主题，服从主题的需要，只要与写作主题关系密切，对表现主题突出有力的材料就选用，否则就舍弃。即使是新鲜、具体、生动的材料，也要“忍痛割爱”。

俄国作家契诃夫说：“要知道在大理石上刻出人脸来，无非是把这块石头不是脸的地方都剔掉罢了。”写文章也要学习这种“剔”的艺术。

（二）选择真实、准确的材料

材料的真实是指严格意义上的“生活真实”，也即指文章中的事实性材料要严格地符合客观事物的原貌或实际情况。而虚假的材料就由于编造而容易出现明显的破绽，文章也因虚假而大打折扣。所以在财经应用文写作过程中，不论直接材料还是间接材料都一定要抒真实情感，写真情文章。

（三）选择典型材料

典型材料就是某一事物中最有代表性的事例或材料。它既是具体的、个别的，又是富有鲜明独特的个性的，同时又能体现同一类事物的本质特征和普遍意义的。能以“一斑窥全豹”、以“一目传精神”。典型材料需要在许多可用的材料中进行精选。典型的材料可以做到“以一当十”，以高度的概括力，通过个别反映一般。

因此，我们选取的材料越典型，应用文就越能产生强大的说服力。

（四）选择新颖的材料

现实材料，能体现新情况、新经验和新问题，具有新的时代风貌，因此，我们首先要占有它。材料要新颖、生动。所谓新颖，就是要创新意，发奇思。当然，写作材料的选择需根据每个人的具体情况而定。除了能选用恰当丰富精彩的材料外，财经应用文还需要准确的语言表达能力等。然而，根据主旨选好了写作的材料，文章已经成功了一半。因此要写应用文，不能不掌握选择材料的技巧。

三、主旨与材料的关系

主旨不能孤立存在，它寓于材料之中，存在材料之内，必须通过材料才能得以表现，获得生命。所以，材料和主旨，是构成文章内容两个不可分割的因素，主题统帅材料，材料表现主旨，二者互相依存，缺一不可。

在应用文写作时，选择什么样的材料要根据主旨的需要。材料从属于主旨，受主旨制约，为主旨服务。但材料一旦进入文章，主旨就寄寓在材料当中，有赖于材料的表现。没有主旨就没办法选择材料，没有材料就无从提炼主旨，也没办法表现主旨。二者既有从属关系，也有依赖关系。在应用文中，二者必须是高度统一的。

第二节　财经应用文结构

一、财经应用文的结构

写任何文章，都有一个结构的问题。主旨和材料解决的是内容方面的问题。结构，或者说谋篇布局，则是要解决形式方面的问题，即如何安排材料，怎样表现主旨，先写什么，后写什么，分几层写，分几段说。安排结构，是按照应用文书特定的要求和比较稳定的惯用格式，结构是应用文写作的“骨架”，是作者思路在文章中的具体体现。“骨架”搭建得如何，布局是否合理，条理是否清楚，直接影响到财经应用文内容的表达效果。

结构要素，乃是财经应用文格式的主要方面。

1. 财经应用文结构主要要素

可以分为“一般结构要素”与“特殊结构要素”两类。

“一般结构要素”指的是一种应用文体中的所有篇章都必须具备的。例如公文中的“标题”、“发文字号”、“主送机关名称”、“正文”、“印章”和“发文时间”等，这是每一篇公文都要具备的部分。

“特殊结构要素”则不是一种应用文体中的所有篇章都必须具备的，而只是其中某些或某一篇章为了满足某种特殊的需要所特别具备的。仍以公文为例，除了上述那些“一般结构要素”外，秘密公文要标明秘密等级；紧急公文要标明缓急程度；有附件的公文要在正文之后注明附件名称与顺序；上报国务院的公文应注明签发人；会议通过的文件要在标题之下、正文之前注明会议名称与通过日期。这秘密等级、缓急程度、附件标注、签发人姓名、会议名称与通过日期等，便是公文的“特殊结构要素”。

应用文的结构通常由标题、正文和落款组成。不同文种有不同的标题形式。落款主要写发文单位名称，发文日期，并加盖印章。应用文正文的结构要素主要有层次、段落、过渡、照应、开头和结尾几项。

(1) 层次

即正文主旨的表现次序，也称“部分”、“意义段”或“结构段”，它主要体现应用文内容相互之间的逻辑联系。

(2) 段落

即正文中以另起一行、空两格为标志的一个个自然段,它是应用文主旨在表达时由于转换、强调、间歇等情况所造成的文章停顿。

(3) 过渡

即正文层次或段落之间表示衔接转换的结构形式。它的作用是承上启下,使文章脉络畅通,完整严谨。

(4) 照应

即正文前后内容的关照呼应。它的作用是使所表达的内容首尾圆合,前后连贯,使文章成为一个有机的整体。

(5) 开头

常见的写法是"开门见山"。它的作用是统领全篇,展开下文。

(6) 结尾

不同应用文种有不同的结尾。它的作用是使文章结构完整严谨,突出文章主旨,加深读者印象。

2. 财经应用文中层次的安排方式

应用文中层次的安排方式主要有总分式、递进式、并列式和时间顺序式几种。

(1) 总分式

即总述与分述的层次关系。具体运用此方式时,可以是先总后分,也可以是先分后总,或者是总—分—总,多数情况下是先总后分,"总结"、"报告"、"计划"、"调查报告"、"述职报告"等文体就常常采用这种方式。

(2) 递进式

即各层次之间是"进层"关系,彼此互为因果,其顺序是不能颠倒的。如"意见"、"报告"、"通报"、"议案"、"经济活动分析报告"等文体就常常是按照提出问题、分析问题、解决问题这样的"递进"关系安排层次的。

例如,调查报告,其写法虽比较灵活,无固定的书写格式,但在写作中却常常采用"三部式"的结构方式:前言部分概述有关的基本情况(大多写关于调查活动方面的基本情况,如调查的时间、地点、范围方式、基本过程;调查的对象、目的、项目、总的调查结论等。总结典型经验的调查报告则着重写关于调查对象方面的基本情况,如调查对象的历史、现状、组织结构、基本的工作及成绩、总的经验体会等);主文部分则根据报告的目的写出调查中形成的有关观点及说明这些观点的具体的调查材料;结语部分则对主文部分作必要的概括、总结或补充。

(3) 并列式

即层次与层次之间没有隶属或因果关系,彼此是相对独立的,顺序是可以互换的。这种方式多是按问题的性质加以分门别类，每一个层次即为一类。所以，它不仅可以用于整篇应用文的层次安排，也可以用于整篇文章某个层次内部的小层次安排。

(4) 时间顺序式

即按照事件发生、发展、结局的时间顺序来安排层次。这种层次的安排方式，一般多用于记叙文，但在应用文中的层次内部也有运用，如，对某个事件的通报、对某项工作进展的报告、对某些事物或事故的调查报告等就常常是按照时间的顺序来安排层次的。以上几种层次的安排方式，在一篇应用文中，有时使用一种，有时则使用多种。例如在大层次中使用"总分式"，在"分"的不同层次里面，又可以分别使用"递进式"、"并列式"、"时间顺序式"等，结构为内容服务，因此层次的安排方式也是灵活多样的。

3. 财经应用文中段落的主要形式

在应用文中，段落的形式主要有两种。一种是规范段，即内容单一、意思完整的自然段。规范段常常使用段旨撮要，即用段落的第一句话来概括全段的中心思想或主要内容。另一种是非规范段，即那些由于受文件格式、主旨要求以及某种语境的制约而形成的与规范段不同的段落形态，如多义段、过渡段、引用段等。

4. 结构注意事项

(1) 拟定提纲

拟定提纲就是在正式写作前，先根据要求将所用的材料分目的、分层次地列出来，形成所写文章的一个大结构，作为写作时的依照。

(2) 行文时前后连贯，达到完整统一

财经应用文大都有开头、主体、结尾三部分构成，一篇文章要使这几部分形成一种内在的联系、不可互相冲突。段与段之间，句与句之间所表达的意思都必须前后连贯，不可前言不搭后语；在安排层次时也要根据它们之间的确定关系，有次序地恰如其分地加以安排；详略写适当，注意过渡段、过渡句的使用，以求达到前后照应、结构严谨。

(3) 结构安排服从表达主旨的需要

财经应用文无论选用什么样的结构，都要服从文章表达内容的需要。读者希望得到的是信息，一看就懂。所以财经应用文结构的安排要简洁明了，使读者可以顺着文章的说明了解它所要说明的问题。

(4) 结构安排的方式

日常应用文的写作格式是固定的，要符合文体本身的要求。财经应用文的结构形式虽然变化多样，但内容与形式的完美统一，也是文章结构的基本要求。

财经应用文在成形后的外在形式，一般来讲会用到一些数码字。合理地利用数码字可以加强应用文清晰的结构安排。

使用数码时，要注意体例的一致性。在分条列项时，可以依次标上一、(一)、1、(1)、①等。有的文章可以用“首先”、“其次”、“再次”或“第一”、“第二”、“第三”等文字来表明财经应用文的次序和结构。合理地利用序数的表达，对结构的安排是十分有意义的。

首先，要求结构完整性：应用文的基本结构形式，一般分为开头、中部、尾部三部分，这三部分要布局合理，开头结尾要简明精炼，照应主题，中间主体内容要具体详细地说明主旨，全篇内容要连贯完整。

其次，条理性：应用文的结构要与思维的规律性一致，有理有序地安排材料。句子之间、层次之间、条款之间要井然有序，清晰透彻地表明写作目的。

再次，严密性：应用文无论采用哪一种结构方式，都要求全篇内容紧密相连，体现出材料之间内在的逻辑联系，上下文自然承接，首尾贯通一致，切忌东拼西凑，牵强附会。

① 要服从表现主题的需要。主题是作者写作目的、意图的体现，结构必须服从主题的需要，为表现主题、突出主题服务。例如，怎样安排开头与结尾、怎样划分层次与段落、怎样设置过渡与照应、怎样确定主次与详略等，都要围绕主题进行。这样，才能使文章组成一个严谨周密、内容形式统一的有机整体。

② 要正确反映客观事物的发展规律和内在联系。应用文是对现实生活、客观事物的反映，客观事物总有一个发生、发展、结束的过程，作者对它的认识也遵循一定的规律。这种规律性，也就表现为文章结构的基本形式。

③ 要适应不同文体的要求。文体不同，结构的样式和要求也会不同。应用文不同于文学作品，不同类型的应用文体结构方式也存在着区别。

5. 结构的要求

(1) 严谨自然

指文章结构精当严密，顺理成章。要求作者思路清晰，思维严密，以主旨贯穿全文始终，不枝不蔓。层次段落的划分要恰当，组织严密，联系紧凑，脉络畅通，行止自如。过渡和照应要自然，不能刻意的雕凿，更不能牵强拼凑。

(2) 完整匀称

指文章各部分要配置齐全，比例协调，详略得当，完整合理，重点突出，符合格式要求。如，文章一般都有开头、主体和结尾三部分，三部分比例要协调，主体要内容充实，不能虎头蛇尾或尾大不掉；对并列内容的处理，要注意处理好详写和略写的关系，以保证结构的完整和匀称，使之浑然一体。

(3) 清晰醒目

大多数应用文不要求行文曲折波澜，而要求纲举目张、清晰醒目，以便读者把握要领或贯彻执行，所以常采用加小标题、写段首撮要、条目式等形式。这在一些法规性文体中最为明显。

6. 结构的内容

(1) 层次与段落

层次是文章中作者表达主题的阶段和次序，是文章内容展开的次序。层次体现了事物发展的阶段，是问题的各个侧面和作者思维的过程，又称为“意义段”、“逻辑段”、“章”和“节”等。段落，又称“自然段”，是组成文章、表达思想最基本、相对独立的最小单位。段落的形式是层次的再分割，是文章意思的间歇或转换，以换行为标志。两者有明显的区别，层次侧重于内容的划分，段落侧重于文字形式的表现。有时一个段落恰好是一个层次，有时几个段落表现一个层次或一个段落内有几个层次。安排层次有下面两种模式：

① 纵式，即思路纵向展开的结构方式。具体有两种类型：时间顺序式和逻辑顺序式。前者是按照事物的生产流程、事情或事件的发展过程或时间的先后顺序安排层次。需要注意的是，采用这种结构方式，不能事无巨细地记流水账，要抓住事物发展的关键环节。逻辑顺序关系是按照事理内在的逻辑顺序安排层次。这种逻辑关系表现为：现象—本质，原因—结果，宏观—微观，个别—一般等。按照这样的关系先后顺序、环环相扣、层层递进地安排结构，就是逻辑顺序。

② 横式，即思维横向发展的结构方式。表现在形式上，它是把整体划分为若干相对的层次，各层次之间互不交织、平等并列，从不同方面和角度共同揭示了事物的整体面貌和主旨，或按照空间方位的变换，或按照材料的不同性质和类型，或按照问题的不同侧面等。这种结构形式，在应用写作中运用很广泛，述职报告、调查报告、总结等均可采用。

(2) 过渡与照应

过渡是指层次与段落之间的衔接与转换，在文章中起着承上启下、穿针引线的作用。照应是指文章内容的前后呼应和关照，可以使文章结构周密严谨，浑然一体，还能使某些关键内容得到强调，突出主题。

一般情况下，当内容由总到分或由分到总时、意思转换以及表达方式变化时，需要安排过渡。过渡的形式有段落、句子或词语。如上下文空隙大，转折也很大，常用过渡段连结。上下文空隙小，多用提示性的句子，如公文中，常有“特此如下通告”、“现将有关事项告知如下”和“为此，特制定本条例”等作过渡。在意思转折不大的情况下，多用关联词，如“因为”“所以”“但是”等作为过渡词。

常用的照应方法：

① 首尾照应，即在文章的结尾处，把开头交待的事或提出的问题再次提起，有的进一步加以概括、归纳、补充，如论文、总结、调查报告等。

② 文题照应，即指在行文中时时照应标题，对主题加以强调、提示。如大多数公文标题中都包含着“事由”，文章内容自然要与标题相照应。

③ 文中照应，即文章自身前后内容间的照应，如某些细节和问题在行文中不断被提起，这样能强化印象，更好地实现作者的表达意图。

④ 开头与结尾。开头是全篇文章的第一步，可以起到统领全篇，展开全文的作用。结尾是全文的收束和结局，能帮助读者加深认识，把握全篇，达到预期的写作目的。

第三节 财经应用文语言和表达方式

一、财经应用文语言

应用文的语言要做到庄重、平实、准确、简洁、严谨、得体。这是作为日常应用文语言的六个基本特征。

（一）庄重、平实、严谨

应用文主要使用事务语体。而事务语体最大的特点是庄重、平实、严谨，即通俗易懂，质朴实在，又能以体现出公文的严肃性。庄重是指对任何事物的评价要实事求是，以理示人，以理服人。坚决反对堆砌词藻、生造词语、半文不白、古奥难懂、追求含蓄而流于晦涩、肆意夸大其辞、说空话废话等现象。这是对应用文语言的总的要求。

财经应用文的文风要庄重、朴实自然，所讲事情要符合实际情况，数字要准确无误，办法要切实可行。实事求是是应用文的起码要求，不能为了达到某种目的而夸大或缩小一些真实情况。财经应用文是一种处理公私事务的工具，是用来说明事实、解决实际问题的，侧重于“以事告人”。所以语言要求朴实无华、开门见山。

要做到实事求是，就必须深入生活，亲自调查，不闭门造车。同时还要熟悉本行业务，学习有关知识，避免由于“外行”而抓不住重点，说不到要害。

例如，在述职报告中就写“该干什么、干了什么、干得怎么样”，直陈直述，不展开论述，不夸张、不掩饰、更不能虚构。

教育家叶圣陶先生在谈公文写作时说：“公文必须写得一清二楚，十分明确，句稳词妥，通体通顺，让人家不折不扣地了解你说的是什么。”

平实特征还表现在多用庄重典雅的书面语，少用或不用口语词、方言词、土俗俚语、歇后语。

例如，某财务大检查通知中写道：“费用错误列支的，务必纠正。今年的要纠正，去年的也不要放过。今后不论超产奖还是什么乱七八糟的这个奖那个奖，统统都得在利润中支付。”

这段文字里的“不要放过”“乱七八糟的这个奖那个奖”“统统”等词语口头表述尚可，但不宜用于应用文中。

（二）准确、规范

正确地记载与传递信息是撰写应用文的基本要求。遵循这一要求，财经应用文的语言表述必须符合客观实际，符合逻辑，即概念明确，判断和推理正确而恰当，同时还要符合语法修辞的规范。

准确同平实是相统一的，应用文要做到实事求是，就必须在准确上下功夫。而要做到准确就必须注意以下几点。

1. 内容准确

写日常应用文时，必须准确，不能走样。一则“启事”是什么就写什么，不可随意地歪曲内容；一则招生广告也要将各种要求、条件如实列出，不可为了吸引生源，而发布虚假的信息。写日常应用文，不能凭主观臆想，凭一时的热情，而要靠客观的、实事求是的态度。如果偏离了内容准确这一原则，无论说得如何头头是道，也会给工作带来某些不必要的损失。

2. 语句准确

日常应用文要做到语言准确。具体来讲，又可从词语的选用，句子的组合，修辞格的使用等方面来说明。

（1）正确选用词语

说话、写文章都离不开词，词是构成句子、篇章的最基本的语言单位，所以词语的选择就显得十分的重要。加上汉语语言词汇相当丰富、表达同样的事情，可以选用不同的词语，因此选择词义要注意不错用词义。如：

我们到该木器厂地下室检查时发现，里面陈列着很多套顾客退还的不合规格的组合柜、转角沙发、写字台、皮转椅。

这是一句多处有错的句子。错在有些词语的选用上。这里显然应当将“陈列”改为“摆着” 或“放着”或者“堆着”；“退还”应改为“退回”；而“不合规格”可改为“质量不合格 ”。而“套”字对组合柜、转角沙发是合适的，而用来修饰写字台、皮转椅显然不合适。

除此之外，词语的选用还要考虑到不出现词类误用、词语情感色彩不配以及产生歧义甚至生造词语等情况。如：

① 经过反复讨论，五易其稿，我们终于制定出了一个规模庞大的计划。（“庞大”改为“宏大”）

② 听了××同学的先进事迹后，我们对他刻苦求学，身处逆境仍奋斗不息十分感动。（这里“对……十分感动”改为“被……的精神所感动。”）

③ 我们的业余党校自开办以来，已有两年多了。（删去“自开办以来”，去掉逗号）

（2）正确使用句子

日常财经应用文句子的使用要做到以下几点。即少用长句，多用短句；少用整句，多用散句；少用或不用感叹句、疑问句，多用陈述句。选择合适的句子形式可以使读者更好地理解文章的内容。否则易出现病句，也会给理解带来困难，而整句、感叹句、疑问句使用太多，也会使日常应用文失去其独有的平实、自然的文风，降低其作为日常应用文的存在价值。除此之外，造句时要避免出现病句。病句的出现不仅不能正确地表达所要说明的意思，反而会影响所要传递的信息。如：

① 参加安全生产知识竞赛的只是该厂职工中的一部分工人。（删去“职工中”三字，同“工人”重复了）

② 工人们克服了天气干燥、风沙较大、饮水缺乏等问题。（“问题”改成“困难”。属于搭配不当现象）

（3）少用修辞格

财经应用文要少用修辞，若确实有必要用的话，要注意用得恰当、合适，不可滥用。一般来讲，大多数应用文中不宜用比喻、比拟、借代、夸张、拟人等修辞手法。

例如我国的《现金管理条例》第一条是：“为了改善现金管理，促进商品生产和流通，加强对社会经济活动的监督制定本条例。”

直截了当地回答了为什么制定此条例。

应用文是实用性很强的文体，运用语言表达意思必须确切，因此像“夸张”这种言过其实的修辞格是绝对不能随便用的。“双关”的修辞方式也不适用于应用文。

3. 所列的数字、事例、话语要准确

日常应用文所引用的内容，往往是作出判断、处理事情的依据，因此要反复核对，做到准确无误，引用话语要写原话，不任意改动，必要时还要注明出处。

除此之外，财经应用文还要准确地使用标点符号。

总之，“准确”是应用文语言的基本要求。

（三）简洁

简洁是财经应用文写作的基本要求。

应用文的写作目的可以说是以传递信息为主，因此应用文行文务必简洁。具体来讲，简洁在这里应包括以下内容：

1. 文字要简练，篇幅要短小精悍

应用文写作要惜墨如金，要选用简洁的词语，要删去可有可无的段落。要实话实说，不穿靴戴帽，冗长的文章往往淹没了主题，同时也浪费了阅读时间，降低了办事效率。

2. 扫除套话、空话、废话

文字是用来表情达意、传递信息的，如果为写作而写作就会废话连篇。财经应用文更是要避免说套话、空话、废话。

3. 多种表达法

一般文章多用文字表述，财经应用文除了用文字表述外，还可以用数据、表格、图形来说明事理，可谓“语出多门”。特别是财经类应用文则大量采用数据、表格、统计图形。例如：“某银行储蓄网点 2013 年储蓄存款新增 1 650 万元，员工人数 15 人，人均存款增量 110 万元；2012 年储蓄存款增量为 1 200 万元，员工人数 12 人，人均存款增量 100 万元；2013 年比 2012 年人均存款增量增长了 10%。”以上文字也可以下表格来表述：

××银行××储蓄点人均存款增量表

项 目	年份单位	2013	2012	2013 比上年±%
储蓄存款增量	万元	1 200	1 650	37.50%
员工人数	人	12	15	25%
人均存款增量	万元	100	110	10%

以上表格表述更为简洁、清晰。如果我们要深入分析，就会从直观的表格中发现：该储蓄网点的员工增长幅度高于人均增量的上升幅度。

又如，某城市调查酒类销售情况的一篇调查报告中写到：“今年夏季酒类销售与去年同期比较，啤酒上升 1.8 倍，葡萄酒上升 90%，白酒下降 19%……”

以上数据可以说明该城市酒类销售的趋势是从烈性酒向低度酒转变。

（四）朴实、得体

朴实，即文风要朴实无华，语言实在，强调直接叙述。得体，即指应用文的语言适应不同应用文种类的需要，说话有分寸、适度。

应用写作文体繁多，在长期的写作实践中，不少文体在语言运用上逐渐形成了一套自身的语言特点。就经济应用文书而言，在语言运用上的特点主要表现在词语使用上的“十多四少”。

1. 惯用词语多

财经应用文语言要求准确、简明、平实、规范，根据这一要求，其在用语上形成了若干固定的习惯用语。例如：

① 称谓词语：第一人称用“本”“我”；第二人称用“您”“你”“贵”；第三人称用“该”“这”。

② 承接词语：即表示内容层次间总分、过渡、转折关系的词语。承接词语在经济公文中广泛使用，常见的有“以下、如下、由此可见、一切表明、总之、综上所述、因此、可是、但是、同时、一方面、另一方面”。

③ 期请词语：即提出请求，表明愿望的词语。如“望予办理”“请查照”“希参照执行”等。

④ 征询期复词语：发出询问，征求意见的词语为征询词语，如上行文和平行文中常以“当否、妥否、是否可行、意见如何”等词语征求受文单位的态度。期复词语是指寻求对方答复的词语。如“请批复”“敬候回复”等。这两种用语经常放在一起使用，常用于请示、报告等文种的末尾。如“当否，请批示。”等。

⑤ 拟答词语：答复询问，表明态度的词语。如“同意、现予批准、同意办理”等。

⑥ 祝颂词语：用在信函中表示祝愿、致敬的词语。如“此致敬礼”“祝健康”等。

⑦ 结尾词语：如“特此通知（通报、函复、证明）、为盼、为要、为感、为荷”等。多用于函件、公用介绍信及有些通知、通报、批复的结尾。

2. 大量使用介词

经济文书中，往往需要把有关的依据、对象、状态、方式、目的、时间、原因等表达出来，形成了运用大量介词的特点。例如：“根据财政部税务总局《关于办理税务登记的通告》（以下简称《通告》），本市税务局已于9月1日起开始受理纳税单位和个人的税务登记。鉴于办理税务登记的期限即将期满，为此，将《通告》全文再行公布，希尚未办理税务登记的单位和个人到所在地税务机关申报登记……”这则公告中“根据、关于、于、鉴于、将、为此”都是介词。

3. 文言词语用的较多

应用文注重语言的庄重、典雅，这在客观上使它保留了某些带有文言语素或文言痕迹的词语。例如“兹、顷奉（闻）、启、缄、系、为、鉴于、业经、业已、届时、莅临、之、予以、悉、尚、切勿、稽迟、函达、面洽”等。适当的保留一部分必要的文言词汇，不仅能使语言简明，庄重，而且还可以收到白话文所不能有的语言效果。

4. 简缩词语的运用

简缩词语是一种高度简化紧缩的语言单位，是在原来符合语言规范的词、词组或句子基础上的重新概括和组合。运用简缩词语，使经济文书的行文用语变得简洁明了，言简意赅。

5. 经常使用模糊词语

现实生活中许多对应概念之间还存在着过渡的、不确定的状态，反映这些状态的词语便是模糊词语。模糊词语的意义所概括的事物范围只有中心区域是清楚的，边缘部分则是模糊的。应用文中经常使用模糊词语，是为了准确地体现词语在特定语境中的客观状态，它和精确的词语相搭配使用，在文中各司其职，使语言表达更准确、更严密，有助于读者理解。如“近年来、大量、基本、个别、一定的、较多的、显著的”等具明显模糊性的词语。这些词的使用，并不妨碍人们对问题的正确理解，在具体语言环境中，它比准确语言更富有客观表现力，具有准确语言不能替代的特殊表达功能。

6. 专业术语比较多

在某一学科（领域）中使用频率较多的、具有特定涵义的专门词语我们称之为专门词语，通常称专业术语。经济领域涉及许多专业，如会计、财政、金融、贸易等。这些专业各有一套与专业内容相适应的专用词语。如会计方面的专业术语有“资金、利润、成本、费用、固定资产、流动资产、销售利润率”等。在专业应用文书的写作中，只有熟悉掌握和使用本专业的用语，才能更好地反映专业情况。

7. 数词用的特别多

经济活动需要定性分析，也离不开定量分析，而且随着管理的科学化、规范化，定量分析越来越显示出其特有的重要地位和作用。经济应用文是经济活动的书面反映，当然也离不开数字。通过数据来发现问题，分析问题，制定计划，写作总结，实事求是地反映经济工作的客观情况。如党和国家关于经济工作的方针政策的贯彻落实情况，基层经济工作取得的成绩，存在的问题，经济活动分析，市场调查与预测等，无不依赖于准确的数字来完成。这就是说必须重视数字的特有作用，只有这样，才能真正“胸中有数”。

8. 多用一些单音单纯词

为了表意明确简练，经济通用文多用一些单音单纯词。例如：“希各部门接此通知后，迅即转发所属单位认真执行。”（《财政部关于严格执行会议费规定的通知》）其中“希、各、接、此、后、迅、即”都是由“希望、各个、接到、这份、以后、迅速、立即”减缩而来。

9. 使用必要的否定词语

为了加强经济管理，上级领导部门往往要以文件或其他形式来贯彻和宣传党的路线、方针、政策、法规，这些文件一经制定和发布之后，就必须严格执行，不允许任何单位和个人违背，这就常需要在文件中用到一些表否定、禁止意义的否定词语，如“非、不、否、勿、不准、不得、不应、禁止、严禁”等。在文中使用否定词语，有利于贯彻政策，指导工作。

10. 经常使用强调词语

在汉语中有些副词、能愿动词能增强语势的权威感和严肃性。如：“……各地区、各部门和各单位都必须严格按照国发[1993]24号和国办[1993]13号等文件的规定执行。各地区、各部门都要对本地区、本部门集资和发行各种证券的情况进行一次检查，凡违反规定的，要照上述办法进行处理。对情节严重的，要加重处罚，同时登报公布……”。这是《国务院办公厅关于对少数地方和单位违反国家规定集资问题的通报》结尾部分的一段文字，仅100余字就用了4个强调词语。这些强调语，使通报的力度、严肃性增强了很多。

财经应用文重在实用，语言讲求直截了当，便于阅读，易于办事，在写作时限制使用或排斥以下四类词语（四少）：

（1）很少使用叹词和部分语气词

经济应用文不需要以情感人，一些为表达感情需要而使用的叹词和部分语气助词很少使用。

（2）基本不用修饰性的词语

经济文书不讲究语言的生动、形象，一般也不需要言外之意、弦外之音，描写环境、烘托气氛的词语基本不用，如“雄伟、红彤彤、静悄悄”等。还有一些比拟、象征等语言也基本不用，如“苹果是那么红，葡萄像水晶”等。

（3）限制使用口语

口语和书面语分属于口语语体和书面语体，两者具有不同的特点。一般来说，口语随便、通俗但欠庄重。而书面语在表意上比口语精密、明确、规范。为了体现经济应用文书的严肃、庄重、准确的特点，写作时要用书面语。口语只能在适应的时候用适当的数量予以表达。

（4）一般不用俗语

俗语是对某些事物在日常生活中的俗称。如“资金”俗称“钱”，“积累资金”也就是我们常说的“攒钱”，“个体商业者”在日常生活中被称为“做小买卖的”。如果在一篇经济文书中不时出现“攒钱”“做小买卖的”等这类俗语，显然是不妥当的。

（五）财经应用文专用语

应用文书具有独特的专用语言，常见的有以下8类：

1. 开头用语

用于说明发文缘由，包括意义、根据，或介绍背景材料及情况等。如：

为，为了；

根据，按照，遵照，依照；

鉴于，关于，由于；

目前，当前；

兹（指现在），兹有，兹将，兹介绍，兹派，兹聘。

2. 承启用语

用于连接开头与主体文部分，起承上启下作用的惯用语。如：

根据……决定，根据……特通告如下，依据……公告如下；

为了……现决定，为……通报如下，现就……问题请示如下；

现将……（情况）报告如下，现就……问题提出如下意见，经……批准（同意）将事项通知如下；

拟采取如下措施；

经……研究，答复如下。

3. 引述用语

用于批复或复函引述来文作为依据的用语。如：

悉（知道），收悉，电悉，文悉，敬悉，欣悉。

4. 批转用语

用于批转、转发、印发通知时的用语。如：

批示，阅批，审批，批转，转发，印发。

5. 称谓用语

对各机关称谓的简称。如：

我（部），贵（局），你（省），本（部门），该（处）。

6. 经办用语

表明工作处理的过程或情况。如：

经，业经，兹经，未经；

拟，拟办，拟定；

施行，暂行，试行，可行，执行，参照执行，贯彻执行，研究执行；

审定，审议，审发，审批；

会议听取了，会议讨论了，会议认为，会议指出，会议强调指出，会议通过了，会议决定，会议希望，会议号召，会议要求，会议恳切呼吁。

7. 表态用语

用于表态的语言。如：

不同意，原则同意，同意；

不可，可办，照办；

批准，原则批准。

8. 结尾用语

(1) 用于请示

如：当否，请批示；

如无不妥，请批转各地执行；

妥否，请批复。

(2) 用于函

如：请研究函复；

盼复；

请予复函；

不知尊意如何，盼函告；

望协助办理，并尽快见复。

(3) 用于报告

如：请指正；

请审。

(4) 用于批复、复函

如：此复；

特此专复；

特函复。

(5) 用于知照性公文

如：特此公告。

（六）财经应用文的惯用词语

1. 开头语

兹、兹有、兹因、奉、谨悉、为了、根据、按照、遵照、依照、关于、由于等，旨在表示行文的目的、依据、方式、对象等。

2. 经办语

经、业经、兹经、复经、前经、经过、通过、均经等，说明文件承办过程中的情况。

3. 收文语

前接、近接、悉、欣悉、收悉、据报、据查等，是引说来文时的用语。

4. 综述语

为此、对此、据此、有鉴于此、现函复如下、现通告如等，用在下文之前，引出过渡句，表明从缘由、根据、背景过渡到正文部分。

5. 时限语

顷闻、顷接、顷奉、迅即、从速、届时、即日、应即、兹有、兹派、兹因等，表示事由的时间和发文部门提出问题的依据。

6. 表敬语

谨、谨电、谨悉、谨启、惠存、恭请、敬请、承蒙协助、承蒙惠允、不胜感激等，表示对对方的尊敬和礼貌。

7. 提示语

切、切实、切勿、务必、切切等，用以提请对方特别注意。

8. 期请语

请、拟请、恳请、务请、函请、务希、尚望、当否、妥否、请批示、请批复、请核准、即请查照、希即遵照、是否可行、是否同意，表达行文者期望、请求。

9. 结尾语

为要、为盼、为荷、专此布达、特此通知、特此通告、望遵照执行等，表示行文的意愿和目的。

10. 雅语

比较典雅、庄重的书面语言，多用于上行文的结束语，如“以上意见，如无不妥，请批转各地区、各部门执行”、“以上意见当否，请批示”、“妥否，请批复”和“以上报告，请审阅”等。

11. 敬语

敬语是一种谦词，多用于给上级、平行机关或不相隶属机关的行文，如“请”、“贵”、“拟”和“承蒙”等。在结尾时常用“专此函达”、“敬希函复”和“特此函告”等。

12. 强调语

强调语是一种带强调性意味的词语，常在法规、法令性文件中使用，主要用于下行文，如“必须”、“应该”、“一律”等。结尾处多用“此令”、“此告”、“希遵照办理”、“希贯彻执行”等，增强文件的权威性。

（七）专用词语和文言词语的沿用

应用文中大量运用的专用词语一般都有明确的事务含义，如“批转”、“审核”、“任免”等词语，准确使用则有助于表达的简洁、明快。此外，应用文中有些文种，特别是公文词语的运用在一定程度上受到了古汉语的影响，沿用了古汉语中的一些文言词语，如“顷奉”、“为荷”、“滋因”和“欣逢”等，文言词语具有庄重、简洁、凝练的特点，使用得当能起到“文约意丰”的效果。

（八）应用文写作惯用句式

1. 表示范围和对象

用“关于……的通知”的句式来做标题；用“对”“对于”的句式表示对象；用“除”“除了”的句式表示范围。

2. 表示理由与原因

用“为”“为了”的句式表示应用文的目的，多用于开头；用“由于”的句式表示原因。

3. 表示依据

用“根据”作为领句的开头语已成为依据上级精神发文的惯用句式。此外，还有“依照”、“遵照”、“通过”、“随着”等介词结构的句式。

二、财经应用文表达方式

应用文的表达方式，也就是表达手法、表现方法。

人们写文章的表达方式通常有五种，即叙述、议论、说明、描写、抒情。由于受应用文书的文体特点和写作目的的制约，财经应用文语言的表达方式主要为说明、叙述和议论。一般不用描写和抒情。

（一）说明

说明是用简明扼要的文字，对客观事物或事理的状态、性质、特点、功能、成因、关系、功用等属性，加以客观的解释和介绍的表达方式。

1. 说明的作用

用说明的方式介绍背景材料和环境，可以为叙述起好铺垫作用。

例如总结、简报、调查报告、工作报告对某些基本情况的介绍，表彰、处分决定或通报对有关人员或单位的介绍等，常用说明这种表达方式。条例、规定、制度、公约等法规，规章和管理规章文书、介绍信、证明信等专用书信以及启事、经济合同、广告等，也常用说明的表达方式。

用说明方式来介绍背景，交代情况，可以为议论提供必要的依据。

2. 应用文书说明的特征

（1）应用文书的说明常与议论、叙述结合使用

（2）应用文书常多种说明方式同时使用

3. 应用文书常用的说明方法

(1) 比较说明

即是利用相同事物、事理之间的异同，或不同事物、事理之间的异同来突出说明被说明对象的方法。例如：

世界上最深的淡水湖——俄国的贝加尔湖，由于污染，湖中的水生物至少比50年前灭绝了一半。

用于比较说明的事物之间一定要有可比性，且比较的标准要一致。否则，对客观事物的说明就会出现片面性乃至错误。

(2) 举例说明

即是列举具体的例子以说明事物特征的方法。通常有典型举例和列举性举例两种。前者能使被说明的事物更为具体、清楚；后者能使被说明事物的范围更清楚。

举例说明要求所选的例子真实、具体、有代表性，否则不能达到变抽象为具体、变复杂为简明的目的。

(3) 数字说明

即是用数据来说明事物、事理的方法。例如：

在经济快速增长的基础上，城乡居民生活水平显著提高。城镇居民家庭人均生活费收入由1 544.3元提高至4 377.2元，扣除价格因素，年均实际增长7.2%；农村居民家庭人均纯收入由708.6元提高到1 926元，扣除价格因素，平均实际增长5.7%。

(4) 分类说明

对事物或问题，按同一的标准，划分为不同的类别或不同的方面，逐一加以说明的方法。例如：

营业税设置了三档税率。交通运输业、建筑业、邮电通讯业、文化体育业税率为3%；金融保险业、服务业、转让无形资产、销售不动产税率为5%；娱乐业多属于高消费的范围，因此规定了5%至20%的税率，各省、自治区、直辖市人民政府所属税务机关可在税法规定的幅度内实行较高的税率。

(5) 定义说明

简要说明事物的概念或本质属性的方法，即讲明事物、事理"是什么"。

例如：《现代汉语词典》给"人"下的定义："人是能制造工具并使用工具进行劳动的动物。"

定义说明"是"的前面和后面的内容可以互换。

(6) 图形说明

用图形说明事物、事理的方法。

(7) 引用说明

引用说明法，也叫引资料，即引用一些有关的论述、文件资料来说明事物或问题的性状、特点、本质和规律的方法。为了使说明的内容更充实具体，引用一些文献资料、诗词、俗语、名人名言，可使说明更具说服力。引资料的范围很广，可以是经典著作、名家名言、公式定律、典故传说、谚语俗语、诗词句等，充当说明的内容或依据来说明、介绍事物。

例如《中国石拱桥》一文，就引用了唐朝张嘉贞的话，说明赵州桥的设计和施工巧妙绝伦。

除上述的说明方法外，应用写作还偶尔使用比喻说明、描写说明等。

(二) 议论

议论，即议事论理，是运用事实材料和理论材料进行逻辑推理阐明观点的一种表达方式。就是作者对某件事情或某个问题进行分析、推理、评论，表明自己的立场、观点、意见的一种表达方式，也就是讲道理的方式。

在财经应用文写作中，议论经常使用。调查报告、总结、通报等文体，经常在叙述事实、说明情况的基础上，表明对人物、事件、问题的评价。指示、决议、会议纪要等公文，也常用议论来阐明党和国家的方针、政策，让下级机关和群众理解和执行。

应用写作中的议论，与一般议论文中的议论有明显的区别。一般议论文中，议论是最主要的表现方法，贯穿全文始终，论点、论据、论证三要素齐备。而在应用文写作中，最主要的表达方式是叙述和说明，议论居于从属的地位，一般只是在叙述、说明的基础上进行。另外，应用文的议论，一般也不需要作长篇大论，不需作复杂的多层次的逻辑推理，也不一定具备论点、论据、论证这样一个完整的议论过程，而只是在需要分析论证的地方，采取夹叙夹议的方法，或采取三言两语的方式，点到即止，不作深入论证。

运用议论要注意，语句要明快，直截了当地阐明观点，不拐弯抹角，不回避矛盾。

1. 议论的作用

应用文对人或事作出自己的评价、判断，阐明处理某些公务活动或社会事务的立场观点、政策原则、决策主张，在应用文书中议论是不可缺少的一种重要表达方式。

2. 应用文书议论的特征

(1) 正面为主

以正面议论为主，旗帜鲜明地表明观点。

(2) 多种表达法

多与其他表达方式结合使用,如夹叙夹议。

3. 应用文书常用的论证方法

(1) 例证法

即是用事例或统计数据作论据,举例直接证明论点的议论方法。

例如:米糠和麸皮含有大量维生素。这个问题,我国古代著名的医学家孙思邈早就注意到了。曾经用米糠和麸皮治疗那些患有维生素缺乏症的病人。现代科学也证明了这一问题:经化学分析,米糠和麸皮中含有较高的维生素C、B和E。

用作论据的事实,既要典型,且量要适度。列举的事实过少显得单薄,过多又会淹没、冲淡论点。

(2) 对比法

即将性质相反或有差异的两种或几种事物作比较,作出论断,证明论点的论证方法。有比较才有鉴别,这种方法可使论点更加鲜明突出,文章更有说服力。

例如:我们党执政以后,特别是在新的历史条件下,能不能成功地解决党内监督问题,尤其是对高中级干部的监督问题,是加强党的建设需要解决的一个重要问题。从党的建设的实践看,这方面既有经验也有教训。哪个地方、部门什么时候党内监督工作抓得比较紧,民主集中制执行得比较好,个人专断、滥用职权和"有令不行、有禁不止"的情况就比较少,消极腐败现象也会受到抑制,出了问题一般也能得到及时解决。反之,监督工作薄弱,民主集中制受到破坏,权力被滥用而又得不到制止,往往就会出问题,甚至出大问题。

(3) 引证法

即引用经典作家的言论、党和政府的文件、科学的定义、公理、名人名言、格言、谚语来直接证明论点的论证方法。引用不能断章取义,更不能随意增删、妄加修改。若是引用原文,语句、标点都要绝对正确。

(4) 因果法

即分析事物的前因后果,并以此证明论点的方法。可由因及果,也可由果溯因。

例如:我们系统内的大多数老企业,多年来负担很重,有的厂福利性开支竟占年收入的30%;有些老厂,离退休人员工资占全厂年收入的40%以上;有些企业没有市场意识,产品几年不变,质量低劣,大量库存积压,造成投资无法回收。从根本上说,这些企业的亏损也是体制造成的。因此我们要走出困境,就必须要深化体制的改革。

这里用因果分析的方法,分析了国企亏损的原因,从而证明了"必须深化体制改革”这一论点。

(5) 喻证法

即通过打比方讲道理来证明论点的方法。

例如：调查就像“十月怀胎”，解决问题就如“一朝分娩”。

(6) 归谬法

即将错误的观点进行合乎逻辑的推理，引出荒谬的结论，从而证明该观点错误的证明方法。

例如：阶级斗争不是推动历史的唯一动力，因为如果阶级斗争是推动历史的唯一动力，那么蒸汽机就一定是阶级斗争的产物，科学技术的进步也一定是阶级斗争的产物，而人类的发展史证明，并不是这样。

(三) 叙述

叙述就是有次序地叙说、介绍人物的经历、言行或事物发展变化过程的表达方式。完整的叙述包括时间、地点、人物、事件、原因、结果六要素。

1. 应用文的叙述

叙述是应用文书的基本表达方式。它可以作为以叙说情况为主的情况报告、表彰或处分通报、市场调查报告等文种的主要表达方式。交待背景、介绍文章涉及的人、单位或事件的基本概况、事物发展变化过程以及相互关系，都离不开叙述；为议论提供事实依据，也要用到叙述。财经应用文一般采用概括叙述，极少是具体、详细的叙述。

2. 应用文书叙述的特征

(1) 以顺叙为主

以顺叙为主，讲求平铺直叙，注重叙述事件的过程。为使应用文条理清晰，让读者掌握理解所述的客观事实，在文章中常常使用顺序。有的按照时间顺序，有的以事件发展为顺序，有的按人们认识的客观过程来叙述，这样的叙述能使较复杂的事实头绪清晰，一目了然。以记事为主的应用文写作反映现实，解决问题，与写人为主的记叙文不同，多以记事为主，如反映经济活动状况、市场情况、经济信息、介绍典型经验、阐述事情原委、总结财经工作等，采用叙述来记事。

(2) 叙述为辅

一般采用概括叙述，极少是具体、详细的叙述。

应用文书对叙述的要求是：概括准，粗线条。只注重对事件的整体勾画，不要求细节的具体、内容的详尽。只叙述与表达主旨、说明问题有直接关联的部分，或者只是综合地、概括地叙述若干人或事的共同点。

（3）多种表达

常与其他表达方式结合运用。如夹叙夹议，叙事论理，叙述说明等。

3. 叙述的方法

（1）顺叙

顺叙是根据人物经历或事件发生、发展的自然时序进行的叙述。

（2）倒叙

倒叙是把事件的结局或事件中最突出的片断提到前面来叙述，然后再以顺叙的方式进行的叙述。

（3）插叙

插叙是在叙述主要事件的过程中，因为需要，暂时中断叙述主线，插入与中心事件有关的内容的叙述。

4. 叙述的人称

人称是指作者叙述的观察点、立足点。选用第一人称的叙述是主观性叙述，能给读者真实、亲切的感受；选用第三人称的叙述是客观性叙述，可不受时空和是否亲身经历限制，因而叙述面较广较自由。使用第二人称叙述，有直接对话的亲临感，让读者感到像面对面在交流。

应用文书写作对人称的使用有特定的要求。如撰写总结、拟定计划，必须采用第一人称，写市场调查报告则主要使用第三人称。而有些文种的写作，三种人称还须同时使用，如涉及第三单位的来函、去函、情况通报，就常出现“我们”“你们”“他们”。

三、写好财经应用文的基本方法

（一）重视

应用文是人们在工作、学习、生活中经常遇到的实用文体，但由于它格式简单、有些枯燥无味，而又种类繁多，所以有很多人对应用文写作并无兴趣，现实生活中要求要写，认为临时写不会有问题，在思想上不重视。而实际上，由于应用文写作要求简洁明了，一事一写，往往对文字的要求是极高的。要在较少的字里表达多层意思也决非轻而易举。同时，若不重视应用文写作，在格式上闹了笑话不仅贻笑大方，而且有时会伤害了他人的情感或双方已建立起的友谊。

（二）加强写作基本功

应用文写作的好坏是一个人语文水平的体现。只有一个人的写作基本功提高了，才会写出好的应用文来。因此平时要注意学习一些汉语的基本知识，如语法、修辞、逻辑知识等；还要注意阅读一些文学作品，并在生活中提高自己观察分析、综合表达的能力。

（三）在实践中提高

应用文写作有其本身的特点，写作上有一定的要求和格式，所以只要多看、多想，并不断地加强练习，是完全可以掌握好应用文写作的。

复习思考题

一、简述财经应用文的表达方式。

二、财经应用文写作运用语言的要求是什么？

三、为什么不提“形象、生动”的要求？

第二单元
常用财经日用文书

第三章　书　信

内容提要

普通书信的格式及写法
专用书信的格式及写法
财经信函的格式及写法
文言信函的常识

学习目标

★掌握各种书信的写法
★熟练写作询价函、报价函、还价函、订购函、索赔函、催款函、传真和电子邮件
★掌握财经应用文写作注意事项

第一节　普通书信

首先，书信包括信封、信文两部分。这两部分的写作都有规格，都应该学会。先讲写信封。信封有横式、竖式两种，现在一般用横式信封。写的顺序是从上到下，依次书写。先填左上角红色方框内的邮编，即把收信人地区的邮政编码写进去。在邮编方框下的地方，从左到右写收信人的地址，应把省份、县份、街道名称及门牌号都写全。在信封的正中地方，也从左至右写收信人的姓名，有时还要在姓名后写称呼，可写“同志”“先生”等字样，也可不写。姓名或称呼之后可写“收”“启”等字样，也可不写。信封是给邮递员看的，不要写上写信人对收信人的称谓，如“朱伯元叔叔收”或“某某某父收”等。在信封的右下角处，也是从左到右写寄信人的地址和姓名，也要将省、市、县、街道、门牌号都写全。挂号信则一定要写清寄信人的姓名，以便信寄不到时，邮局可把信退回到寄信人手里。在这行字的下面写上自己地区的邮编号码。

写信的核心是写出自己想告诉收信人的话。在这部分里有称呼、正文、结尾、署名、日期五个部分，每部分又有自己的具体格式。

其次，书信是真实的文字，写作时可叙事、抒情、议论，自由灵活，但必须写实事，抒真情，不能虚构。有些小说写成书信，那是用书信体写的小说，已不是应用文体书信了，而是文艺作品，那当然有虚构了。两者不要混。

再次，书信应写得通俗、易懂、明确、工整。因为书信是给人看的，而且是为了办实际事务的，必须通俗、易懂，让人看得懂；必须明确，毫不含糊，不使人误会；必须工整，不要潦草，更不能写错别字，否则，一字之错，影响甚大。据说从前有个学生，总写错别字。他在外地读书，一次，他爸爸收到他从外地寄回家的信，上面有处写道："爸爸，别人有命，而我独独没有命，请寄钱来由儿买命。"他父母一看就晕了，认为儿子在外地犯了法，连性命也保不住了。于是见信上说可以用钱去"买命"，便卖了家产，赶到学校，见那孩子好好的，再一细问，原来外地雨多，他没伞，却把个"伞"字错写成"命"字了。一个错字，让父母虚惊一场，匆匆变卖家产，无端地受了损失。

书信常见的有普通书信和专用书信两大类。

一、普通书信

（一）受信人各种各样

一般书信的受信人是各种各样的，可以是上级、下级、长辈、晚辈、亲友、同志，甚至是敌对的人。

一般书信应用范围广泛，包含政治、学术、文学艺术、家务、时代风气、人情世故等各个方面。一般书信属于私人书信，通常是不公开的。书信作为与特定对象交流思想、感情的工具，可以无拘无束，畅所欲言。

（二）书信写作格式

书信历史悠久，其格式也几经变化。今天，按通行的习惯，书信格式主要包括五个部分：称呼、正文、结尾、署名和日期。

1. 称呼

也称"起首语"，是对收信人的称呼。称呼要在信纸第一行顶格写起，后加"："，冒号后不再写字。称呼和署名要对应，明确自己和收信人的关系。称呼可用姓名称谓，还可加修饰语或直接用修饰语作称呼。有以下几种情况：

(1) 给长辈的信

若是近亲，就只写称谓，不写名字，如"爸""妈""哥""嫂"等；亲戚关系的，就写关系的称谓，如“姨妈”“姑妈”等。对非近亲的长辈，可在称谓前加名或姓，如“赵阿姨”“黄叔叔”等。

（2）给平辈的信

夫妻或恋爱关系，可直接用对方名字，爱称加修饰语或直接用修饰语，如“丽”“敏华”“亲爱的”等；同学、同乡、同事、朋友的信，可直接用名字、昵称或加上“同学”“同志”，如“瑞生”“老纪”“小邹”“三毛”等。

（3）给晚辈的信

一般直接写名字，如“乐毅”“君平”“阿明”等；也可在名字后加上辈分称谓，如“李花侄女”等；亦可直接用称谓作称呼，如“孙女”“儿子”等。

（4）给师长的信

通常只写其姓或其名，再加“老师”二字，如“段老师”“周师傅”“宏海老师”等。对于十分熟悉的师长，也可单称“老师” “师傅”。假如连名带姓，在信首直称“孙松平老师”“王达夫师傅”，就显得不大自然且欠恭敬。对于学有专长、德高望重的师长，往往在姓后加一“老”字，以示尊重，如“戴老”“周老”，亦可在姓名后加“先生”二字。为郑重起见，也有以职务相称的，如“董教授”“陈大夫”“佟工程师”等。

（5）给一个单位或几个人的信

又不指定姓名的，可写“同志们”“诸位先生”“××等同志”等。给机关团体的信，可直接写机关团体名称。如 “××委员会”“××公司”。致机关团体领导人的信，可直接用姓名，加上“同志”“先生”或职务作称呼，亦可直接在机关团体称呼之后加上“领导同志”“负责同志”“总经理”“厂长”等。

如果信是同时写给两个人的，两个称呼应上下并排在一起，也可一前一后，尊长者在前。

上述五种场合，有时还可按特殊对象，视情况加上“尊敬的”“敬爱的”“亲爱的”等形容词，以表示敬重或亲密之情。当然，这要用得适宜，如对好友称“尊敬的”，反而显得见外，对无特殊关系的年轻女性贸然称呼“亲爱的”，那就有失检点。

2. 正文

正文通常以问候语开头。问候是一种文明礼貌行为，也是对收信人的一种礼节，体现写信人对收信人的关心。问候语最常见的是“您好！”“近好！”依时令节气不同，也常有所变化，如“新年好！”“春节愉快！”问候语写在称呼下一行，前面空两格，常自成一段。问候语之后，常有几句启始语。如“久未见面，别来无恙。”“近来一切可好？”“久未通信，甚念！”之类。问候语要注意简洁、得体。

接下来便是正文的主要部分——主体文，即写信人要说的话。它可以是禀启、复答、劝谕、抒怀、辞谢、致贺、请托、慰唁，也可以是叙情说理、辩驳论证等。这一部分，动笔之前，就应该成竹在胸，明白写信的主旨，做到有条有理、层次分明。若是信中同时要谈几件事，更要注意主次分明，有头有尾，详略得当，最好是一件事一段落，不要混为一谈。

3. 结尾

正文写完后，都要写上表示敬意、祝愿或勉励的话，作为书信的结尾。习惯上，它被称作祝颂语或致敬语，这是对收信人的一种礼貌。祝愿的话可因人、因具体情况选用适当的词，不要乱用。

结尾的习惯写法有两种：

(1) 正文之后

空两格写“此致”，顶格两格写“敬礼”。

(2) 不写“此致”

在正文结尾下另起一行空两格写“谨祝”“敬祝”“顺祝”“祝你”“恭祝”，不得尾缀在正文之后。后再转一行顶格写“敬礼”“安好”“健康”“平安”等词。

4. 署名和日期

在书信最后一行，署上写信人的姓名。署名应写在正文结尾后的右方空半行的地方。如果是写给的亲属、朋友，可加上自己的称呼，如儿、弟、兄、侄等，后边写名字，不必写姓。如果是写给组织的信，一定要把姓与名全部写上。而在署名之后，有时还视情加上“恭呈”“谨上”等，以示尊敬。上述自称，都要和信首的称谓相互吻合。

日期：用以注明写完信的时间，写在署名的正下边。要求大写。有时写信人还加上自己的所在的地点，例如在旅途中写的信，常写所在地点。

附：普通书信的格式：

敬爱的(或亲爱的，等)××：

　　您好！

　　(正文)

　　____。

　　此致

敬礼

(学校)
(班级)
(姓名)
(日期)

　　又及(附)：(手写书信，在写完以上内容后又想起有内容要写时用)

　　　　(内容)

【信文格式实例】

称呼————→华华学姐：

问候语————→ 你好！

启始语————→ 多日不见，甚念。

正文————→ 周五（6月28日）是中学班主任李老师花甲大寿，是日中午9时来你家，与你一起去老师家祝寿，望能事先办好单位内的调休手续。

结束语————→恕不多写，见面再谈。

祝颂语————→ 顺祝

夏祺

具名————————→学弟：

宇宙

日期————————→二〇一四年三月十五日

附言————→ 知道你很忙，老师的寿礼由我来办，到时由两人名义合送，你就不必再为之操心。又及。

【高考信文实例一】

有些话不曾说出口——给妈妈的一封信

亲爱的妈妈：

您好！

也许，您此刻会很惊讶一向不善言语的女儿今天会主动执笔给您写信。是的，在您的心目中女儿应该还是个不懂事的小毛孩吧——任性而自私，所做的一切都只是随心所欲罢了。可是妈妈，你知道吗？其实有很多话我都一直憋在心里，不曾说出口。那么，现在就让我借作文之手来诉说给您听听吧！

小时候，您对我管教很严。即使我努力地让自己符合您的要求，变成了人人夸赞的乖乖女，也不免有时失误遭到打骂。每当您打我时我都会放肆地大哭。您巴掌落下的那一刻，我真得很怀疑您到底是不是我的亲妈。看着您凶狠的样子，我想到了童话中虐待灰姑娘的刻薄后母，想到了谋害白雪公主的恶毒王后。我坦言，那个时候我真的恨您恨得咬牙切齿，也没在心里少骂您。

但随着年龄的增长，渐渐地我似乎明白了您的用心良苦。那天，我无意中翻看到一篇关于“母亲”的文章，文中说：母亲，她之所以只用手打孩子是因为那便于她掌握下手的轻重。懵懂的我在那一刻突然忆起，一直以来您打我的时候都不曾拿起过棍棒，扬起的永远都是那只布满岁月痕迹的手掌。我想，在您的巴掌扬起——落下的那一瞬间，痛得一定不仅仅是我稚嫩的身体，更多的应该是您那颗失望了的期盼之心吧？因为女儿的不懂事和不争气，因为她的不听话和不知错。

我沉思了许久，妈妈，您相信吗？那一刻“母爱”的种子便已悄悄地植入我的心房。

十六岁时，我因为学习成绩很差，在高一开始复学。身体和心理上的种种不适，加上青春期本有的叛逆，使原本乖顺的我变得异常烦躁，动不动就冲您发脾气。而不知何时，您也早已不再是那个常对我扬巴掌怒斥的严母了。放下了身为人母的架子，您开始坐下来和我平等的交谈；没有了家长的气势，您开始耐心地倾听我的抱怨。甚至很多次在我无理地冲您大声吼叫、扔白眼时，您也没有像在我小时候那样用怒目威胁我说：“还敢狡辩?”当我看到你欲言又止，转而低头叹息的样子时，方才的那股锐气一下子就消退了。心里突然多了一丝愧疚，那点愧疚在我的五脏六腑中不断扩散，搅得我心神不安。我想那时候的您一定被女儿的任性无礼伤透了心吧？您一定后悔养了我这个不孝女吧？您的脑海里是否也会浮现出很多坏孩子的模样呢？我的心揪得很紧，妈妈，您相信吗？那一刻，我是多么想对您说声：“对不起，妈妈，我错了。”可是话到喉咙，却怎么也说不出口。

磕磕绊绊中，我到了高二。因为学校要求补课周末不能回家，所以您每个星期都会颠簸一个多小时的车程来看我。还记得那次吗？您见我情绪很低落，一副心事重重的样子，便决定晚上留下来陪我一宿。我是知道您第二天还要赶回去上班的，但是为了一己私愿，还是很欣慰的同意了。晚上下自习时，已近11点了，夜很静、很冷。我轻步地上楼，怕惊扰了邻里。可是，当我的脚踏上最后一个台阶时，门突然开了——您穿着我的旧睡衣，趿着还没来得及穿好的拖鞋站在门前，笑着说：“回来了啊。”我惊愕得忘了点头，只是呆呆地看着您把准备好的拖鞋放在我的脚边，帮我卸下书包，给我倒洗脚水……心里不禁暖暖的。躺在床上，我抱着您的胳膊轻声说：“妈妈，您要是可以能来陪读该多好啊?!”时间停滞了片刻后，您慢慢将我向怀里搂近了些，笑着说：“傻孩子，妈妈也要工作啊。”后来我们聊了很多，您安静地听着，耐心地给我疏导，感觉是那么的和蔼，那么的理解我、呵护我。

我想，那一夜，我一定是笑着进入梦乡的。可惜美梦易逝，当我被嘈杂的闹钟从梦中拉扯出来时，睁开眼，却发现身旁空荡荡的，心也随之变得空荡荡的。房东说，天蒙蒙亮时，您就起身走了，怕影响我白天上课才没敢叫醒我。我听着，愣坐在床上，抱着留有余温的被子，刹那间，失落与自责一齐袭上心头。曾经那么倔强的心突然变得感动起来，泪水终于一发而不可收拾地排山倒海而出。妈妈，你相信吗？那一刻，我就下定决心要努力学习，用优异的成绩来回报您这么多年的含辛茹苦。

妈妈，说了这么多，其实我只是想告诉您：女儿已经长大了。也许她曾让您伤心失望，曾让您叹息流泪。但是，她并不是个麻木不仁、不知感恩的孩子，她也并非如您所看到的那般冷漠不知情。其实，您说的每一句话她都一直记在心上。您走得每一步艰辛她也都看在眼里。只是，有很多话她都不曾说出口，包括那句在心里埋藏已久的“谢谢您！”

今天，女儿希望您看到这封文笔拙劣的书信时，看到她一点点的变懂事时，可以欣慰的微笑——也算是做女儿的对您最初的一点回报吧。

敬祝

身体健康，工作开心

女儿：星星

【高考信文实例二】

田鼠的信

亲爱的人类：

首先，我以田鼠家族代表的身份向你们表示深深的感谢。

知道吗？幸亏有你们的帮助，我们的生活空间得以大大地扩充；幸亏有你们的帮助，我们田鼠家族的存活率较以往有大幅度地提升；幸亏有你们的帮助，我们也开始步入我们的“小康社会”；幸亏有你们的帮助，我们不用再过着担惊受怕的日子……

总而言之，对于你们对我们田鼠家族所作出的那不可磨灭的贡献，我们深表谢意。

知道吗？当我们发现天敌们（对，就是我们的敌人，是你们赋予他们这一称号的，那么请允许我沿用这一称谓。）的曝光率低得让鼠民们怀疑时，我们是何等地焦急，居安思危，用你们人类的语言来说就是如此。他们是你们忠实的捕手，这是我们大家所认知的，他们的这一不寻常表现，铁定跟你们有联系。我们虽没有你们那复杂的思维，但起码我们对一件事有共同的认知，人类都很狡猾。

我们曾几度怀疑你们这些所谓的高等动物暗中有诈。可让我们始料未及的是，接连的几个月内，都有鼠民反映，在人类的衣服上，他们嗅到了天敌们的气息，众所周知，我们鼠类对天敌们的敏感程度是何等的高啊！这一重大发现让我们更加迫切地想要接近真相。于是我们家族派了资深探员进行秘密探询。结果让我们异常激动，他们不仅在你们的家具上嗅到天敌们的气息，甚至在你们的餐桌上目睹了你们品尝天敌们的惬意。

我们得知这一消息时，举国同庆，因为我们心头悬着的大石终于得以放下，同时，我们更加相信这样一件事情，人类都很狡猾。

螳螂捕蝉，黄雀在后。黄雀袭击了螳螂，蝉得以逃脱。说实话，对于你们人类那似黄雀般的举动，我们深感谢意，但对于那为你们卖命的天敌们的下场，我们表示同情。他们对你们尽忠尽职，你们却把他们宰割下肚；他们为你们尽心尽力，你们确把他们扒皮拆骨……尽管我们的同情相对于感谢来说非常的渺小。鼠不为己，天诛地灭。生物链中最薄弱的环节在你们口中消逝，我们得以猖獗横行。鹤蚌相争，渔人得利。我们不介意坐收渔人之利。

我们不是高等动物，却同样有你们高等动物的七情六欲，这封感谢信就是最好的证明。我们不会期待你们的回信，因为你们所谓的感情似乎正在退化中。

此致

敬礼

田鼠代表

×年×月×日

5. 文言书信格式举要

（1）称谓后附提称语

用于文言书信，如运使学士阁下（王安石《上杜学士言开河书》）、虹生十四兄亲家年大人情右（龚自珍《与吴虹生书》）；再如，某公道席、某先生台鉴、母氏慈鉴、贤弟如晤等。常见提称语如下：

① 足下：古代最初用为下对上的敬称，后来书信中多用于同辈之间。

② 膝下：旧时子女致父母的信，多以“父母亲大人膝下”起首。人幼时常依于父母膝旁，家书中用“膝下”，既表敬重，又示出对父母的亲爱、眷依之情。

③ 垂鉴、赐鉴、钧鉴、尊鉴、台鉴、鉴：即古代镜子，有审察的意思。用作书信提称语，就是请阅看的客气说法。垂，含居高临下之义。赐，上给予下叫做赐。垂鉴、赐鉴、钧鉴，多用于对上、致年高德韶者的信中。尊鉴，可用于尊长，也可用乎辈。台鉴适用较广，“台”有“高”义，对熟识或不熟识的尊长、平辈，皆可使用。

④ 勋鉴、道鉴、大鉴、英鉴、伟鉴、雅鉴、惠鉴：对身居高位、有功勋业绩者，可用

"勋鉴"。对道德君子、望重学者,可称"道鉴"。大、英、伟、雅,含高尚、美好、不凡、不俗的意义,宜用于朋友往来书信。"惠鉴",就是赏阅的意思,但语意分量较"赐鉴"为轻,适用于一般书信,师长对已独立的后辈学子,也可用此客套。

⑤ 慈鉴、爱鉴、双鉴、芳鉴:致母亲,可称"慈鉴"。夫妻,或情意亲密的男女之间,可用"爱鉴"。给友朋夫妇二人之信,可用"双鉴"。女子间往来书信,可用"芳鉴"。

⑥ 礼鉴:给居丧者信,用"礼鉴"。如,爱国之士李公扑遇害后,周恩来等致其夫人唁函即称"张曼筠女士礼鉴"。

⑦ 公鉴、共鉴、同鉴:用于致团体多人的信函,可于所列人名之后,书"诸先生共鉴"等。

⑧ 席,席位:道席,多用于学生对师长的尊称。讲席、教席,也是对从事教育、讲学者的敬称,但用于平辈间,写信人与受信人不必有师生关系。撰席、著席、史席,都用作对文士的敬称,文人间也常互用。(撰,即著述。史,指有著作传世垂史。)

⑨ "览阅知悉":一般用于长对幼、前辈对晚辈的称呼之后。

启辞,就是信文的开场白,或寒暄客套,或提示写信原委等。启辞理应属于信件正文的一部分,由于旧时尺牍中,这部分形成了一系列的套语,在现时书信中还常可以看到,在此分两类举例以供参考:

(a) 表示写信人以诚恳的态度,请受信人阅读信文。如:

敬禀者:写信人自称是恭敬地禀陈事情的人,表示下面是所要禀告的话,用于致父母尊长的信,如"母亲大人膝下,敬禀者"。

跪禀者:义同"敬禀者",用于子孙对尊长。即禀者同上。

敬启者:写信者自谦为恭敬地陈述事情的人,表示请对方允许自己告诉下面所写的内容。既可用于同辈,也可用于下对上。

谨启者:谨,是谨慎、郑重的意思。用于同辈。

径启者:径,这里是直截了当的意思,一般公私书函通用。

拜启者:拜,表敬词。用于友朋往来书信。

敬呈者:与"谨呈者",皆用于下对上的公私书函。

恳启者:用于平辈,表示下面信文将写求助于对方的内容。

兹启者:兹,这里,现在。兹启,意即今在此陈述。态度客观平和,不含明显敬意。

哀启者:向亲友报丧的书信用此。

复禀者:用于对尊亲或上级的回信复禀。对平辈可用"再启者"。

专启者：用于专谈某实事的书信。

（b）根据具体情况，或作寒暄客套，或提示写信原委等。如：

顷诵华笺，具悉一切。忽奉手教，获悉一是。奉诵钧谕，向往尤深。顷获大示，并所赐物。惠书奉悉，如见故人。幸承明教，茅塞顿开。披诵尺素，谨表葵私。

数获手书，至感厚爱。展读琅函，甚感盛意。接阅华简，幸叨莫逆。捧读德音，喜出望外。手教敬悉，词意深美，一启蓬心。正切驰思，顷奉华翰，快慰莫名。顷得手示，欣悉康泰，至为宽慰。蒙惠书并赐大著，灿若河汉，拜服之至。迭接来示，因羁琐务，未及奉复，深以为歉。台函奉读多日，未即修复，万望海涵。大札敬悉，稽复乞谅。欣奉惠书，敬聆喜讯，不胜忭贺。接读手书，知君抱恙欠安，甚为悬念。久慕鸿才，今冒昧致书，以求教诲。别来无恙，久不晤见，甚念贤劳。睽违日久，拳念殊殷。久疏通问，时在念中。一别经年，弥添怀思。日前曾奉一函，谅已先尘左右。前此一函，想已达览。

此类启辞套语，虽可采用，却不必拘泥，尽可以千变万化的。启辞套语有时也是可以省略的。比如，现在不少人写信，习惯于一开头即用“你（您）好”二字，先向收信者问候致意，原是不错的，然而如果封封信都是如此格局，则未免呆板单调了

（2）正文

信的正文，即写信人对收信人说的话，这是书信的主体。正文从信笺的第二行开始写，前面空两字。如果启辞单独成行，正文可在启辞的下一行空两字开始书写。书信的内容各不相同，写法上也无需一律，以表情达意准确为原则。一般说来，应先谈谈有关对方的事情，表示关切、重视或谢意、敬意，然后再谈自己的事情。正文写好后，如发现内容有遗漏，可补充写在结尾后面；或写在信右下方空白处，并在附言之前加上“另”“又”等字样；或在附言的后面写上“又及”或“再启”字样。

（3）结语

即信文的结束语，理应属正文的一部分。但与“启辞”相仿，旧式书信中也形成了一系列常用结语套辞，现时各界文化人士的书简中，仍频见使用。这里罗列若干，供参考。

书短意长，不一一细说。

恕不一一。不宣。不悉。

不具。不备。不赘。

书不尽意。不尽欲言。临颍不尽。

余客后叙。余容续陈。客后更谭。

盼即赐复。翘企示复。伫候明教。时候教言。盼祷拔冗见告。万望不吝赐教。敬祈不时指政（正）。敢请便示一二。尚祈便中见告。如何之处，恭候卓裁。

至盼及时示下，以匡不逮，无任感祷。

二、求职信

求职信又称“自荐信”或“自荐书”，是求职人向用人单位介绍自己情况以求录用的专用性文书，目的是让对方了解自己、相信自己、录用自己。它是一方对另一方并有求于另一方的信函。

（一）自荐信内容与格式

1. 称呼

称呼要恰当。对于不甚明确的单位，可写成“人事处负责同志”“尊敬的领导同志”“尊敬的某某公司领导”等；对于明确了用人单位负责人的，可以写出负责人的职务、职称，如“尊敬的林教授”“尊敬的蒋处长”“尊敬的刘经理”等。称呼写在第一行，顶格书写，之后用冒号，另起一行，写上问候语“您好”。

2. 引言

引言包括简明扼要地介绍自己的姓名、就读学校、就读专业名称、何时毕业等基本情况。引言的主要作用是尽量引起对方的兴趣看完材料，并自然进入主体部分，开头要引人注目。首先说明应聘缘由和目的，个人的基本情况和用人消息的来源。重点是介绍自己与应聘岗位有关的学历、经历、成就等，让招聘单位对你一开始就产生兴趣，但详细的个人简历应作为附录。其次说明用人消息的来源，做到师出有名。

3. 主体

主体部分是求职信的重点，简明扼要并有针对性地概述自己，突出自己的特点，说明胜任某项工作的条件。这是自荐的核心部分，主要是向对方说明你的知识，经验和专业技能，要突出适合于所求职业的特长和个性，不落俗套，起到吸引和打动对方的目的。并努力使自己的描述与所聘职位要求一致，切勿夸大其词或不着边际。许多简历中的具体内容不应在求职信中重复。尽可能地少用人称代词“我”，要让人感到你想表达的是“我怎样才能帮你”。

（1）介绍自己的潜能

向对方介绍自己曾经担任过各种社会工作及取得的主要成绩，预示着自己有管理方面的才能，有发展、培养的前途。

（2）申请具体的工作岗位

用人单位往往为多个岗位招聘人才，因此要写清楚你所要应聘的工作岗位。如果不知道对方需要什么样的人才，可以说明自己希望申请哪一类工作岗位。

4. 结尾

信的结尾要留下你的电话、手机、E-mail等联系方式，并表明如果几天内等不到他们的电话，你会自己打电话确认招聘者已收到履历表和求职信并安排面试。

求职信肯定、热情、诚恳、有礼貌，把你想得到工作的迫切心情表达出来，请用人单位尽快答复并给予面试机会。通常结束语后面应写表示祝愿或敬意的话，如“此致”“敬礼”、“祝您身体健康、工作顺利、事业发展”等。

5. 落款

包括署名和日期。署名应写在结尾祝词的下一行的右后方。日期(×年×月×日)应写在名字下面。若有附件，附上有关材料或文件。由于求职信的限制，有关材料要随求职信一起寄给招聘单位。大致包括毕业证书、学位证书、职称证、身份证、获奖证书、户籍的复印件，学校的推荐信、个人履历表、发表的文章、科研成果等。

可在信的左下角注明。例如“附1：个人简历”“附2：成绩表”等。

(二) 好的自荐信能为你赢得一个面试机会

一份好的自荐信应具有：自我介绍和写自荐信的理由；自我推荐(自荐条件)；制订计划。自荐信应做到以下三点：

1. 自我介绍和写自荐信的理由

信的首段要抓住招聘者的注意力。说明你为何寄履历表，你对公司有兴趣并想担任他们空缺的职位。可以通过暗示你与公司雇员的亲属关系来表达你对公司的兴趣。要说明你干的是同一行业，有着同样的工作兴趣，或者你一直通过新闻了解公司或者这个行业。如果你由一位朋友或者同事介绍给公司，就在信中提起他们；因为招聘者会感到有责任回复你的信(但是不要夸大其实，如果你对公司或者这行业叙述不正确，招聘者会一眼看穿。)当你要求担任应聘者职位时，要说得越具体越好。不要只说起工作职位，还应谈谈这个职位的要求。

2. 自我推荐(自荐条件)

信的第二部分要简短地叙述自己的才能，特别是这些才能将满足公司的需要。没有必要具体陈述，因为履历表展示明确。这部分你应强调你的才能和经验将会有益于公司的发展。不要在信中表示你会因聘用而收益多少，面对桌上一大堆履历表和许多空缺职位，招聘经理关心的不会是你的个人的成就。务必注意要尽可能地少用人称代词“我”，要让人感到你想表达的是“我怎样才能帮你。”

3. 制订计划

信的结尾要表明你的下一步计划。不要让招聘者来决定，要自己采取行动。告诉招聘者怎样才能与你联络，打电话或者发E-mail，但不要坐等电话。要表明如果几天内等不到他们的电话，你会自己打电话确认招聘者已收到履历表和自荐信并安排面试。语气肯定但要礼貌。

【自荐信实例一】

自 荐 信

尊敬的贵公司××领导：

您好！

非常感谢您在百忙中抽空审阅我的求职信，给予我毛遂自荐的机会。作为一名财经大学财会专业的应届毕业生，我热爱财会专业并为其投入了巨大的热情和精力。在几年的学习生活中，系统学习了……等专业知识，通过实习积累了较丰富的工作经验。

大学期间，本人始终积极向上、奋发进取，在各方面都取得长足的发展，全面提高了自己的综合素质。曾担任过校学生会主席和团委书记等职。在工作上我能做到勤勤恳恳，认真负责，精心组织，力求做到最好。多次被评为“校级优秀学生干部”“校级优秀团干”，学习成绩优秀，连续三年获得一等奖学金，并被评为校级优秀毕业生。

一系列的组织工作让我积累了宝贵的社会工作经验，使我学会了思考，学会了做人，学会了如何与人共事，锻炼了组织能力和沟通、协调能力，培养了吃苦耐劳、乐于奉献、关心集体、务实求进的思想。沉甸甸的过去，正是为了单位未来的发展而蕴积。我的将来，正准备为贵公司辉煌的将来而贡献、拼搏！如蒙不弃，请贵公司给我一个为贵公司服务机会。

如果我得到这个机会，我会加倍努力。我将从以下几个方面开展工作：

（制订的工作计划略去）

感谢您在百忙之中给予我的关注，愿贵公司事业蒸蒸日上，屡创佳绩，祝您的事业百尺竿头，更进一步！殷切盼望您的佳音，谢谢！

附：个人简历、学历证明、身份证、奖状的复印件各一份。

邮编：200038

联系地址：上海××学院土木工程专业5号楼102室

E-mail：×××××××

联系电话：189××××××××

此致

敬礼

应聘人：×××

二〇一四年九月×日

【自荐信实例二】

自荐信

尊敬的××人事部总监：

您好！

我是××成人会计大学会计专业的应届毕业生，在即将毕业之际，我怀着十分激动和对未来充满憧憬的心情向贵单位自荐，渴望能在贵单位获得一份学有所用的工作。

在三年的会计专业的学习生活中，我学习了会计学基础、现代西方会计学基础、企业管理、金融学、财务管理、会计英语等专业课程，并取得良好成绩。在学习期间还多次到涉外旅游饭店实习做会计，这些实习，不但丰富了书本上所学到的专业知识，更积累了在涉外饭店的工作经验，这一切使我能一到位便可上岗工作。

在实习期间，我能用英语直接为来华旅游、工作的客商会话交流，锻炼了我的口语能力，多次得到外宾和实习饭店经理的赞扬。

通过专业学习和在涉外饭店会计能力的实习，不但使我获得了专业知识，适应了旅游饭店会计工作的需要，提高了在旅游饭店工作的能力，而且懂得了很多做人的道理，知道了下敬下和的可贵，深刻认识到涉外会计工作恪守职业道德和敬业精神对自身进步、对树立单位以至整个国家形象的极端重要性。

我性格开朗、乐观，善与人相处，喜爱文体活动。在学校举办的交谊舞大赛上，曾获得三等奖。

我热爱社会，热爱生活，热爱旅游饭店工作。我恳切地希望能到贵单位工作，为贵单位贡献我的所学，为贵单位的发展和我自身的成长，勤奋工作。

附：个人简历、学历证明、身份证、奖状的复印件各一份。

邮编：××××××

E-mail：×××××××

联系地址：×××××××××

联系电话：×××××××××

此致

敬礼

自荐人：×××

二〇一四年八月×日

自荐信写“人事部负责人收”较妥。

多数用人单位都要求求职者先寄送求职材料，由他们通过求职材料对众多求职者有一个大致的了解后，再通知面试或面谈人选。因此，求职信写得好坏将直接关系到求职者是否能进入下一轮的角逐。

求职信作为新的日常应用类文体，使用频率极高，其重要作用愈加明显。

求职信的概念，就跟推销一样，目的都是要引起顾客（雇主）兴趣，达到成功推销自己的效果。很多求职者没有写（求职信）的习惯或根本不知道其重要性。求职信就是用文字语言在推销自己，是简历的一个重要组成部分。

（三）求职信的类型

（1）从成文的角度看

有自写的求职信；他人推荐而写的求职信等。

（2）从内容或行业看

有技术性求职信；销售型求职信；生产性求职信；演艺性求职信；医疗性求职信等。

（3）从求职的时间看

有短期性求职信；中期性求职信；长期性求职信等。

（4）从求职的要求看

有基本要求的求职信；无具体要求的求职信等。

有时求职信可以设计成两页来完成。第一页面主要是个人联系方式；第二页是求职信的内容。

【求职信实例一】

封面（第一页）：

××财经大学

2014 届大学毕业生自荐书

姓名：×××

专业：管理

邮编：××××××

联系地址：×××××××××

联系电话：189188×××××

E-mail：××××××××

内文（第二页）：

求　职　信(自荐信)

尊敬的××所领导：

您好！

非常感谢您在百忙之中抽空审阅我的求职信，给予我毛遂自荐的机会。

我叫×××，是上海××财经大学管理专业的一名学生，即将面临毕业。普通的院校，普通的我却拥有一颗不甘于平凡的心。拼搏是我的天性，努力是我的责任，我坚信，成功定会成为必然。

四年来，在师友的严格教益及个人的努力下，我具备了扎实的专业基础知识，系统地掌握了人力资源六大模块等有关理论；熟悉涉外工作常用礼仪；具备较好的英语听说读写译等能力；能熟练地操作计算机办公软件。同时，我利用课余时间广泛地涉猎了大量书籍，不但充实了自己，也培养了自己多方面的技能。

此外，我还积极参加各种社会活动，抓住每一个机会，锻炼自己。大学三年，我深深地感受到，与优秀学生共事，使我在竞争中获益；向实际困难挑战，让我在挫折中成长。我热爱贵单位所从事的事业，殷切地期望能够在您的领导下，为这一光荣的事业添砖加瓦，并且在实践中不断学习进步。我一直坚信“天道酬勤”。给我一次机会，我会尽职尽责。一个人唯有把所擅长的投入到社会中才能使自我价值得以实现。别人不愿做的，我会义不容辞的做好；别人能做到的，我会尽最大努力做到更好！发挥自身优势，我愿与贵单位同事携手共进，共创辉煌！

收笔之际，郑重地提一个小小的要求：无论您是否选择我，尊敬的领导，希望您能够接受我诚恳的谢意！

祝愿贵单位事业蒸蒸日上！

附：个人简历、学历证明、身份证、奖状的复印件各一份。

此致

敬礼

求职者：×××

二〇一四年九月×日

(四) 求职信的作用

1. 沟通交往，意在公关

求职信是沟通求职者和用人单位之间的桥梁。通过一定的沟通，在相互认识、交流的基础上，实现相互的交往，是求职信的基本功能。实现交往，求职者才可能展示才干、能力、资格，突出其实绩、专长、技能等优势，从而得以录用。因此，求职信的自我表现力非常明显，带有相当的公关要素与公关特色。

2. 表现自我，求得录用

实现自己的求职目的，就要求自己必须充分扬长避短，突出自我优势，在众多的求职者中崭露头角，以自己的某些特长、优势、技能等吸引用人单位。表现自我，意在被录用，也是求职信的又一基本功能。

在知名企业，特别是外企或500强企业的求职过程当中，一封出色的求职信是必不可少的。而撰写一封得体的求职信可能是你在准备应聘的过程中遇到的最棘手的问题。在求职的过程中，只有能体现个人才智的求职信，才能帮助你顺利地得到面试机会，谋求一份理想的工作。你需要仔细考虑你所写的求职信的目的，及其所可能产生的影响。信件要引起读者的兴趣，既要反映出你的目的，也要符合特定的环境要求。

3. 求职禁忌

(1) 频繁跳槽

频繁跳槽给人一种做事不踏实，心情浮躁没有挑战精神的印象。约40%的受访者表示，频繁跳槽(包括入职一年内离职)会使求职者丧失资格。这对于跨世纪一代相当不利，这代人可是出了名地爱换工作，平均每两年就换一次工作。

(2) 技能过时

职场中最讲究实力，也就是个人技能。技能过时，就免不了被OUT。约1/3(31%)的受访者表示，求职者"掌握的技能已过时"也会让雇主掉头就走。约28%的受访者列出的是"不了解当代办公科技"。

(3) 遭到解雇

大多数招聘人员和经理们都认为"解雇"经历会"严重损害"申请者的求职成功概率。另外患有慢性病或残疾者，紧随其后的是延长产假或陪产假，统计称后者"对职业前景的损害超过了离职进修，甚至是被解雇。"

(4) 年龄

年龄越大，受访的职业越少。约70%的受访者表示，对30多岁求职者的需求高于其他年龄段。但有时更长的工作经验确实重要：猎头和招聘经理们认为，"对40多岁求职者的需求高于20多岁者。"

(5) 失业

失业较久的人很难被录取。约36%的受访者表示，有6～12个月职业空窗期的求职者很难找到工作。28%表示，只要出现过职业空窗期的求职者都难以找到工作。

4. 三点建议

第一，开头要有吸引力。如："我叫李民，现年 22 岁，男。是一名财会专业的大学本科毕业生。从报上我看到贵公司招聘一名专职会计人员的消息，不胜喜悦，以本人的水平和能力，我不揣冒昧地毛遂自荐，相信贵公司定会慧眼识人，会使我有幸成为贵公司的一名会计人员。"这段是正文的开端，也是求职的开始，介绍有关情况要简明扼要，对所求的职务，态度要明朗。而且要吸引受信者有兴趣将你的信读下去。

第二，写对所谋求的职务的看法以及对自己的能力要作出客观公允的评价，这是求职的关键。要着重介绍自己应聘的有利条件，要特别突出自己的优势和"闪光点"，以使对方信服。如："我于 1996 年 7 月毕业于东北财经学院财会专业。毕业成绩优秀，在省级会计大奖赛中，获得'能手'嘉奖(见附件)，在海南金融杂志上发表过多篇学术论文(见附件)。我在有关材料上看到过关于贵公司的情况介绍，我喜欢贵公司的工作环境，钦佩贵公司的敬业精神，又很赞赏贵公司在经营、管理上的一整套的切实可行的规章制度。在当前改革开放的经济大潮中，贵公司体现出卓越的超前意识。我十分愿意到这样的环境中去艰苦拼搏；更愿为贵公司贡献我的学识和力量。我相信，经过努力，我会做好我的工作的。"写这段内容，语言要中肯，恰到好处；态度要谦虚诚恳，不卑不亢。达到见字如见其人的效果。要给受信者留下深刻印象，进而相信求职者有能力胜任此项工作。这段文字要有说服力。

第三，提出希望和要求，向受信者提出希望和要求。如"希望您能为我安排一个与您见面的机会"或"盼望您的答复"或"敬候佳音"之类的语言。这段属于信的内容的收尾阶段，要适可而止，不要啰唆，不要苛求对方。

(五) 避免错误

1. 性别称呼不当

不要一开始就用错了提及性别的称呼，比如"先生"。事实上，最好避免使用针对不同性别的称呼，这样不合时宜，甚至可能冒犯了那些不属于这一称呼的人。或者你可以试着找出负责审阅你求职信的人，在求职信中直接称呼此人姓名头衔。如果不知道负责人，那么写上"敬启者"，这是最中性的称呼方式。

2. 一封求职信不能适合所有需要

你可以在求职过程中准备一个标准版本求职信，但是当你把它套用在不同职位申请时要格外小心，注意不要出现错误。求职信中的常见错误包括错误的职位、公司名称、日期和招聘信息来源。花点时间，确认你每封求职信中的信息都正确无误——做这件事的同时，不妨花点时间针对不同的职位要求量身改造自己的求职信。

3. 字数很重要

求职信的内容就应该仅是一封信。大致浏览一下内容，虽然你希望自己的求职信不是只有一两句话那么简单，但也不要写成多页的长篇大论。以结构清楚的三个段落概括出你对该职位的兴趣以及你的资历，是求职信的理想模式。过于简短的求职信会让人觉得不够努力且缺乏重视，过于冗长的则让人心生厌倦不想看下去。

4. 遵从要求

雇主都想要知道你是否能按照要求做好事情——这一评价从你的求职信开始。请按照要求将简历制作成固定的文件格式(PDF 格式、微软 WORD 文档、文本文件等)，并发给某个制定的人。若招聘说明中要求你写出薪资要求以供参考，那么写上你期待的薪资水平，除非你根本不想成为这一职位的候选人。在这一阶段如果忽略了某项明确列出的要求，那么你注定要被淘汰了。

求职信不仅要叙述必需的信息，还要说明你在每个公司的不同经历。要提供公司怎样因你的表现而大获其利的具体例子。当彰显自己的成就时，请问自己以下问题：

(1) 如何更好完成工作

你或你的团体所面临的是怎样的问题或挑战？你是怎么样克服困难的？你努力的结果怎么样？公司怎样从你的表现中获利？

(2) 目标叙述是否过于华丽

篇幅是否过短和过长？决定其篇幅的因素包括有职业、企业、工作经历、教育和造诣程度等等。最重要的是，履历中的每一个字都要能够推销自己。

(3) 人称代词和冠词的用法是否行当

履历是商业沟通的形式，它应该是简洁和正式的，不应该出现“我”的字样，且尽量少用冠词。试看一例：

我已经开发了一种新的产品，它使销售额增加了 200 万，使部分销路总量增加了 12%。

应该写成：新开发的产品使销售额增加了 200 万，使部分销路总量增加了 12%。

(4) 是否罗列不相干的信息

许多人会在履历中概括他们的兴趣，比如阅读、徒步旅行和滑雪等。其实，这些只有在它们与目标工作有关联的时候才添加。如果说候选人申请的是一份滑雪教练的工作，那么他或她就应该提到其喜欢乡间滑雪的兴趣。

履历中一般不应该提到一些私人信息，比如生日，婚姻状况，身高和体重等。当然，这也是有例外，比如说一些娱乐方面的特长和美国以外的求职。

(5) 求职信是否有内涵

内容具体，紧扣主题。不要千篇一律。求职信要有内在美，内在美就是能突出属于你的优势和特点，字眼不可浮夸，但也要谦虚有度。

① 求职信的外在美。外在美不是让你在信纸的选择和字体之类做研究，而是你要让招聘人员在看你的求职信时，会有舒服的感觉。那么做好外在美，就要求职信篇幅长短适宜，内容、行距分明，不要太过于密密麻麻。

② 言简意赅。言简意赅就是一封好求职信的标准，求职信的语句不要追求华丽的词眼，让阅读者深涩难明，注意不要走脱离了求职信目的的个性化路线。求职信最好的发挥就是一针见血。

③ 写完之后要校对。写好之后不要急着发送给招聘人员，要对自己的求职信做好检查，杜绝错别字，检查该有的资料是否齐全。

(6) 版面安排

某人事经理曾经说过，有的候选人只描述他的或她的技能而不涉及具体工作。但对每一个职位都虎视眈眈，这不可取并令人讨厌。除非你的履历有紧急情况，比如说事实上你没有工作记录或者极端繁忙，你要避免使用格式化的功能履历。最有效果的一种格式是经过改良的按年代排列的类型。如，基本版面安排：页眉（姓名，住址，电子邮件地址，电话号码）；以有力的个人概述引领（详细设计你的主要经历和专业领域）；年代次序颠倒的雇佣记录（着重于过去10到15年的成就）；教育（为了有所梯度，该项可以移到顶部）；另外的相关主题，包括职业联盟，社会活动，技术专长，出版物，专利和所用语言等。总之版面安排要合理。

(7) 摘要部分

摘要部分是求职者最好的工具。做过该项内容的求职人就会知道这种类型的技能和资格占有很重要的地位。摘要中应该说明与所求职位相关的技能等级和经验。为了创造一个有影响力的概括陈述，首先很好的开头很重要。其次是罗列一下你匹配的技能、经验和教育情况。这些自我推销点也可以写入概括部分了。

5. 求职信的写作原则

(1) 语气自然

语言和句子要简单明了，直截了当。语气正式但不僵硬。

(2) 通俗易懂

写作要考虑读者对象的知识背景,不要使用生僻词语、专业术语。

(3) 言简意赅

在重点突出、内容完整的前提下,尽可能简明扼要,切忌面面俱到。

(4) 具体明确

不要使用模糊、笼统的字眼;多使用实例、数字等具体的说明。

(5) 求职信四个误区

写信求职是一常见方式,但必须避免以下四种失误,以提高求职命中率。

① 不够自信,过于谦虚。求职者应当在信中强调自己的强项,即使不可避免地要说明自己的弱项,要自信但不要自傲,也没有必要自卑。不卑不亢,告诉别人你能胜任这份工作,但不要要求别人做什么。不要夸大其实。要解释你为何觉得公司对你有吸引力。

② 主观意愿,推理不当。许多求职者为了取悦于招聘单位,再三强调自己的成绩,而不知有关经验与能力对职位的重要性。

③ 语气要积极不要过于主观。对于招聘单位来讲,他们大都喜欢待人处世比较客观与实际的人,因而求职者在信中尽量要避免用我认为,我觉得,我看,我想等字眼。

④ 措词不当,造成反感。写求职信最忌用词不当,如:"有我这样的人才前来应聘,你们定会大喜过望。"对方看到这样的词语,怎么会不反感呢?

⑤ 打印你的信,但要注意你的文字处理。如果你同时寄相似的信给好几家公司,要保证相应地改变以迎合那家公司。没有一个公司会想知道你愿意为它的竞争者工作。仔细地阅读每一份信,然后再签名。

(6) 礼仪技巧

① 称呼要准确:求职信往往是首次交往,在求职信件中可以直接称职务头衔等,如"上海煤气总公司负责人""国发公司经理""北京配件厂长"。求职信的目的在于求职,带有"私"事公办的意味,因而称呼要求严肃谨慎,以免给人以套近乎或者阿谀、唐突之嫌。

② 问候要真诚:无论是经常通信的还是素昧平生的,信的开头应有问候语。向对方问候一声,是必不可少的礼仪。问候语可长可短,即使短到"您好"两字,也体现出写信人的一片真诚,而不是"应景文章"。问候要切合双方关系,以简洁、自然为宜。

③ 祝颂要热诚:为表示礼貌,在名字之前加上相应的"弟子"、"受业";给用人单位领导写信,可写"求职者"或"您未来的部下"。名字之下,还要选用适当的礼告

敬辞，如对尊长，在署名后应加"叩上""敬亲"。"叩禀""拜上""敬启""肃上"等；对平辈在署名后加"敬白""谨启""敬上""拜启"等。

要记住，自荐信最重要的在于它与履历表起着不同作用，许多履历表中的具体内容不应在自荐信中重复。例如，工作经历，学历或是个人目标。履历表告诉别人有关你个人，你的经历和你的技能。而自荐信告诉别人你能为雇佣者做些什么。

【求职信实例二】

求　职　信

敬爱的×××（可以是职务、职称等）

您好：

首先感谢您在百忙之中垂询我的自荐信，为一位满腔热情的大学生开启一扇希望之门，给我一个迈向成功的机会。

我是上海商学院市场营销专业2013级的一名学生，在大学3年里，我已经学会了一定的销售专业知识，在校期间主要学习助理营销师、市场营销学、国际市场营销、物流管理、渠道管理、海关商品学、零售学、营销策划与调研、企业战略管理、消费行为学、网络营销、客户关系管理、公共关系、现代促销学、商务谈判、国际贸易、商务礼仪、广告学、西方经济学、管理学等，并已考取了助理营销师证。在计算机方面，我已考取全国计算机二级证书，能熟练使用Word、Excel等Microsoft Office办公软件。同时，我利用课余时间广泛地涉猎了大量书籍，不但充实了自己，也培养了自己多方面的技能。作为一名学市场营销专业的大学生，我热爱我的专业，期待着实际的工作考验。

作为一名初出校门走向社会的学生，我认为最缺乏的是丰富的社会实践和工作经验，这或许让您犹豫不决，但我有着青年人的热情和赤诚，有着兢兢业业的工作态度和集体合作精神，真心希望贵公司能给我一个机会，我愿与贵公司同甘共苦，共创未来！"长风破浪会有时，直挂云帆济沧海"，在机遇与挑战并存的新世纪，我有信心凭自己的能力为贵公司的事业添一份力量，希望贵公司可以成为那个可以实现自我价值的大舞台，也希望为我自己赢得一片天空。

过去并不代表未来，勤奋才是真实的内涵，在求学之路中养成积极、乐观、进取的品质和满腔的热情，使我有信心能很快胜任自己的本职工作，并且在实际中不断学习，不断完善自己。我坚信真诚加勤奋可以创造奇迹。

千里马因伯乐而驰骋，我需要您的赏识和认可，如果您能给我一个机会，我会更加严格要求自己，以全新的面貌迎接辉煌的明天。

随信附上我的个人求职简历，再次感谢您在百忙之中的审阅，并衷心祝愿贵单位蓬勃发展，蒸蒸日上！静侯您的佳音！

附：个人简历、学历证明、身份证、奖状的复印件各一份。

此致

敬礼

求职者：×××

二〇一四年八月×日

第二节 专用书信

专用书信是在特定范围内因公务需要而写的具有专门用途的书信。它是党政机关、企事业单位使用较为广泛的应用文。

专用书信内容单一，格式固定，有标明性质的标题，署名处要加盖公章，语言朴实、简洁。具体指介绍信、证明信、推荐信、感谢信、表扬信、祝贺信、慰问信、申请书、决心书、挑战书、应战书、倡议书、请柬以及聘书等具有专门用途的书信。应用于不同地场合，写给不同的对象，因此在写法上就有不同的格式和要求。

专用书信有特定的格式和写作要求。

1. 一般书信与专用书信的区别

一般书信：个人和个人之间的书信叫做一般书信，它用于交流个人思想感情、互通个人和家庭情况。

专用书信：专用书信多用于个人与单位组织之间、以及机关团体、企事业单位之间常用的书信。同一般书信基本相同，大都具有标题、称呼、正文、结尾、署名日期五个部分。

2. 专用书信的特点

(1) 用途有很强的针对性

比如，请战书是向领导请战的，建议书是向领导或有关单位提建议的。

(2) 作者与读者都是特定的

大家都是为了解决某一个问题或事情而写而读的，写作严肃认真，不能随便。

(3) 格式固定，不能随便改变

3. 专用书信的写法

(1) 标题

一般直接写出文种的名称。如“申请书”的位置在第一行居中。有时也可加上适当的定语,如“退学申请书”。

(2) 称谓

一般可写在标题下一行,顶格写。

(3) 不写问候语

一般不写问候语,正文结束语一般采用换一行空两格写“此致”,再换一行顶格写“敬礼”,与一般书信相同,两字后都不用标点。

(4) 落款:包括具名和日期

4. 专用书信要求

(1) 文字贴切简洁、内容完整

(2) 格式规范美观、用语礼貌

(3) 清楚表达本意,帮助理解

5. 专用书信实例

【介绍信例一】

介　绍　信

________________(单位):

兹介绍我公司________同志等________人,前往贵处联系工作事宜,希予以接洽为荷。

此致

敬礼

________________公司(公章)

二〇一四年九月一日

(有效期限________天)

【介绍信例二】

介　绍　信

×证介字(　　)号

×××:

兹介绍×××,×××,等××名同志,前往贵处联系×××事宜,敬请接洽并予以协助。

此致

敬礼！

××人民政府(章)

××××年×月×日

(有效期××天)

【证明信例三】

在职及收入证明

荷兰驻华大使馆(驻上海领事馆)：

兹证明张三(个人护照号 G88888888)为我厅公务员，自 1995 年 7 月起任职至今，工作表现良好；现职法规处副处长，月收入(税后)人民币陆仟捌佰圆(CNY 6 800)。

张三申请于 2014 年 10 月 1 日至 10 月 7 日自费赴贵国旅游度假，并保证在贵国期间遵守当地法律法规，度假结束后按期返回。我厅已予准假，并为其保留职位及薪金。请贵方协助办理有关签证手续。

如有问题，请联系我厅人事处，电话+86 (10) 8678-5588 转 1234。

特此证明

××省教育厅

人事处(公章)

二〇一四年八月二十八日

【推荐信例四】

推 荐 信

尊敬的××大学领导：

你们好！

很高兴能够以这样的形式向你们推荐我最优秀的学生——卢董同学。作为一名看着卢董同学一步步成长的高中老师，我觉得把最优秀的学生推荐给最优秀的大学是我义不容辞的责任。希望我的这封推荐信能够帮你们更多更好地了解卢董同学，一方面帮你们招进一名优秀的大学生，另一方面也能够使卢董同学进入她梦寐以求的大学殿堂。

认识卢董同学是在 2011 年的夏天，当时她刚刚考入高中，踌躇满志，意气风发。而如今，她已是才女初长成，隐隐有大家气象，实在是令人欣慰。

回想这三年的经历，岁月把一个简单明快的女孩打造成了意志坚强、底蕴深厚、成熟内敛、秀外慧中、热爱生活，有爱心、同情心、上进心，具备优秀的思维品格、超强的学习能力，独具魅力的领导才能，完善的个性特点，较大发展空间和较强发展潜质的优秀人才。

她才华横溢，思想深刻。

中原自古多才俊。在炎黄故里这块火热的土地上，深厚的文化底蕴孕育出一名钟灵毓秀的才女。她用五彩笔写作心灵的云卷云舒，也描绘校园生活的酸甜苦辣；她弹得一手好琴，优美的旋律或渔舟唱晚或平湖秋月，打动过多少年轻的灵魂；她朗诵、辩论、演出，学校的舞台始终活跃着她靓丽的身影。她的才华也许天赋，但更因为她热爱读书，读文学、读历史、读哲学，李白、杜甫、曹雪芹，甚至康德、叔本华、钱钟书、冯友兰等的书籍，她均有涉猎。因为博览，所以全面，因为厚积，所以有发。

很多时候，我们不愿意承认自己的教育是应试教育，但我不得不说，她是我学生中的异类，是应试教育的奇迹。在领导能力与组织能力方面她是同龄人中的翘楚，同时，她还具有较强的团队意识。她长期担任班长和学生会的职务，组织了小到班级的班会、家长会，大到学校的读书节、辩论赛等大型活动。2012 年 10 月，疯狂英语创始人李阳先生来我校，面对全校师生，卢董和李阳用英语侃侃而谈，卢董之才华，之从容可见一斑。

其实，在她身上，最打动人的不是傲视群芳的才情，不是优秀的成绩，甚至不是出色的领导能力，而是爱心，是对生活、未来、世界、他人，甚至一草一木的热爱。在日益注重利益的今天，她坚守着人类灵魂中最闪光的一方净土。

她热爱生活，对生活充满了美好的想象，充满信心、希望和勇气。在她的眼中，世界是美丽的，生活在这个世界上是幸福的。她享受春花的美丽，秋月的温馨，夏雨的激情，冬雪的坚韧。她感受快乐，也传达快乐。她用一颗敏感、细腻而多情的心，让身边的人像自己一样对生活充满信心。她不断伸出双手给不幸者带来希望，她把自己对生活的理解告诉给每一个生活在黑暗中的人。她为弱者流泪，为强者欢呼，她与人为善，相信送人玫瑰手有余香，她以饱满的激情感染着身边每一个人，她的爱心使她周围的世界温暖、快乐、平和。

她一直都是一个很谦和的人。她的优秀，她出众的才能，她的光环，她优秀的学业似乎并没有改变这个从容淡定的女孩，她仍然习惯淡淡的微笑，习惯在最合适的时候拿出最优秀的自己在生活中自在的行走。偶尔我们会一起看夕阳，看花开花落。在她身上，我看到了一个优秀生命个体的成长，看到年轻生命蓬勃的生机、热烈的色彩，她像一个美丽的蝴蝶在我身边破茧而出，那夺目的光华令我眩晕、颤栗和感动。作为她的老师，我是幸福的，幸运的。三年教书生涯，她成了我身边最美的风景。

她的志向是××大学。许多年前，我也曾经对那所大学充满了向往，韶华不再，想起不过唏嘘。而现在，因为有她，那熄灭的火重新燃起，我希望她帮我完成这未了的心愿。更多的是，以她这样的资质，不上××大学，岂不可惜？××大学，大师之谓也。但大学，同样需要有优秀的学生加入，才能长期发展，可持续发展。所以，卢董同学不读××大学，似乎也是××大学的损失。特此推荐。

此致

敬礼

推荐人：王××

职务：高级讲师

联系方式：18918××××××

二〇一四年七月二十八日

【给银行拾金不昧的感谢信例五】

感 谢 信

尊敬的上海银行××支行领导：

我是贵行的一个客户，经常要到贵行办理银行往来业务，对贵行的员工服务态度及工作效率非常满意，不管是前台窗口的员工还是后台的客户经理都笑脸相迎，竭力为我们客户所想，有好几次都是饿着肚子为我们工作，我由衷表示感谢。而今天发生的一件事更让我内心深深的感动，并对贵行员工表示敬佩和感谢。

2014年7月28日上午十点左右，我办理好转帐业务出来，在保安台碰到行长助理黄杰同志聊了几句，就顺手把包和一个钱包放在保安台上，出去的时候只拿了包就走，竟把钱包落下了自己还浑然不觉，直到黄杰打电话通知我来取包时，我才知道把这么重要的东西丢了。原来那天值班的保安××同志及时发现并把它交给黄杰委托他交还给我，虽然钱包内装有现金叁仟捌佰圆并不算多，但是里面的东西都非常重要。有我们夫妻俩的身份证，有多张银行卡，还有些重要的凭证等，这些东西的补办手续也足够让我吃尽苦头、头疼几天……所以在这里我要特别感谢××同志的拾金不昧、助人为乐的高尚情操！我们要好好的向他学习。

从以上这件事情中也可以看出贵行对员工高素质的教育，使我们客户更相信贵行的魅力，更信任、更愿意做你们最忠实的客户。

此致

敬礼

感谢人：李××

联系方式：189××××××××

二〇一四年七月二十九日

【感谢信例六】

感　谢　信

《××学生》杂志社：

请贵刊转告全国所有关心我的大学生、解放军战士、工人、教师及各界朋友，我的病情经几家大医院治疗和各界的关心，目前已得到控制，现正在家休养。如不出意外，下学期开学即可返校学习了。

顽疾缠身，是人生中的不幸，我遭此一难，几乎摧毁了我和我的家庭。由于《××学生》杂志的呼吁，一封封来自远方的书信、一张张几经周折转来的药方，使我那不情愿跳动的心，又恢复了正常的节奏；几乎凝滞的血，又沸腾了。一双双援助的手，一颗颗充满爱的心，指明了我生活的路，温暖了我一家几乎冷却的心。

可敬的叔叔、阿姨、各位同学们：我和你们天各一方，相见无期，你们却把微薄的收入，甚至把你们的助学金、生活费，或者靠卖几个字画的钱寄给了我。而你们当中甚至本人就有残疾，没有经济收入，而要用你们宝贵的血汗钱来挽救我……近来我的脑海中经常出现你们的身影：有年迈的老人，有可爱的军人，有可敬的老师，还有很多我不相识的人……我无法具体描绘你们的形象，但你们的高尚品格，助人为乐的精神将永存于我心中，永存于我家乡父老的心中……

唯一遗憾的是我不能当面答谢各位。在此请接受用你们的爱心挽救的人的深深谢意，愿你们的爱的春风暖遍祖国，充满世界。

为了不辜负你们的一片爱心和良好祝愿，我将继续我的学业，继续我的事业，争取取得优异的成绩，献给关心我的远方的各位朋友们。

愿我们的心永远相通。

贺昌玉

××××年×月×日

【表扬信例七】

表 扬 信

××高级中学：

昨天，上海食品公司第××市部从外地运回一批糕点、糖果等商品，因卡车有急事暂时先将货卸放在马路边。下午3点左右，我们正往门市部仓库里搬运时，忽然雷声隆隆，豆大的雨点洒落下来。大家正急得不知所措时，放学回家的一群学生，立即投入帮我们搬运货物的战斗中。抬的抬，扛的扛，搬的搬，使我们数万元的商品免遭损坏。我们万分感激，拿出糖果表示谢意，可他们坚决不肯接受，并且连姓名也不愿留下。

直到今天早晨，我们才了解到他们是贵校高一(3)班的李宁、陈飞等20名同学。他们爱国家，爱集体，做好事不留名的优秀品质使我们深受感动。我们深为祖国有这样的好接班人感到欣慰。请贵校对他们的精神广为宣传，对他们的行为大力表扬！

××食品公司第××市部
二〇一四年八月十二日

【祝贺信例八】

祝 贺 信

上海××会计学会：

获悉你会经过充分筹备，现已正式成立了。这是我市会计界的一件大喜事。我们谨向你会致以衷心的祝贺！

××会计学会的成立，标志着我市财会战线在社会主义市场经济中起到了推动作用。敬祝你会在今后对提高我市会计科学研究水平，促进与西方会计接轨诸项工作做出更多的贡献。

此致

敬礼

市教育学会
二〇一四年八月×日

【慰问信例九】

慰问信

全市经济普查工作人员：

你们好！自上海市第×次全国经济普查开展以来，全体普查工作者夜以继日的工作，你们不辞辛劳，付出了艰苦努力，取得了阶段性成果。目前，全市经济普查的各项工作已经准备就绪。回首一年多来我们共同渡过的日日夜夜，上海市第×次全国经济普查领导小组办公室谨向大家真情地道一声：谢谢，你们辛苦了！

随着新年钟声的第一响，第一次全国经济普查填报登记工作的大幕即将拉开。我们还须承担更加艰苦的工作，其任务更艰巨，工作更繁重，责任更重大。希望你们认真贯彻落实《全国经济普查条例》，依法普查，确保经济普查数据的准确可靠，为取得第一次全国经济普查工作的圆满成功而努力奋斗！

在新的一年到来之际，在普查工作即将进入新的阶段之时，上海市第一次全国经济普查领导小组及办公室的全体人员向你们并向全市支持配合经济普查工作的广大普查对象表示诚挚感谢和亲切问候！并祝大家新年快乐、工作顺利、身体健康、阖家幸福！

上海市第×次全国经济普查领导小组办公室
××××年十二月三十日

【申请书例十】

入党申请书

敬爱的党组织：

在2011年刚参加银行工作的时候，我就向党组织递交了第一份入党申请书。我是一个喜欢上进，不甘落后的人。从童年生活到学生时代，周围的人们告诉我：人生的意义，正如张海迪所言，在于奉献而不是索取。三年的军旅生涯更让我了解到，中国共产党正是这样一个为全体人民谋利益的政党。我坚信中国共产党是一个先进集体和光荣组织，所以我向往加入中国共产党。

回顾党的光辉战斗历程，党领导人民披荆斩棘，经历第一次、第二次国内革命战争，抗日战争和解放战争，终于推翻了三座大山，建立了中华人民共和国。建国后，党又领导人民战胜各种困难，取得了社会主义建设的伟大胜利。中国能有今天，中华民族能有今天，正是党的正确领导的结果，基层组织发挥战斗堡垒作用和党员发挥先锋模范作用的结果。

党在中国历史上的地位和作用、共产党员的杰出表现，使我更加坚信，领导我们事业的是中国共产党，没有中国共产党，就没有社会主义祖国的今天。我作为一个追求进步的青年，我愿意把个人的理想、前途与党的伟大事业联系起来，为实现共产主义的伟大目标奋斗终身。因此，我决心用自己的实际行动接受党对我的考验，我庄重地向党组织提出加入中国共产党的申请。

在××银行这座大熔炉里，我的思想在经历幼稚和成长锻炼之后有了新的提高。我觉得一个人独善其身并不够，还应该积极的用自己的言行去影响他人。一个优秀的人懂得要最大程度的发挥自身的潜力，不仅在自己的岗位上兢兢业业、对周围的人关心爱护，还要切实、灵活的去带动大家都来关心国家、集体和他人的利益。而一个共产党员所肩负的责任正是这样，既要乐于为他人服务又要领导人们都来关心大家。我想，如果成为了一名党员我就有机会向更多的优秀分子学习，取他人之长补己之短，在维护集体利益、坚持原则的同时做到与周围的人融洽相处；我就会时时处处对自己要更加严格要求，更深刻地增强自己的社会责任意识和克服困难的决心。

我从事储蓄工作以来，十分注重为客户提供规范优质的服务，同时，我刻苦钻研业务技能，在熟练掌握了原业务流程的基础上，积极认真地学习新业务、新知识，遇到不懂的地方虚心向领导及专业科请教学习，自己掌握了之后又毫不保留地传授给不懂的同事，以达到互帮互学的宗旨。随着银行改革的需要，我的工作能力和综合素质得到了较大程度的提高，业务水平和专业技能也随着银行各阶段的改革得到了更新和进步。时代在变、环境在变，银行的工作也每天都有新的东西出现、新的情况发生。作为一名新时代的青年，我们需要跟着形势的步伐前进，不断提高自己的理论水平和思想觉悟，提高自己的履岗能力，把自己培养成为一个业务全面的工行员工，争当业务骨干，时刻以“服务无止境，服务要创新，服务要持久”的服务理念鞭策和完善自我，更加严格要求自己，将优质服务工作落到实处。因此，我诚恳地希望能够得到党组织的帮助和教育。

我深知按党的要求，自己的差距还很大，还有许多的不足，如：政治理论水平不高、处理问题不够成熟等。希望党组织从严要求，以使我更快进步。我将用党员的标准严格要求自己，自觉地接受党员和群众的帮助与监督，努力克服自己的缺点，弥补不足，争取早日在思想上，进而在组织上入党。假如我一时未能通过组织的考察，那我会更加努力，找出缺点，克服改正，用党员的标准要求自己，继续为自己创造条件，争取早日入党，为银行的改革发展添砖加瓦。

请党组织考验我吧！

此致

敬礼

申请人：胡××

二〇一四年九月×年×日

【请柬例十一】

财政部XXWindows版会计软件全国大联展请柬

兹定于________年____月____日____时，在北京××大酒店举行财政部XXWindows版会计软件全国大联展，届时恭请光临指导！

主办方：北京××电脑会计公司(公章)

二〇一四年八月×年×日

【聘书例十二】

聘　书

兹聘请________先生(小姐)担任本公司会计一职。聘期自2014年9月1日至×年×月×日。聘任期间享受集团高级会计师全额工资待遇。

此聘

财务总经理：杨××(公司盖章)

二〇一四年八月六日

【捐款倡议书例十三】

倡　议　书

4月14日7时49分，一次7.1级强震，再一次撕裂中华民族刚刚开始愈合的、源自汶川大地震的深创巨痛。这一次，是青海的玉树，那是格萨尔王的故乡，是长江、黄河、澜沧江的源头，保存着中国最美最纯最宝贵的风景和记忆……

时隔两年，地震恶魔从四川盆地激荡到青藏高原腹地，同样是山川壮美、历史悠久、藏羌文化交融的仙乡，同样是淳厚善良、安居乐业的百姓。据报道，当地85％的民房垮塌，更让人揪心的是，地震发生时，孩子们已经在上课或是早自习，而70％的校舍已经变成废墟，废墟下孩子们的命运更是让人肝肠寸断……

正在美国进行访问的×××总理，于第一时间分别作出重要指示，要求全力做好抗震救灾工作，千方百计救援受灾群众。令人感动的是，地震发生数小时后，全国人民都已经行动了起来，投入到了抗震救灾中。

陪同总书记出访的李毅中部长打来电话，要求我部干部职工全力做好抗震救灾各项工作。为此，我们发出倡议，请大家向灾区人民伸出援助之手，捐出您的爱心，为他们送去温暖、送去光明、送去希望，让涓涓细流汇集成爱的汪洋大海，帮助玉树可爱的孩子们和他们的亲人尽快绝处逢生，让格萨尔王美丽的故乡尽快重新焕发生机。

财政部办公厅主任：赵××

二〇〇八年×月×日

第三节 财经信函

一、财经信函

1. 财经信函的概念

财经信函是指主要通过邮政递送的有关经济事务的信件。

2. 财经信函的作用

一是索取财经信息或传递财经信息；二是处理交流中有关事宜；三是联络与沟通感情。

3. 财经信函的分类

(1) 按发函缘由不同

可分为建立关系函、推荐聘用函、商务往来函、商务确认函、邀请函、寻价报价函、发货催货函、付款索款函、索赔理赔函。

(2) 按行文关系不同

可分为致函、复函。

(3) 按形态不同

可分为公函式商函、普通式商函。

二、财经信函的结构

同其他信函一样，财经信函也是一种具有习惯格式的文体。财经信函通常由信封、正文及附件和附言三部分构成。前两部分是必不可少的，而后者则需视具体情况而定。

1. 正文

正文也叫信文、信笺。它记载经济业务的具体事宜，是财经信函的核心部分。信文内容多种多样，其表达既灵活，又有一定的格式。

(1) 信头

信头由发函方的名称、地址、电话、传真、电子邮件地址、邮政编码、发函日期等组成。

(2) 标题

标题亦称事由，一般概括出函的中心内容、主旨。其位置在信头之下，居中书写。标题可以有两种形式：

① 事由加文种名称函构成，前面有介词“关于”二字，如“关于接受订购×牌洗衣粉订单的函”。

② 先写“事由”二字，后跟冒号，然后用精练的文字直接概括出该函件的内容，如，“事由：装船通知”。

③ 函号(编号)：函号即发函字号或发函编号，可以仿照公文发文字号的形式，如，“字[2008]57号”，也可以直接将该函的顺序号标出，如“第57号”。

(3) 称谓：称谓即发函对象，是对收信者的称呼，在标题左下方，顶格书写，后加冒号，如，“×公司×经理”。如不清楚对方职务、职称、可用先生、女士等来称呼。

(4) 正文主体：正文主体是信函的核心，由开头、主体、结尾3部分组成。

① 开头：开头应开门见山，直截了当地切入正题，不需寒暄。初次给对方去函，可先做自我介绍；如已有合作关系，可简述合作的情况，以拉近距离。然后简明扼要地说明发函的意图、缘由。复函则要复述对方来函的日期、事由。

② 主体：主体要具体、明确地写明发函者的意见，使对方清楚、明白地了解磋商内容。如果事项内容多，可分条列项写。

③ 结尾：结尾表示希望回函或提出有关要求。如，“若同意我方上述报价，请速来函确认。希望上述答复能够满足贵方要求，并候早复等。”也可用“特此函达”或“此复”等惯用语收束全文。

④ 信尾：信尾包括落款、日期及印章。

⑤ 附件和附言：附件是指附在信函之后的有关材料，如报价单、产品介绍或说明书、订购合同、发货通知单、产品质量检验书，用以证实信文所写的各种论点，或作为商业业务往来的确认手续。附件标注的位置一般在落款左侧靠下方，写“附件：”或“附：”字样，后面注明附件的名称和件数。附言指补充说明的话，在信函末页左下方由“又及”“又启”等字样引出。附言仅在正文主体部分内容有遗漏补叙时才用，它不是必备项目，大多数信函没有附言。

2. 财经信函的写作要求

财经信函不同于文学创作。文学作品忌显不忌隐，忌直不忌曲，而财经信函应清楚明确，不隐不曲。财经信函的写作要求有以下几项：

(1) 主题突出，观点明确

(2) 实事求是，谦恭有礼

(3) 结构严谨、首尾圆合

(4) 语气平和，用词准确

三、主要财经信函写作介绍

1. 推销函

推销函是向对方推销产品而使用的一种业务信函。

★推销函的结构：

(1) 标题

标题可以写成：“推销函”，也可以写成：“推销”或“(产品)函”。

(2) 正文

推销对象单位顶格写后用“：”①开端语，主要说明发函目的，要求简明扼要并有独创性。②产品介绍，要求文字力求生动、活泼，重点突出产品的特色。③提供证据，使用具体详尽的语言继续强调产品的突出特色。(也可用图片)④提出保用期和免费试用。⑤价格，要求在概括产品的优点时提出，报价时要用小单位。⑥结尾语，要求能激发消费者的购买欲望。

(3) 落款

落款要写明发函公司(章)，标明年、月、日。

【推销函格式范文例一】

推销工艺品函

××公司：

从我驻意大利使馆商务处来信中获悉，贵公司希望与我国经营工艺品的外贸出口公司建立业务联系。我们高兴地通知贵公司，我们愿意在开展这类商品的贸易方面与贵公司合作。我公司经营的工艺品有绣品、草竹编、灯具、涤纶花、珠宝首饰以及仿古器物和书画等。这些品种均制作精美，质量上乘。特别是涤纶花，式样新颖，色泽鲜艳，形态逼真，可与鲜花媲美。目前在欧美、亚洲的许多国家极为畅销，深受消费者的喜爱。现寄上涤纶花样照一套，尺寸、价格单各一份，供参考。

欢迎来信来电联系。联系电话：021 ××××××；E-mail 地址：×××

××进出口公司(公章)

二〇一四年×月×日

2. 询价函

询价函是买方向卖方询问某项商品交易条件所写的信函。

★询价函的结构：

(1) 标题

标题一般写明："询价函"三字即可。

(2) 称谓

称谓即在顶格写上受函人(公司)名称。

(3) 正文：正文主要写明向卖主索要主要商品目录本、价格单、商品样品、样本等，也可以用询价单或发订单的方式询问某项商品的具体情况。

(4) 落款：落款要写明发函公司(章)和具体日期。

3. 报价函

报价函是卖方向买方提供某项商品的有关交易条件所写的信函。

★报价函的结构：

(1) 标题

标题一般写明"报价函"三字即可。

(2) 正文

正文包括产品价格、产品信息、结算方式、包装运输等内容。

(3) 结束语

结束语如："恭候佳音"等。

(4) 落款

落款要写明发函公司(章)和具体日期。

4. 还价函

还价函是收到报价函的买方对于报价中的某些条款感到不能接受，按照自己的能力提出的供对方考虑的一种商业信函。

★还价函的结构：

（1）标题

标题一般写明："还价函"三字即可。

（2）正文

正文包括还价措施，与原报价函的变动情况，还价原因及建议等。

（3）落款

落款要写明发函公司（章）和具体日期。

5. 订购函与接受函

（1）订购函

订购函是指买方按双方谈妥的条件向卖方订购所需货物的信函。订购是指经过反复磋商，买卖双方接受了交易条件后，买方按双方谈妥的条件向卖方订购所需货物。而订购函就是为了订购货物而发的信函。

订购函有两种形式，一种是在接受函里说明所需订购的货物；另一种是下订单，即把订购函制成订单式，以表格形式列明各项交易条件。

★订购函的结构：

① 标题：写明："订购函"三字即可。

② 正文：包括订购产品的种类、规格、型号、数量、价格、结算方式、包装运输及其他应注意事项等。

③ 落款：写明发函公司（章）和具体日期。

（2）接受函

买方或卖方对对方提出的交易条件表示接受的函件。

★接受函的结构：

① 标题：写明"接受函"三字即可。

② 正文：包括卖方接受对方报价的具体条件，如商品名称、规格、单价及结算方式、交货方式、时间等。

③ 落款：写明发函公司（章）和具体日期。

6. 索赔函与理赔函

（1）索赔函

索赔函是指买卖中的任何一方，以双方签订的合同条款为根据，具体指出对方违反合同的事实，提出要求赔偿损失或维护其他权利的书面材料。

★索赔函的结构：

① 标题：标题的形式比较灵活，既可以根据实际情况写成包括索赔事由＋文

种的完全标题样式，如《关于××的索赔函》；也可以简明扼要地写成不包括索赔事由而只写文种的简单标题形式，如《索赔函》。

② 编号：编号是为了联系与备查用，写在右上角，一般由年号、字号、顺序号组成。

③ 受函者：受函者要写受理索赔者的全称。

④ 正文：正文的内容包括：缘由，提出引起争议的合同及其争议的原因；索赔理由，具体指出合同项下的违约事实及根据；索赔要求和意见，根据合同及有关国家的商法、惯例，向违约方提出要求赔偿的意见或其他权利。

⑤ 附件：为解决争议，可以将有关的说明材料、证明材料、来往的函电作为附件。

⑥ 落款：落款要写明发函公司（章）和具体日期。

【索赔函格式范文例二】

索　赔　函

北京××快递公司：

200×年×月××日，我公司委托贵公司将回流焊设备壹台，通过公路运输至深圳，交付给收货人刘×（以下简称收货人），在深圳收货人验收时发现设备已经破损而拒绝接收。设备于200×年×月×日退回我公司，经贵公司和我公司双方查验，由于贵公司运输、装卸不当，造成设备和包装破损。

此次事件，不但使我公司设备损坏，遭受二次紧急调运设备的运费损失，而且使我公司对客户逾期交货，信誉受损并要承担逾期交货的违约责任。我公司向贵公司郑重要求立即赔偿以下设备修理费用和运输费损失：

破损部位及程度	费用（元）
上罩：两合页部分螺丝穿孔，严重掉漆	1 300.00
温室：合页部分及四个边角破裂	1 900.00
横梁：中间部分压损	800.00
电机上罩	50.00
包装箱	450.00
修理设备运输费	400.00
设备修理人工费	1 200.00
费用合计	6 100.00

以上是我公司的最低要求，请贵公司于7日内支付上述赔偿金额，或者贵公司自己将设备送去经我公司认可、有相应技术能力和修理设施、设备完善的修理厂修

理，贵公司承担全部修理费用。7日后如果贵公司不支付赔偿金，又不将损坏设备送去修理、恢复设备完好，我公司将自己委托修理厂修理，并通过法律途径追偿全部损失，不再通知。

顺祝

商祺

北京××××有限责任公司（公章）

二〇一四年八月×日

（2）理赔函

理赔函是指合同争议或纠纷产生后，违约一方受理遭受损失一方的赔偿要求的信函。

★理赔函的结构：

① 标题：标题的写法与索赔函相同。

② 正文：正文包括引述来函要点，表明己方态度，提出处理意见三部分内容。

③ 落款：落款要写明发函公司（章）和具体日期。

7. 催款函

催款函是一种催交款项的文书，是交款单位或个人在超过规定期限，未按时交付款项时使用的通知书，即有商务性质又有法律内涵。

★催款函的结构：

① 标题和编号：如果催收的是紧急的款项，可在标题前写上“紧急”二字。标题一般要注明编号，便于查询和联系。

② 催款和欠款单位的名称和账号：催款函要清楚、准确地写上双方单位的全称和账号，必要时，要写明催款单位的地址、电话及经办人的姓名，若是银行代办催款的，还必须写明双方开户银行的名称及双方账号名称和账号。

③ 催收内容：这是催款函的主体部分，应清楚、准确地写明双方发生往来的原因、日期、发票号码、欠款的金额及拖欠的情况，以便使受文单位明确情况，及时地交款。

④ 处理意见：催款方在催款函上提出处理办法和意见。这种意见一般都是从以下三个方面予以说明：A. 要求欠款户说明拖欠的原因；B. 重新确定一个付款的期限，希望对方按时如数交付欠款；C. 再次逾期不归还欠款将采取的罚金或其他措施。

⑤ 落款：落款要写明催款单位的全称，并加盖公章，然后注明发文日期。传真号码和电子邮件地址。

【催款函三】

催　款　函

□□□公司：

于二〇一四年八月×日为止，我公司已为贵公司安装了□□□，货款金额计捌百陆拾玖万圆，发票编号为□ □ □ 。可能由于贵方业务过于繁忙，以致忽略承付。故特致函提醒，请即进行结算。

如有特殊情况，请即与我公司　□□□ 联系，手机：□□□　邮编：□□□　地址：□□。

特此函达

我公司账户名称：□□□□□□□□□□□□□

开　户　银　行：□□□□□□□□□□□□□

帐　　　　　号：□□□□□□□□□□□□□

□□□公司（公章）

二〇一四年八月□□日

复习思考题

一、以“母亲节”或“教师节”作为时间背景，给母亲或老师写一封信。

二、根据自己的情况，试给用人单位写一封求职信。

三、请你根据自己的实际情况，为最想感谢的人写一封感谢信。

四、如果你还不是党员，请写一份入党申请书。

五、请你以学生代表的名义，给正在迎接明年高考的学生写一份慰问信。

六、感谢信与表扬信有什么区别？

七、请向自己最想应聘的用人单位写一封自荐书。

八、就如何学好应用文写作这门课给任课老师写一封信。把你的愿望、要求、建议提出来，要求主题鲜明，方法具体，建议明确。字数在600字以上。

第四章　条　　据

内容提要

说明性条据的格式及写法

凭证性条据的格式及写法

学习目标

★掌握各种条据的写法

★熟练写作凭证性条据借条、欠条、收条、领条等

★掌握条据的注意事项

条据是人们日常工作和生活交往中，发生财务或其他日常事务关系时，最常用的一种简便文体。根据内容和性质，可以分为两大类：一类是说明性条据，另一类是凭证性条据。

第一节　说明性条据

说明性条据，说明某件事情和情况，又称函件式条据。通常指用来传递信息、道明原委的条据。其作用主要是向他人解释、说明某一事情，或向他人发出请求。因此说明性条据具有更强的礼仪规范，要求在措词用语甚至使用上都要表现得谦恭、礼貌。

一、说明性条据的分类

说明性条据主要有请假条、留言条、托人办事条、便函等四类。

1. 请假条

请假条是指因病、因事而不能上班或不能按时上班、不能出差，或者不能参加某项预定活动时撰写的用以说明原因的条据。请假条应由本人亲自撰写，若因故由他人代写的，应加以说明。机关单位应将基层公务员的请假条妥善保存，作为考

勤依据,以便日后核查。

请假条就是缩短了的书信。

请假条除应写上标题外,其余格式与书信相似。正文中应详细说清请假原因和请假的起止时间。正文结束时应礼貌地写上“望予以批准”“恳请准假”之类的话语。

【请假条案例】

请 假 条

敬爱的×老师:

我因感冒,头痛发烧,身体乏力。昨晚挂了急诊,医生诊断为上呼吸道感染。需要休息三天(4月12日至14日),不能来校上课。特此请假,恳请批准!

附:医院病假证明单一张

此致

敬礼

学生:王××

二〇一四年八月十五日

2. 留言条

留言条是在日常生活和工作中,专程拜访他人时,因故未能见到期望见的人而留给对方的说明性条据,或者已同别人约好而因有事外出或突然有变无法赴约,需要给对方留言所写的条据。

留言条是一种传递信息的工具,可以在约人不见、等人不见、求人不见的情况下,把有关情况介绍给对方,以免引起误会或等候。

留言条的突出特点是说明性和公开性,有保密性的信息传递是不能用留言条的。

留言条的传递方式有:第一,留言条可托他人代交,请传达室、办公室或相关人转交;第二,自己将留言条放至对方的留言袋或信箱中;第三,是张贴在自己或对方办公室、家门口或其他容易被发现的地方。

留言中应说清事由,或留下再次联络的方式。尤其是当双方从未打过交道时,更应详实告诉对方自己的姓名、身份及联络方式。

【留言条实例一】

小张同志:

今天晚上值班,我发现男生宿舍三楼和五楼走廊上的灯坏了六盏,我明天早上要去市财政部开会，请你尽快通知后勤处同志把灯修好。

特此留言

张×中
联系电话：18918××××××
二〇一四年八月二十一日夜十一点

【留言条实例二】

赵××同学：

你需要的《反思郭沫若》与《郭沫若书信集》两书已到，请速来本系图书室借阅。

浙江大学中文系图书室
李×莉
二〇一四年八月三日

3. 托人办事条

托人办事条即委托他人帮忙办理某事时写的条据。也称托事条或转告条、通知条。是以相关的生活信息与业务信息为传递内容而写成的条据。托事条可以请人转交或放在对方的信箱里。托事条的内容一般无保密性。由于托事条的目的往往是有求于人，因此在撰写时务必要委婉用语、礼貌用语。托事条虽无需标题，但仍应详实说明所托之人、所托之事、具体要求及本人身份等。

【托事条案例】

小宝：

我因事请假，不能上学。麻烦你转告我班的赵华，请他把发下来的我的作业本代为收管，放学时交给你带来。这样，我可以在家补做作业。谢谢！

白云托
×月×日

4. 便函

便函是指为向他人传递某一信息而书写的，内容和形式都较为简单的条据。便函与书信相比，不同之处在于便函一般仅言一事，字数较少，且可不用封文。便函格式较为正规，与书信大致相同。便函的感情色彩不宜过分强烈，措词得体，用语礼貌。

【便函案例】

李××同学：

我因参加职称英语考试，急需一本《英汉大辞典》（商务印书馆2013年12月版）。烦请你借来并交王××尽快带给我。

谢谢！

赵丽
2014年8月18日

第二节　凭证性条据

凭证式条据主要有：借条、欠条、收条、领条等。

一、凭证式条据通常格式和写作要点

（一）凭证性条据的写作特点

凭证性条据的写作特点通常由标题、正文、签署三部分组成。

1. 标题

位置居中。一般要写上“收条”“借条”等字样，醒目地说明是什么性质的条据。即扼要地提示了内容，又便于归类保管。

2. 正文

紧靠标题的下方空两格书写正文。条据开头有较为固定的惯用语，一般为“今借到”、“今领到”、“今收到”等。如果物品要写明名称、规格、数量；如是金钱要写明金额，末尾要加上个“整”字。必须用大写，以防涂改。数字前不留空白，数字后面要写量词，如“圆”“个”“双”“斤”等。数字如有写错的情况，改正后必须加盖章，或重写一张。

3. 签署

条子的右下方为签署部分。写上制件人姓名，如是单位，除写明单位名称外，还应写明经办人姓名。然后再下移一行写明时间。

（二）凭证式条据的种类和格式

凭证式条据种类颇多，但格式上比较统一，只要根据不同内容变换字句就可。

1. 借条

借条是借到个人或公家的现金、财物时写给对方的条子。钱物归还后，把条子收回作废或撕毁。借条或欠条是人们彼此之间为处理财务、物资或事务来往，写给对方作为凭据或有所证明的条据。

【借条实例一】

借 条(据)

今借到星火中学凳子叁拾陆条，人民币壹仟捌佰伍拾圆整(￥:1 850元)作为表彰大会用，会后立即归还，利息不计。此据

经手人：王明

二〇一四年八月八日

【借条实例二】

借 条(据)

今因班级开联欢会，特向校学生科借＊＊型收录机两台(或贰台)，＊＊型电视机壹台，话筒两个；活动经费人民币贰佰伍拾圆整。所借款物于明日归还(或×天内归还，或于某年某月某日归还)。逾期每年按总金额的10%付给违约金。此据

经手人(或借者)＊＊班 李某某

二〇一四年八月二十八日

2. 欠条

欠条是个人或单位在欠款、欠物时写给有关单位或个人的凭证性应用文。欠条今天也有人称作“白条”。欠条也是在日常生活中常见的为证明一方欠另一方财物而立下的字据。

(1) 欠条通常适用于下列几种情况

① 在购买物品或收购产品时，因不能支付或不能全部支付他人的款项而要写张欠条。

② 借了他人或单位的钱物到时不能归还，或不能全部归还，有部分的拖欠，此时就需写张欠条。

③ 借了个人或公家的钱物，事后补写的凭证，也可以称作欠条。

(2) 结构

欠条一般由标题、正文、落款三部分组成。

① 标题：欠条的标题一般由文种名构成，即在正文上方中间以较大字体写上“欠条(据)”两字。也有的在此位置写上“暂欠”或“今欠”字样作为标题，但这种标题正文则在下一行顶格写。

② 正文：欠条的正文要写清欠什么人，或什么单位、什么东西、数量多少，并要注明偿还的日期。

③ 落款：落款要署上欠方单位名称和经手人的亲笔签名，是个人出具的欠条则需署上欠方个人的姓名。并同时署上欠条的日期。单位的要加盖公章，个人的要加盖私章。

(3) 欠条的格式与注意事项

欠条短小精悍，在日常民商经济活动中经常使用。

比照民事法律关系的三要件(主体、客体、内容)，出具欠条时应当注意如下事项：

① 主体：要将债权、债务关系的主体表达清楚，即谁是债权人谁是债务人(注意“借”词的歧义)要明确；自然人为主体时，应核对其身份证上姓名，条件许可时应在欠条上抄录居民身份证号；法人单位为主体时，应盖上单位公章。

② 客体：数额单位要明确，数额应用中文大写，分比应明确百分比、千分比、万分比。

③ 内容：表达清楚，注意避免歧义。应明确归还日期；明确利息约定；否则依法视为无利息，如有违约金约定，应写明。如有担保人，应注明担保方式，并写明担保人。

④ 一式两份：条据最好一式两份，双方各执一份。作为一种快速、便捷的确认方式，一般情况下条据都是手写的，出具者具有特定性，即由欠者、借者、收者撰写并盖章，但现实中不乏由债权人、出借人、送给人撰写再由欠者、借者、收者签字的情况。遇到这种情况如果欠者、借者、收者手里边没有一张同样的条据，撰写者对仅存的一张条据作了手脚，添加了借款的数额，就容易产生纠纷。如果存在两张完全一样的(一式两份)条据，双方作手脚是无济于事的。

【欠条模板】

欠　　据(条)

为（事由）欠（债权人）人民币（金额）元，今年年底归还。利息是 * %逾期每年按总金额的 * %付给违约金。立此为据

经手人：×××

*年*月*日

【欠条实例】

欠 条(据)

今欠到上海市食品公司××门市部羊肉款人民币叁百玖拾圆整,准于二〇一四年十二月三十日前如数付清。利息不计。逾期每年按总金额的5%付给违约金。此据

经手人:李球(签名盖章)
二〇一四年八月八日

3. 领条

领条是领取物品的个人或单位的一种文字根据,它是在发放和领取物品的过程中时常使用的一种应用文样式。

(1) 领条的用处

领条在领取物款时经常使用,发放人据此报销账目,而领取者据此表示已如数领取。

(2) 领条的分类

领条按其署文者的情况可分为两类,一类是个人在领取到钱物后写的领条,一类是单位在领取到钱物时所写的领条。若按其所领东西来区分领条的话,领条则可以分为领款条和领物条两种。

(3) 领条的写法

领条的内容通常由标题、正文、落款三部分组成。

① 标题:领条的标题居中,字体稍大。标题一般由两种方式组成。一种是直接由文种名组成,即写上"领条(据)"字样。另一种是以正文内容的前三个字为标题,即以"今领到"作为标题。这类标题的正文需顶格写。

② 正文:一般从标题下一行空两格处写起。正文的内容主要写明下列内容:从哪里领取,领取的东西都有什么,其数目有多少。有的领条还要写出所领物品具体的用途。若正文所发放的物品种类较多,则可单独列表表示。

③ 落款:落款既要在正文右下方写上单位、经手人的名称、姓名。个人领取的则写上个人的姓名。名下署上发文日期,写明年月日。落款一般需加盖公章或私章。有的署名既写单位名称又写个人姓名,遇此情况,最好既盖公章又盖私章. 如果只盖一个章,则盖公章。

(4) 领条写作要求

① 领条的事实内容要准,不能有疏漏。

② 凡是涉及到财物的金额、数量等数据的领条，要按规范的格式书写。

③ 用笔规定：说明性条据用笔不太讲究，凭证性条据（含领条）应用钢笔、毛笔、签字笔写。

(5) 领条写作的注意事项

① 领取物品的同志要当面清点好所领物品的品种和数量，如实写领条。

② 数字要用大写。大写的十个基数是：壹、贰、叁、肆、伍、陆、柒、捌、玖、拾。（又在括号内写一次小写）

③ 如领取的是钱，又是整数，在数字后面要加上个“整”字，以防别人涂改，发生不必要的纠纷。

(6) 领条与收条的异同

① 收条是收到别人还给你的钱，应退回借条或写一张收条，表示已经收到。领条是向公家领取钱物，写领条，表示已经领到。收条是收到别人或单位送到的钱物时写给对方的一种凭据性的应用文也称作收据。领条是个人或单位向其他人或单位领取钱物时写给对方的单据。领条和收条是两种不同的条据凭证，应视具体情况恰当使用。

② 领条与收条的最大区别在于：法律所属范畴的不同，收条是属于独立个体之间的；领条是属于团体内部或者团体之间的。法律归属方面的不同，收条属于确认；领条属于借贷凭据。领条是单位或个人在领到钱物后，向发放物品或钱物的单位或个人所写的一种凭据。今天，人们一般在领取物品或钱款时只需在造好的表册上签字即可，但这种以单独的领条形式出现的应用文还很常见。

曾有这样一个案例：

甲借钱给乙，乙开具了收条给甲收执。后来，乙不还钱，甲凭着收条把乙起诉到法院，乙不承认借钱一事。结果法院判决甲败诉。甲在此案中败诉的理由很简单，在乙不承认债务的情况下，单凭一张收条是不能证实乙欠甲的钱这一事实的。

因此，收条和借条是不可以乱套用的。在购买商品或接受服务中，支付货款或费用一方也常常会要求对方开具发票。发票与收据都具有法律效力，但发票比起收据是更为正式、规范的凭证。所谓发票是指在购销商品、提供或者接受服务以及从事其他经营活动中，开具、收取的收付款凭证。无论从保护消费者合法权益的角度来看，还是从增加国家财政税收的角度来说，在正式的交易中，买方在支付货款（费用）时都有必要要求对方开具发票。

【领条实例一】

领 条(据)

今领到市教育委员会发给职工业余课本伍拾套。此据

经手人:* * *

* * * *年* *月* *日

【领条实例二】

今 领 到

后勤科发给我班的扫帚和拖把各肆把,洒水桶和畚箕各壹只。此系班级卫生工具。此据

经手人:××班 姚××

二〇一四年八月×日

4. 收条

收条是收到别人或单位送到的钱物时写给对方的一种凭据性的应用文。收条也称作收据。收条也是日常生活中常见的一种应用文样式。

(1) 收条一般适用于下列一些场合

原来借钱物或欠钱物一方将所欠、借的钱物还回时,借出方当事人不在场,而只能由他人代收时可以写收条。如果当事人在场,则不必再写收条,而只把原来的欠条或借条退回或销毁即可。

个人向单位或某一团体上缴一些有关费用或财物时,对方需开据收条,以示证明。单位和单位之间的各种钱物往来,均应开据收条。在正式的场合下,一般都有国家统一印制的正式的票据,这属于另一类情况。

(2) 收条的种类

收条的种类一般来讲有两类,一类是写给个人的收条,一类是写给某一单位的收条。单位出具的收条通常是由某一个人经手,而以单位的名义开据。

(3) 收条的结构

一个完整的收条,通常应由标题、正文、落款三部分组成。

① 标题:标题与其他条据相同,位置居中,字体稍大。标题的写法有两种:一种是直接由文种名构成。即写上“收条”或“收据”字样。另一种是把正文的前三个字作为标题,而正文从第二行顶格处接着往下写。如用“今收到 ”“现收到”“已收到”作标题。

② 正文：正文一般是在第二行空两格处开始写，但以“今收到”为标题的收条是不空格的。正文一般要写明下列内容，即写明收到的钱物的数量、物品的种类、规格等情况。

③ 落款：落款一般要求写上收钱物的个人或单位的名称姓名，署上收到的具体日期，一般还要加盖公章。是某人经手的一般要在姓名前署上“经手人：”的字样。是代别人收的，则要在姓名前加上“代收人：”字样。

(4) 收条写作的注意事项

在写收条时，务必清点好所收到的物品钱款的具体数额，做到准确无误、不出差错。是替别人代收的，应在题目使用“代收到”字样，在文尾署名时用“代收人”三个字。收条的语言一般较为简单，篇幅往往短小精悍。不涂改。数目要大写。

【收条实例一】

代 收 到

刘晓红同学还给张琼老师的网球拍壹副，网球柒个。运动服两套。完好无损。此据

代收人：李群

二〇一四年八月×日

【收条实例二】

收 据(条)

今收到大河乡铁匠沟大队于胜利、叶群二同志送来的棉花技术承包合同资金叁仟圆整。此据

湖南省农业科学研究所

经手人：张玉山

二〇一四年八月×日

【收条实例三】

今 收 到

某某饭店购买老母鸡伍只，共贰拾斤，单价捌圆，计人民币壹佰陆拾圆；鹅叁只，共叁拾斤，单价伍圆，计人民币壹佰伍拾圆。共计收到人民币叁佰壹拾圆整。此据

收款人 杨××

二〇一四年八月×日

收条要求将所收到的物品、钱款的具体数目以及物品的大小规格式样等一一说明，同时还要写清是从谁那儿收的。收条的落款要求经手人签名盖章，注明日期，而不能仅仅有个单位的名称。收条不能涂改。涂改的条据无效，写错了，必须重新写，钱款数目也要大写。

二、条据的共同特点

无论何种条据，都由首部、正文和尾部构成

1. 首部

① 标题：条据的标题就是"事由＋文种"，如《欠条》《请假条》，其中"欠""请假"为事由，"条"为文种。

② 称谓：称谓即收条人的姓名或再加上职务、尊称等。称谓独立成行，项格书写，后加上冒号。

2. 正文

正文是条据的核心，关键在于把主要内容写清楚。如"今借到人民币叁万元整"、"明天上午 8 点我再来，请等候"等。

正文最后写上结语，如"此据""谨此""此致敬礼"等。

3. 尾部

尾部包括署名及时间，位于正文右下方。如果是熟人，署名只写姓名，如不是熟人，需写单位、部门、科室、职务。如"经办人办公室刘文""上海大学中文系图书室黄丽"等。

三、写条据注意事项

(一) 要选对文种

条据虽小，但种类繁多，有些条据与其他文种有交叉重叠之处。因此必须选对文种，该用"函"，不要用"便条"；该用"通知"，不要用"留言"；该用"代收条"，不要用"收条"。

(二) 要做到要言不繁，言简意赅

无论何种条据都很短小，撰写时不要啰嗦，要抓住要害，一般只讲结论，不要过程，三言两语解决问题，不必把事情的来龙去脉交代清楚。

(三) 书写工整，结构完整

条据虽然不是正式文件，但也是一种常见的实用文书，书写一定要工整，结构要齐全，千万不能马虎潦草，缺三少四。否则，一是显得作者不尊重人，二是达不到

目的。尤其是牵扯到借债还钱等问题,更马虎大意不得。

(四)写字据时应该做到“十一忌”

1. 忌空白过大

写字据时内容部分与签字盖章之间空白留得太大,容易被持据人增写其他内容,或将原内容裁去,在空白处重新添加内容。

2. 忌大小写不清

有的字据只有小写,没有大写,写的小数点位置不准确;有的数字前头有空格,或大小写不符,很容易被持据人添加数字或修改。

3. 忌不写日期

一旦发生纠纷后,对事实真相难以查清,对诉讼时效的确定造成困难。

4. 忌用易褪色的笔书写

为某些别有用心的人用化学制剂涂抹更改内容留下可乘之机。

5. 忌内容表达不清

有的字据上将“买”写成“卖”、“收”写成“付”、“借给”写成“借”等等,内容含糊不清甚至颠倒,难以辨清是非。

6. 忌使用同音同义字

有的人在写字据时,常用同音或同义、多义字代替自己的真实姓名,并由此而发生纠纷。

7. 忌印鉴不规范

有的字据是由他人代笔书写、代笔签名,本人只在上面按一个手印,致使发生纠纷时难以认定责任事实。

8. 忌找别人代写字据

9. 忌有姓无名(或有名无姓)

10. 忌还款时不索回欠条

11. 忌数字涂改

【小故事】

从前有个地主,为人吝啬。他希望自己的孩子长大后有出息,却又不肯给教他孩子的老师吃喝。因此,谁也不到他家去当教师。地主很着急,这时,当地一个很有教学经验的秀才却主动找到地主门上了,表示愿到地主家当教师。地主说:“先生,我没好饭菜招待您。”秀才说:“行”地主又说:“先生,您是名教师,听说每学期要收学费30两银。我却没钱给您。”秀才说:“行。我不要你招待我吃鸡鸭鱼肉,也不用你交30两银子的学费,豆腐白菜总该有吃的吧。”地主连连点头说:“有,有。先生，就按您答应的，您给我写个字据吧。”秀才点头，提起笔写道：

东家：

无鸡鸭也可无鱼肉也可豆腐白菜不可少不得要学费银子三十两。

××秀才

×年×月×日

地主拿起纸条，看了一眼，害怕秀才反悔，赶紧叫人收到屋里去了。一学期快结束时，秀才就摔碟子打碗，嫌顿顿吃豆腐白菜都把身体吃垮了。地主一听，从柜子里拿出便条，跑到书房，对秀才说：“先生，您可不能反悔。您写了字据哩。”秀才说：“我写了什么字据？”地主拿出字据，秀才接过去，手持毛笔，边念边点标点：

东家：

无鸡，鸭也可；无鱼，肉也可；豆腐、白菜不可。少不得要学费银子三十两。

××秀才

×年×月×日

秀才念完，地主可傻了眼。只好杀鸡、杀鸭、蒸鱼、炖肉，招待先生，还交了学费银子30两。

这是一个传说故事。但从秀才写的条据中，充分显示他的智慧。他利用不同的断句，内容相反的意思，惩罚了地主。同时，也说明条据的语言不明确，有多种解释，就会引起麻烦。所以条据的语言一定要准确，没有意思的分歧。有些字，害怕涂改，还应大写，如“借书一本”，应写“借书壹本”，因“一”字加一竖，就变“十”了，谁能说清楚呢？

四、单据规范书写要求

1. 一般情况下，财物数字要大写

2. 金额前要标上货币的名称(RMB、$、£或人民币、美金等)

3. 金额后不是以“分”结束，则应加“整”字(如：伍拾圆捌角整，或伍拾圆捌角捌分)

4. 借、欠据

如是借、欠据，则应写明具体的还款(物品)日期

5. 利息问题

如借、欠据涉及的钱款金额较大，除写明还款日期外，必要时还应注明是否计算利息，如计利息，则应注明如何计算利息。

6. 全文结束则应加“此据”收结，以防添加

7. 钱物及重要文字上如有修改,则应加盖公章或更正章

8. 书写规范

应当写明立单据日期,年、月、日用全称,并书写规范。

9. 内容完善

如财物数量及名称,物品品质、规格或者型号等属性,借(欠)款的日期、利息(或者租金)及逾期不还的罚息(或违约金)等事项。收条中有的除了要写清上述相关事项外,要特别写明法律后果是什么,比如“至此,双方债务结清”,“至此,双方委托代理合同终止”等。

10. 用语要准确

杜绝使用模糊用语,如“大概”“估计”“差不多”等;含义要清晰明确。如:“A 借 B 壹万元”,从字面上分析让人糊涂,到底是 A 借了 B 的钱,还是 B 借了 A 的钱呢? 可写“A 借给 B 壹万元”或者“A 向 B 借壹万元”就不会产生歧义。

复习思考题

一、指出下列条据的错误:

1. 请假条

李老师:

我有事请假三天,请批准。

学生:王小萍

2. 托事条:

李宁:

听说明天你去深圳,请帮我买一件冬衣回来,谢谢!

林小萍托

2014 年 7 月 1 日

3. 借条

今借到

张晓刚 650 元,3 天后归还。

此据。

李晓华

二、判断下列说法的正误。

(1) 私人交往时,可以使用便条和留言条。（ ）
(2) 请假条与借条一样,是凭证性条据。（ ）
(3) 收到对方钱物后写给对方作为依据的字条,叫收据。（ ）
(4) 借条由借出者保留,直到借方归还钱物时,也不能销毁。（ ）
(5) 凭证性条据可以在文后使用致敬语。（ ）
(6) 所有留言条使用后,一律具有保留的价值。（ ）
(7) 写借条或收条可以使用铅笔或圆珠笔。（ ）

三、选择填空:

(1) 条据虽然小,也是属于（ ）。
A. 记叙文　B. 议论文
C. 应用文　D. 散文
(2) 请假条一般是个人向单位请假时使用,个人对个人（ ）。
A. 可以使用　B. 不可以使用
C. 有时能使用　D. 有时不能使用
(3) 个人向单位借钱、借物,写借条时,一般第二行第一句就出示（ ）。
A. 被借一方的单位或个人名称　B. 领导人姓名
C. 借钱物的人的姓名　D. 会计或出纳姓名
(4) 如果替人代收钱物,代收人写的收条应该在第一行写有（ ）。
A. 今借到　B. 今收到
C. 今代收到　D. 代收到
(5) 如果写给对方的留言条是泛指,则可以（ ）。
A. 不必写出留言人的名字　B. 不必在首行写出称呼
C. 写出部分泛人的姓名　D. 首行写出留言者的单位称呼
(6) 凭证性条据的数字如果写错,更正后,应该（ ）。
A. 在更正处签名　B. 在更正处加盖印章
C. 在条据后说明情况　D. 不做任何处理
(7) 凭证性条据落款处日期的正确写法是（ ）。
A. 写明何月何日,不必写年
B. 写明何日即可,不必写年月
C. 可以省略日期不写
D. 必须准确写明何年何月何日

四、下面画横线的地方有误，请改正过来。

1. 说明性条据有请假条、留言条和收据三种。请改为：________。

2. 为人代借东西，写借条时，可以在“借到”前，加上自己的名字。请改为：________。

3. 如果收到对方归还的钱物，不仅要写收条，还要把原来写的借条当场销毁，以示钱物还清。请改为：____________________。

4. 请假条必须写称呼，称呼要写在首行正中。请改为：____________________。

五、条据写作（根据以下材料写作）：

1. 妈妈生病，爸爸不在家，明天（2013-1-25）你得在家照顾妈妈，爸爸要你向老师请假一天。

2. 你和王涛约好今天下午（2013-1-25）去百花书店买书，可你临时有急事要出去，请你给王涛留言。

3. 刘杨欠你爸装潢款1 000元，他来还款后，要你爸写个收条，请你替爸爸写个收条。

4. 不识字的爸爸向李嘉诚借了8 960元，答应一月后还他。请你给爸爸写个借条。

5. 你家建房，欠工人王磊叔叔工钱7 245元，请你给王叔叔打个欠条。

6. 班级体育训练，老师请你去体育室领三个铅球，十根跳绳，体育室保管员要你写个领条，你是这样写的：

7. 2008年5月10日，某公司张林的孩子病了，需到医院治疗，他想和公司王经理请一天假，请你替他写个请假条。

8. 你是宏大商场采购部经理，2007年6月5日，你收到长虹电器股份有限公司送来的货物2158型彩电50台。请你给对方送货员开具一张临时性收条。

9. 你是组装车间主任，你于6月5日从劳保用品仓库领到了如下劳保用品：工作服30套，防护口罩60个，手套60双。请写出领条。

附：

一、条据答案：

1. （1）无标题　（2）请假原因不明　（3）请假具体时间是哪三天　（4）没写致敬语　（5）落款没写日期

2. 正文未交代清楚所托事项。衣服款式、型号、颜色等要交代具体、清楚。

3. 后应写上"正"或"整"

二、答案：(1) √　(2) ×　(3) √　(4) ×　(5) ×　(6) ×　(7) ×

三、答案：(1) C　(2) A　(3) A　(4) D　(5) B　(6) B　(7) D

四、答案：1. 改为"托事条"　2. 改为"加上代"　3. 改为"不要写收条"　4. 改为"写在首行顶格"

五、答案(略)

第五章　财经传播文书写作

内容提要

财经消息的种类和特点
财经消息写作要素
文字性广告的结构
品牌定位(广告主题、广告创意)
广告市场策略
海报的写作格式和内容

学习目标

★熟练撰写财经消息报道
★能够写出富有创意的广告
★熟练撰写海报

第一节　财 经 消 息

一、财经消息的概念、特点和分类

1. 财经消息的概念

工作生活中的各种财经报道称为财经消息,财经消息反映了经济知识状态的变化。广义也指各种财经新闻报道体裁。狭义是指传播价值的事实。财经消息具有真实、准确、短小、新颖、速度快、汇集信息多、涉及领域广、新闻性强等特点。

2. 财经消息的特点(具有新闻的一般特点)

(1) 真实性——事实确凿,反映现实
(2) 准确性——材料数据,准确可靠
(3) 政策性——体现渗透政策、立场正确

(4) 专业性——专业知识、专业术语、计算公式

(5) 指导性——认清形势、明确方向、预测趋势

(6) 时效性——篇幅短小、报道速度快、实效性强

3. 财经消息的种类

财经消息从新闻和事件的关系可分为事件新闻和非事件新闻

从反映的对象可分为：人物新闻、事件新闻

从篇幅长短可分为：长消息、短消息、简讯、一句话新闻和标题新闻等

按财经写作特点可分成四种：动态消息、综合消息、经验消息和评述消息

(1) 财经动态消息

也称财经动态新闻，消息迅速、及时地报道国内国际的财经重大事件，报道财经工作中的新人新事、新气象、新成就、新经验。动态消息中有不少是简讯(短讯)，内容更加单一，文字更加精简，常常一事一讯，几行文字。这是报纸、通讯社、电视台最常用、最基本的一种消息。“动态”的三种状态：

① 对已经发生的事实的完成式报道。(完成性消息)

② 对正在进行中的事实的连续报道。(阶段性消息)

③ 对即将发生的事实的报道。(预告性消息)

(2) 财经综合消息

也称财经新闻。指的是综合反映财政经济全局性情况、动向、成就和问题的消息报道。

(3) 财经典型消息

也称典型新闻。这是对财经某一部门或某一单位的典型经验或成功做法的集中报道。

(4) 财经述评消息

也称财经新闻述评，它除具有动态消息的一般特征外，还往往在叙述新闻事实的同时，由作者直接发出一些必要的议论，简明地表达作者的观点。

4. 信息与消息的异同

信息与消息之间却有一些明显的差异。信息是下级单位都要向本级，上级党委政府报写的信息，叫政务信息，它是用较短的篇幅，最简洁的文字，及时准确反映政府、单位工作运转情况，以及与政务活动有关的新情况、新问题，供领导决策和管理的信息形式。而消息则是新闻的主体，是传播新近发生事件的报道。消息比较复杂一些，而信息则相对简单一些。

首先，从形式上看，消息的标题完整而全面，消息可以有引题、主题和副题，而信息却只有主题，一般没有副题，只有在特殊人物的身份需要说明和对科技信息需

要补充说明两种特殊情况，才有副题，但绝对不能有引题。因此，信息要采用单标题，即只有一个主标题，特殊情况可以有副标题。另外，任何消息都有讯头，新闻消息的讯头用来标明消息的来源，而信息不需要讯头，不需要刻意标明作者获取信息的具体地方。

其次，从内容上看，虽然信息与新闻消息都有导语，且导语的形式大多采用“倒金字塔式”结构，即在文章开头的那一段，把最重、最新鲜的事实放在最前面，其他内容依重要与新鲜程度顺序排列。在信息化社会的今天，人们要求用最短的时间得到最大和最多的信息。但是一般新闻消息的导语或主体部分可以有新闻背景，甚至有一些细节，而信息则要求直接切入正题，不做过多的展开，直来直去，言简意赅。

再次，从语言风格上看，信息语言要求朴实、简洁、明快，不需要过多的修饰用语，信息讲求一个“短”字，行文有一说一，有二说二，不求说得多深多透，只告诉受众是什么不是什么，只求点到为止，既在“短”字上见真功夫。

在日常生活中，人们也常常错误地把信息等同于消息，认为得到了消息，就是得到了信息。例如，当人们收到一封E-Mail，接到一个电话，收听了广播或收看了电视等，就说得到了“信息”。确实，人们从接收到的E-Mail，电话，广播和电视的消息中能获得各种信息，信息与消息有着密切的联系。但是，信息与消息并不是一件事，不能等同。消息中包含信息，是信息的载体。人们得到消息，从而获得信息。在我们写作过程中如何处理消息和信息，向新闻媒体投稿就写消息，向上级部门就报信息，消息可改成信息，信息稍微加工一下可改成消息，两者可兼顾。

二、财经消息写作要素

写作消息要设想并回答读者问的问题，这些问题就构成了新闻五要素，即：When（何时）、Where（何地）、Who（何人）、What（何事）、Why（何故）。有的新闻学上补充了一个要素：How（如何）。在五个“W”和一个“H”中，最主要的是What（何事）、Who（何人）。写作时要认真写好这几个方面的内容。

大多数消息的结构都是“倒金字塔式”式的，一般采用倒三角式写作。即越重要的材料越放在前面，次要材料放在后面。消息的结构具体表现为标题、导语、主体、结尾，并在文中穿插背景。

1. 标题

标题是消息的眼睛，拟写得好，可以吸引读者；可见标题有着向读者推荐的作用。如：《两位市长直接关怀××大港“油郎”喜结良缘》（新华社电讯稿）、《地球三分钟净增五百人》（新华社电讯稿）。消息的标题必须简明、准确地概括消息内容，帮助读者理解报道的事实。

消息标题有主题（正题）、引题（眉题）、副题（次题）三种。

① 主题：概括与说明主要事实和思想内容。

② 引题：揭示消息的思想意义或交待背景，说明原因，烘托气氛。

③ 副题：提示报道的事实结果，或作内容提要。

2. 导语

导语是指一篇消息的第一自然段或第一句话。它是用简明生动的文字，写出消息中最主要、最新鲜的事实，鲜明地提示消息的主题思想。

（1）导语的要求

一是要抓住事情的核心，二是要能吸引读者看下去。

导语的形式主要有：①叙述式。用摘录或综合的方法，把消息中最新鲜、最主要的事实简明扼要地写出来。②描写式。对消息的主要事实或某一有意义的侧面作简洁朴素而又有特色的描写，以渲染气氛。③提问式。先揭露矛盾，鲜明地、尖锐地提出问题，再作简要的回答，引起读者的关注和思考。④结论式。把结论写在开头，提示报道某一事物的意义或目的或总结。⑤号召式。提出号召，给读者指出方向和奋斗目标。

另外还有摘要式、评论式、综合式、解释式等等。

（2）导语要“立片言以居要”

导语在写作时，往往免不了出现各种问题，常见问题称之为导语写作十忌：

① 忌名称罗列式导语。某一活动往往是由五六家单位主办的，有的人在导语中将这些单位名称全部罗列出来，使导语显得既啰嗦又臃肿。读者关心的是这场活动，而不是主要单位，如果非要出现，可放到消息末尾。

② 忌“为了式”或目的式导语.。即将新闻事实所要达到的目的放进导语里，使导语膨胀沉重，不堪重负。

③ 忌背景材料式导语。新闻背景材料一般是解释新闻主体的，导语应开门见山，如果开始就用背景材料，不仅说不清，而且也容易使读者如坠云雾。

④ 忌学术语言作导语。将一些学术专业性强，难懂的专业名词放在导语中，显然使人看不懂，要做好“第二种语言的翻译”使之通俗化，大众化，口语化。

⑤ 忌导语公式化。千篇一律、公式化导语必然导致导语无新意，面目可憎。

⑥ 忌概念化。导语内无具体新闻事实，充斥了大而空的套话，空话，官话。

⑦ 忌数字堆砌。导语内数字过多，就会淹没新闻事实.统计数字一般来说是枯燥乏味的，最好不要将其放进导语内，即使要写，也应将数字形象化。

⑧ 忌长导语。导语冗长，使人感到很沉闷，根本没有兴趣再看下文。一般应

控制在 80 字内，最多不要超过 150 字。

⑨ 忌逻辑不清，概念模糊。

⑩ 忌标题与导语重复。

3. 主体

这是消息的主干部分。它紧接导语之后，对导语作具体全面的阐述，具体展开事实或进一步突出中心，从而写出导语所概括的内容，表现全篇消息的主题思想。应按"时间顺序"或"逻辑顺序"写作，但仍然要先写主要的，再写次要的。

4. 背景

(1) 新闻背景

指事件的历史背景、周围环境及与其他方面的联系等。写新闻有时要交代背景，目的在于帮助读者深刻理解新闻的内容和价值，起到衬托、深化主题的作用，也就是回答五个"W"中的 Why(为什么)。

解释本身就是事实，也就是说用事实去解释。所以新闻背景又称之为"事实背景"。

(2) 背景的作用

① 说明新闻事件的起因。

② 显示或帮助读者理解新闻事件的重要性。

③ 突出新闻稿件的新闻价值。

(3) 背景的类型

常见的有三种：对比性的，说明性的，注释性的。有的则将背景分为四种：人物背景、地理背景、历史背景和事物背景。

5. 结尾

新闻的结尾有小结式、启发式、号召式、分析式、展望式……这些结尾写作与一般记叙文结尾的写作并无大的不同。

6. 写作误区

误区一：弱化标题；

误区二：角度错位；

误区三：贪大求全。

在写作时，总想把单位的各项工作全面地反映出来，写消息时就不得要领地"一，二，三，四"方方面面都想带上一笔，殊不知，那也是陷入了另一个消息写作的误区：贪大求全。其实，在消息写作中要求的是一事一题，一篇消息只需说清一件新闻就可以了，如果出现两个或两个以上的主题那这篇消息就很难写出高质量了。

【消息案例】

谈打黑　拔出萝卜带出泥

“打黑除恶属于第一个领域，违法犯罪都在我们的惩处之列。”王鸿举说，经济社会发展到一定程度的时候，比如国际上公认人均收入2 000～5 000美元阶段，是各种社会矛盾高发期。在这个高发期，经济社会发展迅速，而制度管理、体制建设尚未跟上，就可能出现黑恶势力。

“打击黑社会必然‘拔出萝卜带出泥’，对于黑恶势力，我们是见黑就打，露头就打。”王鸿举介绍，到目前为止，已查出五十多个司法干部涉黑，其中包括少数厅局级干部。凡是被带出的“污泥”，重庆都会依法惩处。

蕲春“扶智”计划　资助35名贫困生

汉网消息(记者喻敏 通讯员 余立鹏 曾恩学)5日，蕲春团县委在全社会发起了“扶贫先扶智，扶智才能脱贫”的倡议，得到社会各界的积极响应。广东东莞、北京、上海等地的“蕲春同乡会”成员慷慨解囊，募集30余万元资金用于建设希望小学、资助贫困大学生和捐资助学活动。

财政部:8省份试点市场化方式发展养老服务产业

财政部网站公布，中央财政下拨服务业发展专项资金24亿元，支持在吉林、山东等8个省份开展以市场化方式发展养老服务产业试点。涉桑乐金、宝莱特、鱼跃医疗、和佳股份。

新股发行又有新微调　下周优先申购四股

新股发行的排片表本周开始亮相，11个新股下周将开始发行，下周四发行8家，下周五发行2家，再下周一发行1家。某私募机构负责人表示，此轮11只新股冻结资金金额合计将达到8 000亿元之巨。

工信部:加快发展智能产品和智能制造装备

工信部8月22日发布《2014年中国工业经济运行上半年报告》。进一步推进两化融合，引导中国制造向“中国智造”转型，加快发展智能产品和智能制造装备。推动数控技术和智能技术在重点产品的渗透融合，推动产品数字化、智能化、网络化，提高产品信息技术含量和附加值，推动工业产品向价值链高端跨越。涉智云股份、科大智能、蓝英装备、汇川技术等。

沪港通首次连接测试启动　券商和交易所备战新玩法

周六周日，港交所将举行首次沪港通的连接测试，主要集中于券商的下单程序，有关的买卖指令会由港交所传送到上交所，确保港交所能接收券商发出的讯号，为第一次市场演习做准备。连接测试结束后，第一次市场演习时间为8月30日至31日。

统一账户平台拟十一期间上线：防止大户操纵股价

统一账户平台拟在今年十一期间“通车”，为每一位投资者设立一个统一的一码通账户，并将投资者不同的证券账户统一关联到一码通账户下。专家表示，监管部门可对活动异常的个人账户进行跟踪分析，防止某些大户串通共谋，操纵股价。

土地审计首掀桌底下的账 剑指土地寻租与官员腐败

从8月中旬开始，国家审计署掀起全国首次土地财政大审计，直击土地出让金收支、土地征收、储备、供应等领域，而高达15万亿元的土地出让金将成为严格审查对象。其中，地征收、储备、供应等领域，而高达15万亿元的土地出让金将成为严格审查对象。其中，土地领域的权力寻租和腐败现象也将在两个月后的审计报告中披露。

（来源：http://blog.9666.cn/blog/gscpns/2192488）

第二节　广告、海报

一、广告

广告是向公众介绍商品、服务内容或文艺、体育节目的一种宣传方式，广告在现代社会经济生活中有着重要作用，它具有交流信息，促进商品销售，促进生产，活跃经济，指导消费等媒介作用。

广告的形式多种多样，有以文字为主的，有以图画为主的，有图文并茂的。就广告的内容看，有商业广告，文艺广告，书刊出版发行广告等。就广告文字的写法看，有陈述体、问答体、证书体、幽默体等式样。

(一) 文字性广告的结构

文字性广告的结构一般有标题、正文、结尾三部分。

1. 标题是广告的眼睛

要明确醒目，新颖生动，具有吸引力。目前我国商品广告常用商品名称或厂商名称为标题，如果厂商名称不能体现它的商品性质，就不宜用作标题。

2. 正文是广告的主体部分

要提供商品信息的细节，要用有说服力的事实来证明产品或商品的质量和功用。对商品的介绍既要真实可信，又要讲究艺术性，可适当运用比喻、拟人、排比、对偶等修辞手法，巧妙而又恰如其分地说明商品的特点，广告的写法文字要简练明快，生动易记。

3. 结尾又叫落款

结尾要交代广告刊户的名称、地址、电话号码、电报挂号或联系人，便于顾客购货或联系。

广告的创意和制作既要讲求新颖、别致，让人过目不忘，又要考虑公众欣赏习惯，遵守国家有关法令。要反对误导公众、贻害社会的虚假广告、不洁广告，在充分发挥广告的经济效益的同时，注意其社会文化效应。

【广告案例】

(1) 某公益广告：节约用水

节约每一滴水，从我做起，从现在做起，从身边的小事做起！不要让水变成人类最后一滴眼泪！

(2) 农夫山泉广告：只要喝一瓶农夫山泉，人人都有机会……

上课时不要发出这种声音！下课了嘛……

农夫山泉，有点甜！

(3) 某公益广告：

水是生命之源，为了多一片生命的绿洲，请珍惜每一滴用水！

(4) 千岛湖养生堂×××有限公司广告：饮水思源

去看看有1 000个岛屿的高山湖泊

请加入千岛湖寻源夏令营

(5) 小饭店的广告语：

上联：早进来晚进来早晚进来　下联：多吃点少吃点多少吃点　横批：进来吃点

(二) 广告策划书撰写

题目、客户名称、产品名称、市场背景分析

市场背景分析：

1. 目标市场

该类产品的消费者是谁？他们的年龄、性别、职业、收入、文化、所处地域及购买行为特征和消费心态等。

2. 消费偏好

消费者在购买或使用该产品时，喜欢中档还是高档？喜欢国产还是进口？在什么场合下使用？他们对产品有什么要求？

3. 购买模式

购买的频率、价格、场所和购买时最看中的品质。

4. 信息渠道

获得信息的渠道是什么？最早接触的媒体是什么？最依赖的媒体是什么？

5. 竞争状况

目前市场上最受欢迎的该类产品品牌是什么？畅销原因是什么？销售状况是什么？消费者希望产品改进的方向是什么？

最后再得出努力方向。

(三) 广告市场策略(沿市场背景分析的思路，阐述该产品的市场策略)

1. 市场营销目标

根据市场背景分析的结果设立该产品的市场营销活动中所要达到的目标。目标应当具体，并可测量。例如：在多长时间内销售额力求达到多少万元，市场占有率力求达到%。

【营销锦囊寓言一】

两个推销员

这是营销界尽人皆知的一个寓言故事：

两家鞋业制造公司分别派出了一个业务员去开拓市场，一个叫杰克逊，一个叫板井。

在同一天，他们两个人来到了南太平洋的一个岛国，到达当日，他们就发现当地人全都赤足，不穿鞋！从国王到贫民，从僧侣到贵妇，竟然无人穿鞋子。

当晚，杰克逊向国内总部老板拍了一封电报：“上帝呀，这里的人从不穿鞋子，有谁还会买鞋子？我明天就回去。”

板井也向国内公司总部发了一封电报:“太好了!这里的人都不穿鞋。我决定把家搬来,在此长期驻扎下去!”两年后,这里的人都穿上了鞋子……

营销启示:许多人常常抱怨难以开拓新市场,事实是新市场就在你的面前,只不过看你怎样发现这个市场而已。

【营销锦囊寓言二】

两 辆 中 巴

家门口有一条汽车线路,是从小巷口开往火车站的。不知道是因为线路短,还是沿途人少的缘故,客运公司仅安排两辆中巴来回对开。

开101的是一对夫妇,开102的也是一对夫妇。

坐车的大多是一些船民,由于他们长期在水上生活,因此,一进城往往是一家老小。101号的女主人很少让孩子买票,即使是一对夫妇带几个孩子,她也是熟视无睹似的,只要求船民买两张成人票。有的船民过意不去,执意要给大点的孩子买票,她就笑着对船民的孩子说:“下次我带个小河蚌来,好吗?这次让你免费坐车。”

102号的女主人恰恰相反,只要有带孩子的,大一点的要全票,小一点的也得买半票。她总是说,这车是承包的,每月要向客运公司交多少多少钱,哪个月不交足,马上就干不下去了。船民们也理解,几个人掏几张票的钱,因此,每次也都相安无事。不过,三个月后,门口的102号不见了。听说停开了。它应验了102号女主人的话:马上就干不下去了,因为搭她车的人很少。

营销启示:忠诚顾客是靠感情培养的,也同样是靠一点一点优惠获得顾客的忠诚的,当我们固执地执行我们的销售政策的时候,我们放走了多少忠诚顾客呢?

(http://news.mbalib.com/story/42051)

2. 品牌定位

以红罐王老吉为例,市场研究组认为“预防上火的饮料”是利于扩大销量的,除了定位清晰后能够使所有的营销推广,都围绕消费者的价值需求而展开。每一分钱的投入,都将致力于在消费者心目中占据一个独特而有价值的位置,从而迅速影响到消费者的购买选择,产生实效。

确立了红罐王老吉的品牌定位,就明确了营销推广的方向,也确立了广告的标准,所有的传播活动就都有了评估的标准,所有的营销努力都将遵循这一标准,从而确保每次的推广在促进销售的同时,都对品牌价值(定位)进行积累。

这时候才可以开始广告创意,拍广告片。

3. 产品分析

还是以红罐王老吉产品定位为例，还有以下主要原因：第一，相对于凉茶的地域限制，如北方人在听到凉茶时会产生凉掉的茶水或隔夜茶的歧义等，而“上火”的概念是全国通行，而且如前所述，“上火”的概念在几千年来在中医的教育下深入人心，预防上火能帮助没有凉茶基础的市场了解从而接受红罐王老吉。第二，“上火”原因众多，不受季节影响，消费群体基数巨大，不同年龄、地区、性别的消费者都存在“预防上火”的需求，且无需教育。第三，在有凉茶基础的市场，预防上火的饮料有药量减少的暗示，可以经常饮用。由于口味变甜，中药气味和颜色的变化，都让消费者感受到从“药”转化为“保健”，可以一定程度上化解凉茶不适宜经常饮用的禁锢。第四，王老吉的品牌优势能够很好地体现出来，王老吉是凉茶始祖，而凉茶最主要的功效是下火。第五，红罐王老吉将自己定位在“预防”，能更好和羊城药业的凉茶颗粒这个药品区隔开来，避免混乱的竞争。第六，由于有保健功能，能有效化解红罐王老吉的高价格障碍，也能令消费者更易于接受其淡淡的中草药味道。第七，加多宝公司当时非常弱小，项目组认为推广这样一个“中国”特征明显的功能化饮料，不容易引起当时饮料业巨头如可口可乐、百事可乐、康师傅等迅速跟进，加上王老吉的品牌在凉茶、上火方面的优势也能给红罐王老吉一个有力保障。

4. 竞争对象

竞争对手是谁？具有什么样的优、劣势？广告宣传情况怎样？（王老吉为例）

确定罐装王老吉的竞争环境。我们应明确罐装王老吉是在“饮料”行业中竞争，其竞争对手应是其他饮料。因此，我们吸引的是想购买饮料的大众消费人群，而不是想购买“凉茶”、“降火药”的人群。

确定在众多饮料中消费者为什么要购买罐装王老吉，即王老吉能满足消费者的哪种需求。因此，我们要建立罐装王老吉与其他饮料的区隔——预防上火的饮料（这是王老吉独有的特性，其他饮料所不可替代的）。

（四）广告创意（以王老吉为例）

电视广告创意历经几番调整，最终确定了某创作部第3次提交的一条广告创意，就是大家最熟悉的那条广告片——画面选择了消费者认为日常生活中最易上火的五个场景：吃火锅、通宵看球、吃油炸食品薯条、烧烤和夏日阳光浴，画面中人们在开心享受上述活动的同时，纷纷畅饮红罐王老吉。结合时尚、动感十足的广告歌反复吟唱“不用害怕什么，尽情享受生活，怕上火，喝王老吉”，促使消费者在吃火锅、烧烤时，自然联想到红罐王老吉，从而促成购买。

后来对红罐王老吉的创意进一步规范，确定了红罐王老吉后续推广的基调。①明确王老吉的广告策略——罐装王老吉，（预防上火的）饮料。②在广告策略的

基础上发展创意策略

(五) 广告注意

注意在新开拓区域和原有区域的传播差异(以王老吉为例)

1. 在原有销售区域

在广东、浙南等地,消费者对王老吉"是什么"已有一定的认知,只要加强这种认知即可,在这两个有较深凉茶文化的地区更重要的是不要把自己误做成"凉茶"或"药"。

2. 在新开拓区域

王老吉影视广告主要在中央台投放,在新的销售区域,消费者对王老吉是十分陌生的,因此,在传播上一定要重点推广品类概念,要将"罐装王老吉,能预防上火的饮料"这个意思清晰、完整地表达出来。

3. 推广效果

红罐王老吉成功的品牌定位和传播,给这个有 175 年历史的、带有浓厚岭南特色的产品带来了巨大的效益:至 2010 年销量突破 180 亿元大关。

4. 成功原因

红罐王老吉能取得巨大成功,总结起来,以下几个方面是加多宝公司成功的关键所在:

(1) 为品牌准确定位

(2) 广告对品牌定位传播到位

主要包括两点:①广告表达准确;②投放量足够,确保品牌定位进入消费者心智。

(3) 企业决策人准确的判断力和果敢的决策力

(4) 优秀的执行力,较强的渠道控制力

(5) 量力而行,滚动发展,在区域内确保市场推广力度处于相对优势地位

二、海报

海报是向公众报道或介绍有关电影、戏曲、杂技、体育、学术报告会等消息时所使用的一种招贴性应用文。海报通常张贴在有关演出的场所,或较为醒目的地方,告知有关活动的事项。有的海报还可以在广播电视上播出。

(一) 海报的特点

1. 广告宣传性

海报希望社会各界的参与,它是广告的一种。有的海报加以美术的设计,以吸

引更多的人加入活动。海报可以在媒体上刊登、播放，但大部分是张贴于人们易于见到的地方。其广告性色彩极其浓厚。

2. 商业性

海报是为某项活动作的前期广告和宣传，其目的是让人们参与其中，演出类海报占海报中的大部分，而演出类广告又往往着眼于商业性目的。当然，学术报告类的海报一般是不具有商业性的。

（二）海报的分类

海报一般来讲，从内容上看可以分为下列几类。

1. 电影海报

这是影剧院公布演出电影的名称、时间、地点及内容介绍的一种海报。这类海报有的还会配上简单的宣传画，将电影中的主要人物画面形象地绘出来，以扩大宣传的力度。

2. 文艺晚会杂技体育比赛等海报

这类海报同电影海报大同小异，它的内容是观众可以身临其境进行娱乐观赏的一种演出活动，这类海报一般有较强的参与性。海报的设计往往要新颖别致，引人入胜。

3. 学术报告类

这是一种为一些学术性的活动而发布的海报。一般张贴在学校或相关的单位。学术类海报具有较强的针对性。

（三）海报的写作格式和内容

海报一般由标题、正文和落款三部分组成。

1. 标题

海报的标题写法较多，大体可以有以下一些形式：其一，单独由文种名构成。即在第一行中间写上"海报"字样。其二，直接由活动的内容承担题目。如"舞讯"、"影讯"、"球讯"等。其三，可以是一些描述性的文字。如"×××再显风采、××寺旧事重提"。

2. 正文

海报的正文要求写清楚以下一些内容：第一，活动的目的和意义。第二，活动的主要项目、时间、地点等。第三，参加的具体方法及一些必要的注意事项等。

3. 落款

要求署上主办单位的名称及海报的发文日期。

以上的格式是就海报的整体而讲的，实际的使用中，有些内容可以少写或省略。

（四）海报写作的注意事项

海报一定要具体真实地写明活动的地点、时间及主要内容。文中可以用些鼓动性的词语，但不可夸大事实。

海报文字要求简洁明了，篇幅要短小精悍。

海报的版式可以做些艺术性的处理，以吸引观众。

第三节　商品说明书

商品说明书是一种以说明为主要表达方式，用平易、朴实、易懂的语言向用户等消费者通俗地概括介绍商品（包括服务等）的性能、用途、特征、使用和保养方法等知识的文书材料。商品说明书的开头部分常常用概说的方法简要地阐明其性质特点，有的甚至全文都用概说的方法。由于各种产品的功能、用法不同，写作方法自然也大有区别，但不管使用哪一种方法，其写作目的是教人以知，教人以用。因此，商品说明书的写作语言必须力求通俗、准确；结构必须条理、有序。

一、商品说明书

（一）主要作用

（1）说明指导作用

（2）宣传促销作用

（3）信息交流作用

（4）强制指令作用

（二）特点与分类

1. 商品说明书的特点

（1）客观性

（2）实用性

（3）条理性

（4）通俗性

2. 商品说明书的分类

（1）以内容为标准

说明书可以分为解说阐述性说明书和介绍简述性说明书。

(2) 以篇幅的长短为标准

说明书可以分为完整性说明书和简约性说明书。

(3) 以表达的形式为标准

说明书可以分为文字式说明书，图表式说明书和音像式说明书。

二、结构

商品说明书的结构一般由标题，正文，落款三部分组成。

(一) 标题

商品说明书常见的标题有三种：

1. 直接以文种作标题

例如《商品说明书》《产品说明书》《使用说明书》《使用指南》等。

2. 以商品名称作标题

例如《三九胃泰》《紫光扫描仪》等。

3. 以商品名称加文种作标题

例如《盖中盖口服液产品说明书》《步步高DVD使用说明书》等。

(二) 正文

正文是商品说明书的核心部分，各种商品不同，需要说明的内容也不同，有的说明商品的用法，有的说明商品的功能，有的说明其构造，有的说明其成分等，千差万别，各有侧重。例如食品说明书重在说明其成分，使用方法及保质期限；药物说明书重在说明其构成成分，基本效用及用量；电器说明书重在说明其使用和保养方法等。一般情况包括以下几个方面的内容：

(1) 产品的概况(如名称、产地、规格、发展史、制作方法等)

(2) 产品的性能、规格、用途

(3) 安装和使用方法

(4) 保养和维修方法

(5) 附件、备件及其他需要说明的内容

以上的内容，可以根据实际需求取舍详略和变动前后顺序。正文的写法有多种多样，常用写法如说明文式、条文式、对话式、表格式、故事式、解释式等，比较常见的有概述式、短文式、条款式、图文结合式。

① 概述式一般只有一两段文字，简明扼要地对商品作概括介绍。

② 短文式。对商品的性质、性能、特征、用途和使用方法作简要介绍，多用于

介绍性的内容说明，常用商品多采用这种方法。

③ 条款式。这是详细介绍商品的说明书的写法。它分成若干个部分，将有关商品的规格、构造、主要性能和指标参数、保养方法、维修保修方式等逐一分条列项介绍给消费者。常用的家用电器说明书多采用这种方式。

④ 图文综合式。即图文并茂地介绍商品。既有详尽的文字说明，又有照片和图示解说，辅之以电路图、构造图、分子式（医药）等等。这种商品的说明书往往印成小册子作为商品附件。

（三）落款

落款要写明产品的制造厂家的名称、地址、邮编、E-MAIL 地址、电话、传真、电挂及产品的批号、生产日期、优质级别等。不同的商品说明书，落款的项目有所不同，应根据实际需要落款。

三、常见说明书四种形式

（一）手册式说明书

这类说明书以手册形式向用户提供从几页到几十页不等的文字说明材料，有些还带有照片和插图，能详细而全面地提供与商品有关的信息。许多家电产品的说明书（如电视机、洗衣机、冰箱、空调的使用说明书等等）通常是一本手册。

（二）插页式说明书

一些产品的包装盒或袋里附带一页纸，纸上印着有关产品的信息，这页纸就是一份插页式说明书。药品说明书常以这种形式附在药盒里，提供有关该药品的成分、药理作用、适应症、剂量及其他注意事项等。

（三）标签式说明书

这类说明书是指附在产品包装或直接附在产品上的纸或其他材料制成的标签。最常见的是成衣上的标签，上面标有衣物名称、面料成分、尺码、颜色和洗涤说明等。

（四）印在包装上的说明书

有些产品的文字说明直接印在其外包装（包装盒、包装罐、包装瓶等）上，例如许多食品和饮料的文字说明就属此类，其中包括产品名称、商标、成分、净重、贮存及保质期等。

人们在购买商品时，发现许多商品都附有商品使用说明书，没有附说明书的也往往在包装上注明：比如有些药品“一日服三次，一次两片，饭前服用”；再如一些电器上标明必须适用220伏电压，甚至一些说明似乎都是“废话”，如“本品是外用药，不得内服”等。商品说明书都记载着商品的用途、使用条件、使用方法、使用期限、使用和贮藏应注意的事项，以及该商品的名称、牌号、型号等，这样消费者便可以“按图索骥”，选择自己适用的商品，在购买后再根据说明来正确使用、保管、贮藏商品，比如“本品宜放于通风、阴凉处”，于是消费者就不会把它置于封闭、湿热的地方，这样才能保证商品的使用寿命。

(五) 其实说明书除此之外，还有其法律上的意义

首先，作为确定生产经营者的质量保证义务的根据，法律规定了生产者负有保证产品内在质量的义务，包括明示担保义务和默示担保义务，而事实上商品使用说明书便是生产经营者的明示担保义务事项之一，是商家对消费者的一种承诺。商品的生产经营者除了执行国家强制性标准(默示担保)外，还应以商品说明书向消费者约定该商品应有的质量、性能，这就意味着必须保证生产出的商品与此约定的内容保持一致。否则，消费者有权要求降价、退货、赔偿损失等。

比如，羊毛衫上标明含绒量100%，即俗称“纯羊毛”，或者无绳电话说明书上标明“在正常使用无障碍的情况下，2千米内保持通话”等，尽管含绒量50%的也是羊毛衫，在500米内可通话也属无绳电话，但只要商家作出这种明示，那么也就应当承担所约定的质量义务(必须保护2千米通话)。如果实际混纺的羊毛衫、只超过500米便不能正常通话的无绳电话机，消费者可以要求降价、退货等。

其次，消费者如果未按使用说明书使用，便可能因使用不当，所造成的损失，责任一般由消费者自负。

【商品使用不当案例】

某纸箱厂工人冯某使用燃气热水器洗浴，由于热水器安装未按说明书要求进行，通风不良，缺氧，致其“煤气中毒”，为此花费抢救费、医疗费5 000余元，冯某一怒之下诉至法院，经查。确实是由于使用者未按使用说明书安装导致的事故，因此尽管消费者有损害事实，但由于是“使用不当”造成厂家对此不承担赔偿责任。

所以，消费者在购买、使用商品时，要注意商品使用说明书，才能减少非正常使用，延长商品寿命，及时针对商家的明示担保索赔，避免因“使用不当”造成的损失，特别是一些易燃、剧毒等特殊产品，不要怕操作程序繁琐，应严格遵循商品说明书进行安装、操作，避免这类事故。

(六) 商品说明书注意事项

1. 好的说明书应起到指导消费的作用

有些说明书却未能做到这一点,如介绍使用方法太简单,或不得要领;有的把功效写得很笼统,欠具体说明。

2. 说明商品,应把重要的关键的内容告诉消费者

有些商品介绍只是泛泛而谈,未能在关键、重点问题上多加笔墨。

3. 用词不恰当,常因语义含混而影响表达效果

4. 商品说明书要求行文简洁

不少说明书惟恐用户不明白,不厌其烦,赘赘而谈,语句重复。

5. 食品不标明出厂日期或保质期

这种商品,顾客会因疑其过期而不加购买,影响商品销售。

复习思考题

一、写一篇 300 字左右的消息,反映身边社会生活新面貌、新问题。

二、广告文案写作题:

某葡萄酒

(1) 地理条件:在西北的戈壁滩上,和法国的波尔多处于同一纬度,昼夜温差大,气候干燥,十分有利于葡萄生长。

(2) 产品特点:有机葡萄酒何谓有机葡萄酒?①种植条件有机化。葡萄园的土壤不含有任何的杀虫菌剂和无机肥料。肥料只可以是牛粪、葡萄渣滓、堆肥及其他的有机肥料。②酿造过程有机化。葡萄酒的发酵过程全部采用野生酵母,不含添加剂,酿造过程不采用过滤剂,只通过沉淀去除沉淀物。为什么叫它有机葡萄酒呢,因为它生产于中国最大的葡萄庄园,在西北的戈壁滩上,绝对的天然。现在市场上已经有了有机葡萄酒这种产品,但是传播力都很小。这一款产品出现后,如何突破消费者的传统认识,如何教育消费者,是这款产品命名的关键。

(3) 要求:①请为此葡萄酒命名。②参照其特点,写出该款葡萄酒的卖点。③请为此葡萄酒撰写广告文案,要求文案的结构完整。

一、天籁葡萄酒;二、在西北的戈壁滩上,和法国的波尔多处于同一纬度,昼夜温差大,气候干燥,十分有利于葡萄生长。葡萄园的土壤不含有任何的杀虫菌剂和无机肥料。肥料只可以是牛粪、葡萄渣滓、堆肥及其他的有机肥料。葡萄酒的发酵过程全部采用野生酵母,不含添加剂,酿造过程不采用过滤剂,只通过沉淀去除沉淀物。选取最优质的葡萄，运用最优质的酿造工序，进行最优质的葡萄酒酿造生产，环保无污染，味道醇美，可以放心饮用。3. 广告语：天籁葡萄酒，给你味觉上最美好的享受。标题：天籁，上天眷恋你。正文：上帝疼爱波尔多，给它好红酒。我们也有一样的阳光和土壤，同样不缺好年份。好酒之间没有距离只有亲密。酒香是波尔多的泥土香，是中国的天籁。葡萄酒北纬 40 度酿造，给你上天最大的眷顾随文：选择天籁，给你最完美的享受。

三、请你为下周三的演讲与口才大赛写份海报。

四、为你常用或常见的物品写一份商品说明书。

第六章　启事、声明

内容提要

启事的概述、种类与写法
声明的内容、种类与写法
启事、声明的作用和要求

学习目标

★ 熟练撰写启事
★ 熟练撰写声明

第一节　启　　事

启事的“启”是“陈述”，“启事”是向人陈述某种事情。这种公开地向人陈述某种事情并声明自己的希望和态度的文字就叫启事。启事写好后，或张贴在墙上，或刊登于报刊，是一种常见的应用文体。也可在广播电台、电视台中播出。

(一) 启事的种类

启事种类繁多，按其内容，根据内容大体可以分为如下几类：

1. 告知类启事

因有要事向社会宣布或告知，并希望引起人们注意所发的启事，如讲座、竞赛等启事。

2. 寻求类启事

如不小心丢失了东西，一时寻找不着，就需贴“寻物启事”；如拾到了什么东西，又不知失主是谁，就需写“招领启事”；自己想交个志同道合的朋友，共同做个什么项目，而自己认识的人中，又没有合适的人选，就不妨写“求友启事”；生活中因有人走失，下落不明所写的“寻人启事”等。

3. 征求类启事

就是出于需要，请求别人帮助、关照、参与时所发的启事。如办报，想丰富版面的内容，可以组织一次征文。为了让别人知道征文的目的、方式、稿件寄送地点、文章评选办法等，就需贴出“征文启事”；征集、征订、征稿、征婚等启事。

4. 招取类启事

如招领启事、招工启事、招生启事、招商启事、招聘启事等。

5. 变更类

如改期启事、更名启事、迁址启事、出租启事等。

6. 经营类

如开业启事、停业启事、庆典启事等。

启事名目繁多，不胜枚举。

（二）启事的结构

一般由三部分组成：

1. 启事的名称

这主要由启事的内容决定，如内容是征文，则名称写明“征文启事”。名称字体应大于正文字体，居中排写。

2. 具体内容

即要向大家说明情况。

3. 启事者的落款和启事日期

（三）启事的特点

启事具有以下三个方面的特点：

1. 周知性

启事所涉及的内容必须是需要向社会大众公开陈述的有关事项。因此，周知性便成为其第一个特点。为了使有关事项在社会上得以周知，它往往采用多种多样的发布途径和发布形式。既可以抄写张贴在公共场所，也可以制成印刷品广泛传播；既可以在报刊登载，也可以利用广播，电视播放。

2. 商洽性

启事和通知、通告一类的公文虽然都具有周知性，但它不像通知、通告等公文那样具有行政的强制性和约束力。机关、单位需要向社会公众周知有关事项时，它们与告知对象之间在行政上并没有隶属关系，因而，不能以通知、通告之类的行政公文发布，而只能采用启事以商洽的语气向社会大众陈述有关事项。它不能硬性规定人们必须阅读、收看或者收听，更不能强制别人必须办理、执行。它所周知的事项，知悉者可以参与，也可以不参与。

3. 祈请性

启事的目的不仅在于向人们公开告知有关事项，而且更侧重于请求人们协助办理。

4. 简而言之

具有公开性、广泛性、实用性、随意性的特点。

(四) 启事的要求

(1) 标题醒目

(2) 内容单一、一事一启

(3) 语言简洁，简单、明确

(4) 内容真实

(5) 文字要清楚，书写要工整

(五) 征文启事

1. 概念及种类

征文启事是指报刊、杂志或有关单位面向社会，向作者征求稿件时所使用的征求性应用文。征文启事又称征稿启事。

征文启事往往以有奖的方式进行征文，设若干奖项，并聘请专家、学者评选，这有利于推出一些新鲜、深刻的作品。另外，当代一些具有现代思想和公关意识的企业家也常常和一些报纸、杂志社联合主办征文活动，以此提高自己的知名度和美誉度。

征文一般分成报刊征文和活动征文两类：

报刊征文主要是一些报刊杂志为配合某项专题性内容的宣传，通常以征文的形式组织稿件，公开发出征文启事，向愿意参加征文的读者说明征文的有关事项。如主题征文启事、随笔征文启事、杂文征文启事、报告文学征文启事等。

活动征文主要是一些社团、组织为推进某项事业，就一定的内容范围进行广泛的交流而开展的各种征文活动。如书画大赛征稿启事、服装设计大赛征稿启事等。

2. 格式及写法

征文启事的内容由标题、正文、落款组成。

(1) 标题

标题有以下几种构成方式：

① 由事由直接构成。如《征稿》、《征文》。

② 由事由和文种名称共同构成。如《征文启事》。

③ 由具体内容和文种名构成。如《中国名胜古迹大观征文启事》。

④ 由征文单位、具体内容和文种名称共同构成，如《微型小说选刊社“超级想像”微型小说全国征文大奖赛启事》。

(2) 正文

征文启事的正文一般要写明以下四个方面的内容：

① 写明征文的目的、对象、用途、意义；

② 写明征文的题材、体裁、字数；

③ 说明有关事项(如起止时间、投寄办法、评奖的办法等)；

④ 符号写明征文单位的地址、邮编、联系人。

(3) 落款

注明发布征文单位的名称、发布日期。

【启事案例一】

国防大学女子军乐队招聘启事

国防大学女子军乐队创建于1987年，是全军惟一的一支迎外女子军乐队，担负着外事活动司仪演奏任务，多次荣立集体三等功和二等功。为适应国防大学发展需要，拟扩大队伍建设，在全国招聘非现役队员20名。现将招聘有关事项公告如下：

一、招聘对象

热爱军队，有较强业务素质，擅长军乐演奏(木管、铜管、打击乐)、声乐、舞蹈、曲艺表演的女生，均可报名。考试录取后，即成为我队签约队员(无军籍)。

二、招聘条件

1. 政治条件。符合征集公民服现役的政治条件。

2. 学历条件。具有本专业中专以上文凭(含实习期的在校生)。

3. 身体条件。符合应征公民体格检查标准，品貌端正，身高不低于165厘米。业务特别优秀者，身高可放宽2～3厘米。

4. 年龄条件。原则不超过22岁，优秀者可放宽1至2岁。

5. 在同等条件下，党员、校级以上先进个人、优等生优先录用。

三、招聘待遇

参照中国人民解放军文职人员有关规定执行。试用期为3个月。合格者与我队首次签订为期2年的合同。工资待遇每月2 600元左右，本队提供住宿并统一管理。

四、报名方法

应聘人员将本人身份证、学历学位复印件、个人详细艺术简历、联系方式、两寸免冠彩色照片两张，通过特快专递邮寄到：北京市海淀区红山口甲3号国防大学女子军乐队。邮政编码：100091。或发邮件至：gfdx_jyd@163.com。

接到面试通知的人员，请按规定时间到国防大学女子军乐队面试。面试时需缴纳100元报名费，来往交通费自理。

五、招聘考试

招聘按照面试、专业考试、专家评审3个步骤进行，成绩不合格者不能进入下一步招聘程序。招聘时应准备好曲目、作品(自备服装、道具、乐器)。

联系人：李红燕　杨　洪

联系电话：010-66769×××　010-66772×××

二○一四年八月×日

【启事案例二】

寻物启事

本公司雇员昨日乘坐黄色面的由火车站至大南门，不慎在车上遗失皮包一只，内有营业执照副本、产品专利书及设计图纸若干，如有拾到者.请即送××街××号×××公司，或拨电话6654321通知，当致薄酬人民币×××元。

×××公司经理×××敬启

二○一四年八月×日

【启事案例三】

"我心目中的好教师"征文启事

今年9月10日是我国的第30个教师节，为庆贺这个即将到来的节日，学院决定举办"我心目中的好教师"征文比赛，现将有关事项通知如下：

1. 参赛对象：本院在校生。投稿请注明姓名、准确的联系方式、邮政编码、E-mail

2. 具体要求

(1) 内容要求

请你敞开心扉，畅所欲言。你喜欢怎样的教师，你认为一个"好教师"应该是什么样的。你心目中的好教师，是胸怀理想、充满激情和诗意的；是富有爱心、善解人意的；还是博学多才、思想深刻的；还是关注社会、关注人类命运，有社会责任感的……可以写生活中遇到的，曾经教过你，给你许多关爱，使你从无知变得学有所长的一位教师,也可以是你希望碰到的,虚拟的,你想象中的“理想教师”。

(2) 形式要求

体裁不限,篇幅在2 000字以内。逻辑清楚。图片保存为jpg或gif格式。

(3) 时间要求

10月21日截稿。

3. 奖项设置

一等奖1名,二等奖3名,三等奖5名。获奖作品将在校报上发表。

4. 手写稿寄达地址

×××路×××号××楼811室

5. 电子稿发至Eail:××××××@lixin. edu. cn

6. 来稿一经采用,我们将通过电子邮件或电话形式通知作者,稿费视稿件质量及网友反映评级。

收稿单位:党委宣传部
联系人:×××
联系电话:×××××××
二〇一四年八月×日

【启事案例四】

××药业有限公司招聘启事

大型中外合资企业××药业有限公司经××市人才交流中心批准招聘下列人员:

1. 本地区医院业务推广代表三名,要求医学、药学本科以上学历,具有五年以上医院工作经验(硕士毕业二年),较强的社交能力、口头及书面表达能力,富于开拓精神,年龄26~35岁之间,需有本地户口、单位证明。

2. 文员一名,需本科以上学历,女性,身高1.65米以上,年龄20~30岁之间,具较强的社交能力,会中英文打字,需有本地户口。

有意者请于即日起七天内将有关资料及照片寄至××市××街×号×楼22号李军收　邮编:030009,勿访。

3. E-mail:××××××@×INLANG. cn

××药业有限公司(公章)
二〇一四年九月×日

【启事案例五】

经济管理干部学院
招生启事

我院是经国家教委审定备案，主要培养实用型高级经营人才与管理人才的成人高校。二〇一四年扩大招生。

一、招收：财会电算化（50人），金融（50人），经济贸易管理（50人），学制二年，学习形式全脱产，全省招生。

二、招收：工业企业管理（营销50人），财会电算化（50人），金融（80人），经济贸易管理（60人），学制三年，学习形式业余，××地区招生。

三、二〇一五年三月二十日至三月底，考生在各地（市）县（区）招生机构报名。

学院地址：上海市中山路×号×楼×××室

联系电话：021-64888×××

经济管理干部学院（公章）

二〇一四年九月×日

【启事案例六】

招工启事

××百货公司是一家代理国内名牌产品的企业，经营品种以卫生巾、日化洗涤用品为主的企业。现因业务飞速发展，需招集体制女性业务员四名，司机一名，临时搬运工两名，应招者应具备以下条件：

1. 女性业务员：A、初中以上毕业文凭；B、年龄在18～22岁未婚者、具有积极主动的进取精神及责任心。

2. 司机一名：年龄在18～25岁未婚青年。

3. 临时搬运工两名：A、年龄在18一20岁；B、最好是农村户口，提供食宿。

我们将提供优良的培训，极具挑战性的工作和极具竞争性的工资。

请于5月27日～29日之内：携带三证和一寸相片两张到××百货公司×街×号报名。联系电话：（略）　　联系人：郎小姐

××百货公司（公章）

二〇一四年九月×日

【启事案例七】

征集厂标、商标启事

中美合资××生物工程有限公司(××酶制剂厂)采用美国德国先进设备生产九十年代先进水平的洗涤剂用高碱性蛋白酶(英文缩写HAP),现已将产品推向市场。七十年代末,××酶制剂厂就将国产洗涤剂用酶首先推向全国市场,特别是在×市,加酶洗衣粉已家喻户晓,而所用之酶,即为原××酶制荆厂生产,深受×市父老乡亲欢迎。目前,在合资公司成立后,产品已升级换代,本公司意欲采用新的厂标和注册商标,为此,特向全市征集我厂厂标和最新产品——洗涤剂用高碱碱性蛋白酶的注册商标,要求体现:

1. 我公司生产的HAP为生物工程产品,具有高新技术。
2. 用于洗涤剂能极大地提高去污能力。
3. 可以节约人力、财力、能源,为家庭必备。
4. 充分表达企业蒸蒸日上、日新月异的变化。
5. 图案新颖,能加深客户印象,便于记忆、传播。

凡有意于投稿者,请于7月15日前将本人姓名、住址、联系电话、邮政编码、传真及彩稿寄××生物工程有限公司,×市新技术产业园区××路×号。

邮政编码:(略)(勿访),来稿经公司评审委员会初审、复审采用后,付稿酬两千元,初审通过者给予纪念奖,来稿无论采用与否,一律不退稿,请自留底稿。

电话:(略)　联系人:舒先生　刘小姐

××生物工程有限公司(公章)

二〇一四年九月×日

(http://www.wtabcd.cn/article/sort07/sort053/info-1039.html)

第二节　声　　明

声明就是公开表态或说明,庄严声明,指声明文告的态度。声明,是告启类文书的一种。它是就有关事项或问题向社会表明自己立场、态度的应用文体。

这里所说的声明通常有三大类:一类是当自己的某种合法权益受到侵害,为维护自己的合法权益、引起公众关注,并要求侵权方停止侵害行为的声明;另一类是在自己遗失了支票、证件等重要凭据或证明文件时,为防止他人冒领冒用而发表的声明;还有一类是澄清事实,以正视听。

声明的格式、内容和写法

声明由标题、正文和尾部三部分组成。

1. 标题

一般只写文种"声明";另一种由事由和文种构成,如《遗失声明》等,还有一种采用发文机关名称、授权事由、文种三项结构形式,如《××××有限责任公司授权法律顾问××律师声明》。

2. 正文

简明扼要地写明发表声明的原因,表明对有关事件的立场、态度。

3. 尾部

包括署名、时间和附项三项内容

声明单位署名,年、月、日期。有的声明正文内容中写有希望公众检举揭发侵权者的意思,还应在署名项目的右下方附注自己单位的地址、电话、电传号码以及邮政编码,以便联系。

【声明案例一】

上海市贸易公司授权××市律师事务所×××律师
郑重声明

"××牌"是上海市××公司于××年依法申请的注册商标,该公司享有此注册商标的所有权。"××牌"白砂糖是上海市××公司享誉国际市场的名牌产品,深受国内外消费者的信赖。但最近发现某单位,未经该公司许可,擅自制造销售该公司"××牌"注册商标标识,并在同类商品上使用此商标。

此种行为是违反我国商标法的严重侵权行为。为维护该公司合法权益,本律师经其特别授权郑重声明:

凡有上述商标侵权行为的单位,必须立即停止其非法行为。否则一经发现本律师将诉诸法律,依法追究侵权者的法律责任。

特此声明

上海××公司(公章)　××市律师事务所(公章)

二〇一四年八月×日

【声明案例二】

声　明

本律师作为××经济特区贸易有限公司常年法律顾问,经授权声明如下:

××经济特区贸易有限公司是经中华人民共和国对外经济贸易合作部批准、具有法人资格的外资企业。本公司自××年成立至今，从未在××省境内的任何地方设立任何形式的办事处或其他分支机构。

凡未经本公司法人代表授权在××省境内冒用、盗用本公司名义进行的任何形式的商务活动，包括签订的一切合同一律无效，由此产生的后果本公司不予承担。

本公司依法保留追究违法冒用、盗用者的法律、经济责任的权利。

特此声明

××市法律事务所

律师：×××

二〇一四年八月×日

【免责声明模板】

免责声明

本人/单位(姓名/单位名称)于(时间)委托(委托人或单位)申请购买了(产品名称)，由于(概述问题)，本人/单位(姓名/单位名称)现申请获得(产品名称)的管理权。为了避免权属纠纷，特做如下说明：(姓名/单位名称)是(产品名称)的真正所有者，今后由(产品名称)引起的纠纷和造成的一切后果，其责任概由(姓名/单位名称)承担，与(委托人或单位)无关。特此声明！

声明人/单位信息姓名/单位名称：(个人签名要手写，单位要盖章)

身份证号(单位可以不写)：

联系电话：

日期：×年×月×日

【遗失声明模板】

遗 失 声 明

本人姓名__________，性别________，身份证号码____________________，于________年________月________日由于____________________________________原因遗失建筑施工企业三类人员证书一本(——为企业负责人，________为项目负责人，________为专职安全管理人员)，该证书上的企业名称为____________________________，证书编号为__________________。现声明作废。

声明人(承诺人)：________

________年________月________日

复习思考题

一、在我们的生活中，你还看到过有哪些启事？

二、好司机拾金不昧拾巨款归还失主：11 月 8 日下午，金利来领带公司的刘经理夫妇给客运公司送来一面锦旗，表扬好司机张仁东。原来，昨晚后半夜，刘经理夫妇打的回家，不慎将装有 3 万元现金、支票本和重要合同的黑色皮包遗忘在车上。第二天早晨，小张发现了车里的包，忙根据包里的名片与失主联系，原物归还，并婉言谢绝馈赠。刘经理夫妇不禁感激万分。

1. 请你以司机张仁东的身份写一则“招领启事”

2. 再以失主刘经理夫妇的立场写一则“寻物启事”。

三、请为自己的驾照、信用卡、身份证的遗失写一份声明。

四、声明与启事如何区别？

第三单元
常用财经事务文书

第七章　计划

第八章　总结

第九章　调查报告

事务文书是指党政机关、社会团体、企事业单位和个人为处理日常事务使用的除法定公文以外的其他文体。它属于处理公务所运用的一种工具，不过没有公文那么严格、缜密。其中包含计划、总结、述职报告、简报、市场调查报告、规章制度等。

由于这类管理类文体处理的日常事务亦为公务，所以事务文书属于广义的公文范畴。它与狭义公文（行政机关 12 类 15 种）的区别在于：一是无统一规定的文本格式；二是不能单独作为文件发文，需要时只能作为公文的附件行文；三是必要时它可公开面向社会，或提供新闻线索（如简报）或通过传媒宣传（如经验性总结、调查报告等）。

第七章 计 划

内容提要

计划的概念、类型与特点
计划的写作的结构与性质
计划的作用和要求

学习目标

★ 熟练撰写计划
★ 能够为自己制订可行性计划
★ 熟练撰写短期计划

第一节 计划的概念、类型与特点

一、计划概述

计划是根据党和国家的有关方针、政策以及上级的指示要求,依据本部门或个人的实际情况,对未来一定时期内的工作、生产、科研和学习等拟定目标("企业的使命和任务,必须转化为目标",如果一个领域没有目标,这个领域的工作必然被忽视。)、内容、步骤、措施和完成期限的一种事务文书。

(一)计划的概念与类型

计划是计划类文书的统称。常见的"规划"、"部署"、"安排"、"设想"、"打算"、"方案"、"纲要"、"思路"、"要点"、"意见"等,都是人们对今后工作或活动做出的部署与安排,因此也都属于计划这个范畴。

计划的类型很多,可以按不同的标准进行分类。主要分类标准有:计划的重要性、时间界限、明确性和抽象性等。但是依据这些分类标准进行划分,所得到的计划类型并不是相互独立的,而是密切联系的。比如,短期计划和长期计划,战略计划和作战计划等。

具体性计划具有明确规定的目标，不存在模棱两可。比如，企业销售部经理打算使企业销售额在未来6个月中增长15％，人们会制定明确的程序、预算方案以及日程进度表，这便是具体性计划。指导性计划只规定某些一般的方针和行动原则，给予行动者较大自由处置权，它指出重点但不把行动者限定在具体的目标上或特定的行动方案上。比如，一个增加销售额的具体计划可能规定未来6个月内销售额要增加15％，而指导性计划则可能只规定未来6个月内销售额要增加12％～16％。相对于指导性计划而言，具体性计划虽然更易于执行、考核及控制，但缺少灵活性，它要求的明确性和可预见性条件往往很难满足。

1. 规划

这是计划中最宏大的一种，它是对较长时间的工作所作的具有全局性、方向性、战略性、概括性的宏观计划。其特点：一是内容重大、涉及范围广，大都是全局性工作或涉及面较广的重要工作项目，着重于全局性部署；二是时间跨度大。规划是对较长一段时期发展的科学展望，一般在五年以上；三是写作粗线条。相对于其他计划类文书，规划在内容和写法上往往是粗线条的，比较概括，具有方向性、战略性和指导性；四是从关系上看，规划是产生各个时期计划的重要依据，是计划的基础；而计划既服从于规划，又可以根据形势的进展对规划进行补充或修正。

2. 设想

这是对长远工作的初步的、非正式的、富有创新性的计划。其特点：一是内容具有初步性，往往是为制定某些规划、长期计划或具体方案做准备，是一些初步想法，尚未最后确定，可能还需要进一步完善，因此其可变性较大；二是写法具有概括性，无需细致具体；三是时间可远可近，可长可短；四是范围可大可小。时间较长的可称为“设想”；范围较广的可称为“构想”；时间较短、范围也较小的可称为“打算”。

3. 纲要

这是既具有远景发展设想，又具有较强的政策性、思想性、指导性的提纲挈领式的计划性文件。与其他计划性文书相比，其特点：一是时间不像设想的跨度那么大，也不像计划的跨度那么小，多在5～10年之间；二是空间范围比较广，多用于全局性工作或某一重要工作的发展设计；三是内容多为经济和社会发展方面的，文字表述多为条款式。

4. 计划

这是对计划类文书最笼统的说法，它既是一个具体的文种，又是一种泛称，因此使用频率最高。作为一个具体的文种，计划是在任务、要求、时间进度等方面较为详细具体的操作方案，其特点：一是时间一般在5年以内；二是涉及范围一般都是某个单位的整体工作或专项重要工作；三是内容和写法比规划具体、深入，是规划的具体实施，它侧重于定任务、定指标、定措施、定时间，具有很强的现实性、规定性和可操作性。计划比设想正规、细致，比安排范围更广、内容更概括。

财务人员习惯于将投资回收期分为长期、中期和短期。长期通常指5年以上，短期一般指1年以内，中期则介于两者之间。管理人员也采用长期、中期和短期来描述计划。长期计划描述了组织在较长时期（通常5年以上）的发展方向和方针，规定了组织的各个部门在较长时期内从事某种活动应达到的目标和要求，绘制了组织长期发展的蓝图。短期计划具体地规定了组织的各个部门在目前到未来的各个较短的时期阶段，特别是最近的时段中，应该从事何种活动，从事该种活动应达到何种要求，因而为各组织成员的行动提供了依据。

5. 要点

这是上级对下级布置工作任务时对主要内容做出的概括而简明扼要的计划，是工作计划的重要之点，是原则性、指导性较强的计划。与其他计划文书相比，其特点：一是内容要点是工作的主要方面，重点，表达简要、概括，而计划则要兼顾各个方面，写得比较具体；二是形式要点分条列项，一目了然，一般不写具体做法和过多地讲道理，而计划则要有具体做法和详细说明；三是行文方向工作要点一般下行或行于机关内部，而计划则在下达给下属单位的同时，也适用于上报上级机关，而上级机关也多要求下级报送工作计划。

6. 方案

这是一个综合的计划，包括目标、政策、程序、规则、任务分配、要采取的步骤、要使用的资源以及为完成既定行动方针所需要的其他因素。一项方案可能很大，也可能很小。通常情况下，一个主要方案（规划）可能需要很多支持计划。在主要计划进行之前，必须要把这些支持计划制定出来，并付诸实施。所有这些计划都必须加以协调和安排时间。方案有时也是本单位、本部门对近期要做的具体工作（某项任务或课题）的实施，从工作目标、要求、具体的实施办法进行全面部署的计划，它常针对某项内容和组织环节较为复杂的专题性工作或活动，内容和写法上要考虑全面、周到，具有较强的操作性。根据可能出现的紧急情况而预先制定的应急方案叫预案。预案往往要根据实际情况准备多套。

7. 安排与打算

这都是一个单位或部门对短期或近期内工作任务所作的考虑与布置。

（1）安排是计划中最为具体的一种

一般针对时间、进度要求明确的、必须作出具体安排的专题性的工作或行动，其任务明确,内容较单一,措施较具体,是对已有计划的具体化,是计划的分解与消化。

(2) 打算

这是要点式的短期计划、设想,它提出工作任务,但其中的指标、措施较粗略。

(二) 计划的分类

计划的种类很多,常见的有以下几种:

① 从时间上划分:有长远计划、短期计划、年度计划、季度计划、月份计划等。

② 从内容上划分:工作计划、学习计划、科研计划、生产计划、销售计划等。

③ 从性质上划分:综合计划、专题计划、单项计划等。

④ 从范围上划分:国家计划、部门计划、单位计划、个人计划等。

⑤ 从计划的重要性程度上来看,可以将计划分为战略计划和作业计划。

⑥ 根据计划内容的明确性指标,可以将计划分具体性计划和指导性计划。

⑦ 哈罗德·孔茨和海因·韦里克从抽象到具体,把计划划分为目的或使命、目标、战略、政策、程序、规则、方案,以及预算(预算是一份用数字表示预期结果的报表。预算通常是为规划服务的,其本身可能也是一项规划)等。

二、计划的特点

(1) 针对性

计划是根据党和国家的方针、政策和有关的法律、法规,针对本系统、本部门的实际情况制定的,目的明确,具有指导意义。

(2) 预见性

计划是在行动之前制定的,它以实现今后的目标,完成下一步工作和学习任务为目的。

(3) 首位性

计划是进行其他管理工作的前提,计划在前,行动再后。

(4) 普遍性

实际的计划工作涉及到组织中每一位管理者及员工。一个组织的总目标确定后,各级管理人员为了实现组织目标,使得本层次的组织工作得以顺利进行,都需要制定计划。

(5) 目的性

任何组织或者个人制定的各种目标都是为了促使组织的总目标的实现和一定时期目标的实现。

(6) 实践性

符合实际、易于操作、目标适宜,是衡量一个计划好坏的重要标准。

(7) 明确性

计划应明确表达出组织的目标和任务，明确表达出实现目标所需的资源以及所采取的程序、方法和手段，明确表达出各级管理人员在执行计划过程中的权利和职责。

(8) 效率性

计划的效率性主要是指时间性和经济性两个方面。

【计划的案例一】

2014年党支部第一季度工作计划

一、本季度支部要抓好三项工作

思想教育工作：组织支部全体党员深入学习党中央文件，反腐倡廉。同时安排学习中国共产党建党90多年历史。要求每个党员认真学习，结合具体工作，写出书面学习体会，并且在组织生活会上，谈认识、谈体会、找差距。

发展党员工作：经过前一时期的培养教育，2名积极分子条件基本成熟。党小组要抓紧做好发展前的各项准备工作，分别找他们谈一次话，确定2位入党介绍人，指导他们填写《入党志愿书》等。初步决定在3月上旬，召开支部大会讨论他们的入党问题。

党员活动工作：计划在第一季度末，组织全体党员到西柏坡革命圣地参观学习。

二、分工和组织保证

思想教育工作由宣传委员负责布置，并检查实际执行情况和学习的效果。组织发展工作由组织委员和5位党小组长负责落实。如支部大会同意吸收2名积极分子入党，要求在3月份内办好上报审批的手续。外出参观由文体委员负责落实。首先写出书面计划，并先安排2人去落实有关接待事宜。3月下旬召开支部委员会，对以上各项工作进行检查小结，并制订第二季度支部工作计划。

××学校党支部(公章)

××××年×月×日

第二节 计划的结构与性质

一、计划的结构和内容要素

从文体形式看，计划有条文式、表格式和条文表格结合式等。例如其中以下几种情况：第一，文章式，即把计划按照指导思想、目标和任务、措施和步骤等分条列项地编写成文，这种形式有较强的说明性和概括性，经常用于全局性的工作计划。第二，表格式，即整个计划以表格的形式表述，经常用于时间较短，内容单一或量化指标较多的工作计划。第三，时间轴式，即整个计划按照主时间轴一次列开，内容按照实施先后顺序编制。

不论采用何种形式，主体部分都要写得周到详尽，具体明白。

其结构一般由标题、正文和落款组成。

1. 标题

标题的写法包括全称式和简称式两种。

(1) 全称式标题

就是要素式标题，由计划单位名称、计划期限、计划内容和计划名称构成，如《××大学2014—2015学年第一学期教学工作计划》、《××市税务局2015年税收工作计划》、《上海市2015年至2020年经济发展规划》、综合性计划或需上报的计划常用这种写法。

(2) 简称式标题

就是将全称式标题中的某个要素省略后形成的标题，或省略计划单位名称，或省略计划内容和计划期限，如《2015年信贷计划》、《美国贸易谈判代表团接待方案》、《税收计划》等。单位内部计划和专项计划多用这种写法。

对于不成熟的非正式计划或还未正式通过的计划应在标题后或正下方用圆括号标明"初稿""草案""讨论稿""征求意见稿"等字样。

2. 正文

一般由前言、主体和结尾组成，计划正文的结构：

(1) 前言

计划的开头部分，要说明制订计划的指导思想，概括单位的基本情况及制订计划的政策依据；或说明制订计划的目的、缘由。这部分是整个计划的纲要，要说明"为什么做"的问题，表达要简明扼要、点到为止，不宜过多展开。这部分结尾常用承启语"为此，特制订计划如下"、"特制订本计划"或"为此，要具体抓好以下几个方面的工作"等转入主体。

(2) 主体

计划的核心和主干，要具体写明目标任务、措施办法和实施步骤三个方面的内容，要回答"做什么"、"怎么做"、"何时完成"等问题，可称之为计划主体的"三要素"。

① 目标任务，这是回答"做什么"的问题。目标是计划的灵魂，任务是目标的

具体化。任何计划都要写明计划期内要完成的目标任务，如果任务较多，还可列出若干子目标，要把子目标内容“质的规定”和“量的要求”写清楚，尤其是经济计划，无论是总指标，还是分指标，都要作定量定性的表述。

② 措施办法，这是回答“怎么做”的问题。措施办法是实现目标、完成任务的具体保证。计划制订出来是要执行的，只有把具体的措施办法与目标任务结合起来，才能保证计划的执行和完成。措施办法一般从组织领导、任务分工、政策保障、工作制度、物质条件等几个方面考虑。要根据目标任务，作周密恰当、有针对性的安排。

③ 实施步骤，这方面回答的是“何时完成”的问题。计划的执行和完成，有一个先后顺序问题，因此在写作计划时，要把各项任务完成的时间分配好，什么时间，要完成哪些任务，应有一个明确的考虑，这样才能保证计划的执行有条不紊。步骤和时间的安排要科学化，过紧或过松都不利于计划的顺利执行。这部分的内容一般不单独列出，可在措施办法中加以表述。

专项计划一般按以上三个方面分层写出，每个方面如果内容较多，可再分成若干条或款，按一定顺序组织安排。有的计划是将总目标、总任务根据本单位、本部门的工作实际分成若干个子目标和具体的工作任务，然后按主次轻重或时间顺序逐条写出，将措施办法、时间步骤分散在每条中表达。

比较大型的计划，常从指导思想、目标任务、组织领导、方法措施等方面来组织安排内容。

表格式计划或条文表格结合式计划，常用于商场的营销计划、企业的生产计划、财务计划等，因其涉及的任务项目多、量化指标多，时间、步骤的阶段性清楚，措施办法比较常规，所以常用表格来体现。

条文表格结合式计划与表格式计划不同的是，它除了用表格体现目标任务、时间步骤外，还可将表格中无法表达的内容用文字加以说明。

（3）结尾

结尾可以围绕计划的落实发出号召，提出希望与要求；或作补充说明；或表示完成任务的信心和决心；或提出进行监督检查的事项。有的计划在主体部分写完后即结束，没有结尾。

3. 落款

一般在正文右下方写明制订计划单位名称及制订日期，如标题中已有单位名称，也可只写制订日期。高级机关制定的计划，也有在正文后不另署制文单位和制文日期的，此时制文单位名称应于标题中写明，制文日期往往在标题下括号内注明。需上报或下发的计划，必须加盖单位公章。

二、计划的性质

(1) 计划工作为实现组织目标服务。

(2) 计划工作是管理活动的桥梁,是组织、领导和控制等管理活动的基础。

(3) 计划工作具有普遍性和秩序性。

(4) 计划工作要追求效率。

【计划的案例二】

大学学习计划

为了顺利完成大学四年各门课程的学习,将来更好地去参加社会工作,特拟定本计划。

一、目标

通过四年时间,按国家教育部要求,学完大学全部课程,并拿到学士学位。除此之外,再多考证书,为将来就业做准备。

(一) 在大二主要完成两件事

1. 通过英语四级

每天要背单词最少20个,然后每周要复习一次,这样可以加深印象,而且还要多读英语的文章或者新闻,可以让自己的阅读能力提升,也有益于语感的培养。再快要考试前的两个月里还要多做10套模拟卷,弄清四级的考试形式,也可检测自己的学习情况。

2. 考国家计算机三级证

既有上机考试也有笔试,所以投入的时间要多,每天除上课外,最少也要额外一小时学习。对于书本上的知识要学会,然后结合书本上机实验,有空的时候就坚持学。

(二) 在大三时主要做好两件事

1. 普通话过级

就业需要普通话过级证书。所以,从大一开始时,就不能丢下普通话的学习,争取选修演讲与口才课,既能增加自己的胆量,又能拿到学分。还提早准备普通话的学习。提高口语能力。要多读名家名篇,多听新闻联播或普通话考级资料。争取考到85分以上。

2. 考助理电子商务师

完成国家计算机三级证后,要着手准备考助理电子商务师。除书本学习之外,每天做一套模拟卷,以适应考试工。

在大三的时候还要准备考研，专攻专业知识。

二、时间安排

每天除上课之外，最少抽出两小时完成计划。

1. 每天早晨上课前抽出一小时，下课后抽出二小时作为自学时间；

2. 双休日每天再增加二小时，作为学习时间；

3. 节假日（元旦、春节、“五一”）不安排自学；

4. 遇有特殊原因，无法自学，损失的学习时间应设法在当周的双休日补回来。

三、学习形式安排

1. 每天早晨的自学时间学习大学语文、英语（交叉学习），以朗读为主、阅读为次，抽空背诵英语单词和课文。每天课后的时间主要是阅读学习考证的书，学习时认真做好阅读笔记，记录重点以及不易理解的难点，并及时向人求教。

2. 双休日的四小时主要做习题，阅读参考材料、文学名著或观看有关影视作品。

3. 每天坚持读报、看电视新闻。

四、学习进度安排

2014 年上半年（略）；2014 年下半年（略）

2015 年上半年（略）；2015 年下半年（略）

2016 年上半年（略）；016 年下半年（略）

五、其他

上述计划在学习过程中如遇不妥，可随时修订。

制定人：×××

二〇一四年一月×日

第三节　制定计划的方法及程序

实践中计划编制行之有效的方法主要有目标管理、滚动计划法和网络计划技术等方法。

一、主要制定计划的方法

1. 目标管理

目标管理是以泰罗的科学管理和行为科学管理理论为基础形成的一套管理制度，其后管理专家彼得·德鲁克（Peter Drucker）又提出“目标管理和自我控制”的主张。

管理者应该通过目标对下级进行管理，当组织最高层管理者确定了组织目标后，必须对其进行有效分解，转变成各个部门以及各个人的分目标，管理者根据分目标的完成情况对下级进行考核、评价和奖惩。

2. 滚动计划法

滚动计划法是按照“近细远粗”的原则制定一定时期内的计划，然后按照计划的执行情况和环境变化，调整和修订未来的计划，并逐期向后移动，把短期计划和中期计划结合起来的一种计划方法。

这种方法根据计划的执行情况和环境变化定期修订未来的计划，并逐期向前推移，使短期计划、中期计划有机地结合起来。由于在计划工作中很难准确地预测将来影响组织生存与发展的经济、政治、文化、技术、产业、顾客等各种变化因素，而且随着计划期的延长，这种不确定性就越来越大。因此，如机械地按几年以前编制的计划实施，或机械地、静态地执行战略性计划，则可能导致巨大的错误和损失。滚动计划法可以避免这种不确定性带来的不良后果。具体做法是用近细远粗的办法制定计划。

3. 网络计划技术

网络计划技术是20世纪50年代后期在美国产生和发展起来的。这种方法包括各种以网络为基础判定的方法，如关键路径法、计划评审技术、组合网络法等。

网络计划技术是一种科学的计划管理方法，它是随着现代科学技术和工业生产的发展而产生的。取得了良好的经济效果。1958年美国海军武器部在研制“北极星”导弹计划时，应用了计划评审方法(缩写为PERT)进行项目的计划安排、评价、审查和控制，获得了巨大成功。20世纪60年代初期，网络计划技术在美国得到了推广，一切新建工程全面采用这种计划管理新方法，并开始将该方法引入日本和西欧其他国家。随着现代科学技术的迅猛发展、管理水平的不断提高，网络计划技术也在不断发展和完善。目前，它已广泛的应用于世界各国的工业、国防、建筑、运输和科研等领域，已成为发达国家盛行的一种现代生产管理的科学方法。

二、计划程序

任何计划工作都要遵循一定的程序或步骤。虽然小型计划比较简单，大型计划复杂些，但是，管理人员在编制计划时，其工作步骤都是相似的，依次包括以下内容：

1. 认识机会

认识机会先于实际的计划工作开始以前，严格来讲，它不是计划的一个组成部分，但却是计划工作的一个真正起点。因为它预测到了未来可能出现的变化，清晰而完整地认识到组织发展的机会，搞清了组织的优势、弱点及所处的地位，认识到组织利用机会的能力，意识到不确定因素对组织可能发生的影响程度等。

认识机会，对做好计划工作十分关键。一位经营专家说过："认识机会是战胜风险求得生存与发展的诀窍。"诸葛亮"草船借箭"的故事流传百世，其高明之处就在于他看到了三天后江上会起雾，而曹军有不习水性，不敢迎战，神奇般地实现了自己的战略目标。企业经营中也不乏这样的例子。

2. 确定目标

制定计划的第二个步骤是在认识机会的基础上，为整个组织及其所属的下级单位确定目标，目标是指期望达到的成果，它为组织整体、各部门和各成员指明了方向，描绘了组织未来的状况，并且作为标准可用来衡量实际的绩效。计划的主要任务，就是将组织目标进行层层分解，以便落实到各个部门、各个活动环节，形成组织的目标结构，包括目标的时间结构和空间结构。

3. 确定前提条件

所谓计划工作的前提条件就是计划工作的假设条件。简言之，即计划实施时的预期环境。负责计划工作的人员对计划前提了解得愈细愈透彻，并能始终如一地运用它，则计划工作也将做得越协调。

按照组织的内外环境，可以将计划工作的前提条件分为外部前提条件和内部前提条件；还可以按可控程度，将计划工作前提条件分为不可控的、部分可控的和可控的三种前提条件。外部前提条件大多为不可控的和部分可控的，而内部前提条件大多数是可控的。不可控的前提条件越多，不肯定性越大，就愈需要通过预测工作确定其发生的概率和影响程度的大小。

4. 拟定可供选择的可行方案

制订计划的第四个步骤是，寻求、拟定、选择可行的行动方案。"条条道路通罗马"，描述了实现某一目标的方案途径是多条的。通常，最显眼的方案不一定就是最好的方案，对过去方案稍加修改和略加推演也不会得到最好的方案，一个不引人注目的方案或通常人提不出的方案，效果却往往是最佳的，这里体现了方案创新性的重要。此外，方案也不是越多越好。编制计划时没有可供选择的合理方案的情况是不多见的，更加常见的不是寻找更多的可供选择的方案，而是减少可供选择方案的数量，以便可以分析最有希望的方案。即使用数学方法和计算机，我们还是要对可供选择方案的数量加以限制，以便把主要精力集中在对少数最有希望的方案的分析方面。

5. 评价可供选择的方案

在找出了各种可供选择的方案和检查了它们的优缺点后，下一步就是根据前提条件和目标，权衡它们的轻重优劣，对可供选择的方案进行评估。评估实质上是一种价值判断，它一方面取决于评价者所采用的评价标准；另一方面取决于评价者对各个标准所赋予的权重。一个方案看起来可能是最有利可图的，但是需要投入大量现金，而回收资金很慢；另一方案看起来可能获利较少，但是风险较小；第三个方案眼前看没有多大的利益，但可能更适合公司的长远目标。应该用运筹学中较为成熟的矩阵评价法、层次分析法、多目标评价法，进行评价和比较。

如果唯一的目标是要在某项业务里取得最大限度的当前利润，如果将来不是不确定的，如果无需为现金和资本可用性焦虑，如果大多数因素可以分解成确定数据，这样条件下的评估将是相对容易的。但是，由于计划工作者通常都面对很多不确定因素，资本短缺问题以及各种各样无形因素，评估工作通常很困难，甚至比较简单的问题也是这样。一家公司主要为了声誉，而想生产一种新产品；而预测结果表明，这样做可能造成财务损失，但声誉的收获是否能抵消这种损失，仍然是一个没有解决的问题。因为在多数情况下，存在很多可供选择的方案，而且有很多应考虑的可变因素和限制条件，评估会极其困难。

评估可供选择的方案，要注意考虑以下几点：第一，认真考察每一个计划的制约因素和隐患；第二，要用总体的效益观点来衡量计划；第三，既要考虑到每一个计划的有形的可以用数量表示出来的因素，又要考虑到无形的、不能用数量表示出来的因素；第四，要动态地考察计划的效果，不仅要考虑计划执行所带来的利益，还要考虑计划执行所带来的损失，特别注意那些潜在的、间接的损失。

6. 选择方案

计划工作的第六步是选定方案。这是在前五步工作的基础上，作出的关键一步，也是决策的实质性阶段——抉择阶段。可能遇到的情况是，有时会发现同时有两个以上可取方案。在这种情况下，必须确定出首先采取哪个方案，而将其他方案也进行细化和完善，以作为后备方案。

7. 制定派生计划

基本计划还需要派生计划的支持。如一家公司年初制定了“当年销售额比上年增长 15％”的销售计划，与这一计划相连的有许多计划，如生产计划、促销计划等。再如当一家公司决定开拓一项新的业务时，这个决策需要制定很多派生计划作为支撑，比如雇佣和培训各种人员的计划、筹集资金计划、广告计划等等。

8. 编制预算

在做出决策和确定计划后，计划工作的最后一步就是把计划转变成预算，使计划数字化。编制预算，一方面是为了计划的指标体系更加明确，另一方面是使企业更易于对计划执行进行控制。定性的计划往往可比性、可控性和进行奖惩方面比较困难，而定量的计划具有较硬的约束。

【计划的案例三】

上海XX经贸学院文秘专业实习计划

为突出高职教育优势，强化学生专业技能，根据文秘专业教学计划安排，在完成课堂的理论和实践教学环节后，集中安排第六学期进行专业实习。通过实习，一方面巩固所学知识，检验理论，强化技能，另一方面，让学生认识社会，适应社会，补充所学之不足，为毕业后尽快适应岗位要求，成为具有较强的办事、办文、办会和公关策划能力的文秘人才打下基础。

现做出如下计划：

一、实习安排

（一）实习时间

2014年2月23日开始实习，2014年7月3日结束实习，返校办理毕业手续。

（二）实习地点

市内行政、事业单位及企业的办公、接待、管理等部门。由学生自主联系实习单位和系里统一集中联系相结合。师生通过各种渠道获取就业信息，向用人单位推荐(自荐)优秀学生实习(就业)。系里推荐实习单位有：①上海钢铁集团总公司；②上海青年旅行社；③上海公关协会；④上海市机关服务中心；⑤上海青少年活动中心；⑥上海宣传干部培训中心等。

（三）实习内容

根据本专业已开设过的《秘书原理与实务》《公文写作》《秘书礼仪》《办公自动化》《档案管理》《公司秘书实务》《公关实务》等专业课程，做好办公室事务管理、接待值班、处理信访、收发文件、写作文稿、整理档案、组织会务等工作，在工作实践中逐步进入职业角色，培养职业精神，锻炼职业技能。主要技能包括：①办公室日常事务能力；②信息收集处理能力；③文书拟写能力；④调研能力；⑤公关、协调能力；⑥办公自动化设备应用能力；⑦用人单位需要的实际工作能力。

（四）实习的方法

本着统一安排、灵活行动、科学管理、严格考核的原则，组织专业实习。①学生离校前，由系里统一进行毕业实习与谋职就业的相关教育，包括毕业实习动员、毕业论文(社会调查)写作方法、就业趋势报告、就业技巧讲座等,并提前安排毕业论文指导教师。统一发放与毕业实习、求职就业相关的书面材料,包括实习单位联系函、实习鉴定意见书、学生就业推荐书(含各科学习成绩)、学生就业协议书等。②学生实习期间,由系里组成实习领导小组,宏观指导重点巡视。③由专业教研室负责拟订有关的毕业论文参考题目,发给学生(参见附件1),并安排相关的实习指导老师(参见附件2),进行专门的指导,提出具体的论文要求。④学生自定实习计划,自觉遵守实习单位有关规章制度,完成实习工作,由实习单位出具实习鉴定,实习结束后,完成毕业论文、调查报告或实习报告,并将实习单位鉴定书与论文上交,以供系实习指导小组进行综合鉴定。⑤系里组织教师对学生的毕业论文、毕业作品及实习报告进行鉴定,按优秀、良好、合格、不合格等级计入学生档案。在媒体公开发表的作品原则上以成绩优秀计入。

二、实习作业要求

(一) 实习作业形式

学生应根据实习岗位具体情况,结合实习工作收获与体会,在下列作业中选择一项完成:①毕业论文。参考附件1中的选题,也可作其他选题,但原则上选题不应超出文秘专业领域。毕业论文字数不少于3 000字,须有摘要、关键词、注释、参考文献等相关内容,符合论文格式要求。②调查报告。参考附件1中的调查报告选题,也可结合实习工作选题调查,完成报告。③实习报告。实习报告是对个人实习情况进行全面总结完成的报告,要写明实习岗位、实习基本情况及实习的得失体会,要求有独特的视角、鲜活的材料、真切的感悟和深入的思考,字数不少于2 000字。④实习部门要求完成的专题性或综合性写作材料。如两千字以上的通讯、典型材料、专题调查、总结、报告等,须有媒体发表或实习部门证明。

(二) 实习作业格式

① 发表作品提交原稿(电子版)及发表作品复印件,论文、实习报告等提交电子稿及打印稿。②作业一律使用A4纸单面打印,左侧装订。字体字号参见附件3格式。

(三) 提交作业时间

实习结束,将电子版实习作业发到实习指导教师邮箱。返校时携带打印稿统一上交系里。

上海××经贸学院文秘专业(公章)
二○一四年八月×日

第四节 计划的作用和要求

在财经管理实践中，计划是其他管理职能的前提和基础，并且还渗透到其他管理职能之中，列宁指出："任何计划都是尺度、准则、灯塔、路标。"它是管理过程的中心环节，因此，计划在管理活动中具有特殊重要的地位和作用。

一、计划的作用

1. 计划是组织生存与发展的纲领

我们正处在一个经济、政治、技术、社会变革与发展的时代。在这个时代里，变革与发展既给人们带来了机遇，也给人们带来了风险，特别是在争夺市场、资源、势力范围的竞争中更是如此。如果管理者在看准机遇和利用机遇的同时，又能最大限度地减少风险，即在朝着目标前进的道路上架设一座便捷而稳固的桥梁，那么，组织就能立于不败之地，在机遇与风险的纵横选择中，得到生存与发展。如果计划不周，或根本没计划，那就会遭遇灾难性的后果。

2. 计划是组织协调的前提

现代社会的各行各业的组织以及它们内部的各个组成部分之间，分工越来越精细，过程越来越复杂，协调关系更趋严密。要把这些繁杂的有机体科学地组织起来，让各个环节和部门的活动都能在时间、空间和数量上相互衔接，既围绕整体目标，又各行其，互相协调，就必须要有一个严密的计划。管理中的组织、协调、控制等如果没有计划，那就好比汽车总装厂事先没有流程设计一样不可想象。

3. 计划是指挥实施的准则

计划的实质是确定目标以及规定达到目标的途径和方法。因此，如何朝着既定的目标步步逼进，最终实现组织目标，计划无疑是管理活动中人们一切行为的准则。它指导不同空间、不同时间、不同岗位上的人们，围绕一个总目标，秩序井然地去实现各自的分目标。行为如果没有计划指导，被管理者必然表现为无目的的盲动，管理者则表现为决策朝令夕改，随心所欲，自相矛盾。结果必然是组织秩序的混乱，事倍功半，劳民伤财。在现代社会里，可以这样说，几乎每项事业，每个组织，乃至每个人的活动都不能没有计划蓝图。

4. 计划是控制活动的依据

计划不仅是组织、指挥、协调的前提和准则，而且与管理控制活动紧密相联。计划为各种复杂的管理活动确定了数据、尺度和标准，它不仅为控制指明了方向，而且还为控制活动提供了依据。经验告诉我们，未经计划的活动是无法控制的，也无所谓控制。因为控制本身是通过纠正偏离计划的偏差，使管理活动保持与目标的要求一致。

二、计划的写作要求

（1）要从实际出发，量力而行。制定计划要立足实际，计划中的指标、措施都应从本单位实际情况出发，指标的提出要留有余地，经过努力能够实现。

（2）要服从大局，克服本位主义，注意协调和综合平衡，但又要体现本单位工作特点。

（3）要有一定的挑战性。计划要有积极进取的精神，所提的任务和要求要在可能范围内尽力定出最高目标。指标过低，缺乏吸引力，也不利于充分调动积极性。

（4）内容要具体明确，表达要简明准确，有条有理。

复习思考题

一、就你下学期的学习或打工等将要做的事，拟写一份详细的计划。要求目标清楚明确，措施具体周到，步骤先后有序，字数600字以上。

二、根据自己的实际情况写一份学习计划。

第八章　总　结

内容提要

总结的概念、特点和作用
总结的写作的结构、分类和要求
总结的要求

学习目标

★ 熟练撰写总结
★ 能够不断总结自己的学习和生活

第一节　总结的概念、特点和作用

一、总结的概念和特点

1. 总结的概念

总结是对前一阶段的实践活动进行回顾检查、分析评价，从中找出经验教训和规律性认识的一种书面材料。

2. 总结的特点

（1）回顾性

总结的内容是回顾已经做过的工作，在总结的时间段内，做了多少就写多少，不能无中生有，不能夸大掺假。总结是人们自身实践的本质的反映。它要求内容真实，完全忠实地反映自身的实践活动。总结的材料，只能来自自身的实践，不能东拼西凑、添枝加叶；总结的观点不能是外加的漂亮标签、任意拔高的思想，只能是从自身实践活动中抽象出来的认识。

（2）经验性

总结的目的不仅仅在回顾已经做过的工作，还在于把感性的认识上升到理性的高度，从具体工作中引出经验教训，以便为以后的工作提供借鉴。总结具有理论指导性。总结是人们对客观规律认识的反映，它不仅要陈述工作情况，更要揭示理性认识。能否进行理性分析，指出事物发展的客观规律，是衡量一篇总结写得好坏的重要标准。

(3) 总结具有针对性的特点

总结必须对本单位、本部门、本地区的工作实际进行检查、回顾和评价，并提出适合本单位或本部门特点的努力方向。

二、总结的作用

1. 信息作用

一份全面的总结，可以向上级机关、下属单位和有关部门提供某一时期的工作情况，使他们知道你这个单位做了哪些工作，是怎么做的，从而有助于社会了解你这个单位。特别是那些成绩突出的单位，通过工作总结，除交流信息外，还有利于提高知名度。

2. 借鉴作用

总结不仅仅是总结成绩，更重要的是为了研究经验，发现做好工作的规律，也可以找出工作失误的教训。这些经验教训是非常宝贵的，对本单位外单位、本地区外地区的工作都有很好的借鉴与指导作用，在今后工作中可以改进提高，趋利避害，避免失误。

3. 监督作用

一般的机关、单位，都会通过定期总结向群众报告工作。企业则向职工报告工作，听取群众意见，接受民主评议。这样，不仅使工作总结更加符合实际情况，而且也接受了群众的监督。从某种意义上，总结也是一种民主监督的形式。

4. 提高作用

通过工作总结，领导要深入基层，开展调查研究，培养与锻炼自己的思维方法、分析能力、辩证观点，实际上这是自我提高的好方法。一般地说，总结一次，认识提高一次，领导的能力和水平就会长进。如果说领导者可以在实践中增长才干，那么经常地总结工作也是增长才干的一种好方法。所以，总结的过程也是领导自我提高的过程。

5. 考核作用

上级机关检查下级机关和基层单位的工作，除了听汇报、看现场、进行实地调查以外，看工作总结也是一种方法。从工作总结中可以看到成绩，发现存在的问题，再看实际情况是否与工作总结相符。就这方面说，工作总结起到考核的作用。

6. 提供依据

工作总结是工作情况的全面综合，包括很多原始资料。这些资料存入档案，长期或永久保存，可以为编写年鉴和史志提供依据。

【总结案例一】

2013年个人年度工作总结

××办公室主任　李××

这一年来，在领导的关心和帮助下，在全体同志们的支持配合下，我服从工作安排，加强学习锻炼，认真履行职责，全方面提高完善了自己的思想认识、工作能力和综合素质，较好地完成了各项目标任务。虽然工作上经历了很多困难，但对我来说每一次都是很好的锻炼，感觉到自己逐渐成熟了。现将任职以来的情况记录如下：

一、认真履行职责，积极开展工作

（一）努力做好行政管理工作

1. 协助领导做好行政管理工作，组织召开全体职工大会×次，中层干部会议×次，班子会议×次，支委会×次，党员大会×次，职工代表大会×次，工会委员会×次，团员会议×次。会前做好各项准备工作及会议记录，做到了保密和及时归档。

2. 认真做好材料的撰写、打印、信息上报和档案管理等工作，确保及时撰写和上报。做好各种文件的收发，复印及誊印工作。及时请领导阅办，科室下达做好记录，按时布置，全年起草行政发文31个，党务发文9个。今年规范了文件的转发程序，做到了文件转接有登记。

3. 完成2010年行政工作计划、总结、人大汇报材料以及年鉴、大事记编写和上报工作。

4. 完成2011年度办公室工作档案的收集、整理和归档工作，完成各项统计报表的上报工作。

5. 与其他同志一起做好办公室电话业务咨询、投诉举报的接报和转报工作，全年共受理投诉举报800余件。

6. 完成或协助有关单位完成了丰台区食品量化分级管理授牌仪式表彰大会、人大代表视察、艾滋病宣传活动的筹备工作。能够及时解决和安排上级单位布置的工作，和其他单位的协调工作，做到重大问题及时上报。

（二）协助党支部、工会做好各项工作

1. 完成 2012 年党务、工会、计划生育工作的计划、总结、职工之家的汇报材料。

2. 协助党支部组织党小组、党员学习，工会委员会、小组长会议，及时印发学习材料，开展“是与非”答题活动。筹备召开了预备党员转正大会。完成 2004 年度重点发展对象的函调工作。

3. 制定廉政执法责任书、计划生育责任书，完成领导和科室、监督员的签订工作。

4. 对中层干部、党员进行了 2 次民主测评，召开 2 次民主生活会，并将总结报告及时上报。

5. 协助支部完成对 13 名中层干部、4 名重点发展对象的考察，及时进行公示和完成任命。

6. 组织捐衣、捐款 2 次 1 万余元。

7. 组织职工休养、女工体检、献血工作以及 2013 年新年联谊会的各项文体活动。

8. 每月及时审核、调整独生子女费、奶费及托费的发放，有计划地做好计划生育药具的发放工作。

9. 组织召开职代会 2 次，完成所务公开栏公示 2 期，配合工会一起探望生病职工及家属×人次。

10. 建立党员及入党积极分子档案，科技创新档案等，完善了支部基础档案。

（三）全力做好团支部工作

2012 年我被评为丰台区卫生局优秀团干部，团支部获得“2012 年度五四红旗团委”，这是对团支部工作的充分肯定。

组织了几项团员活动：

1. 积极组织团员参加“亮丽青春青年医务人员礼仪大赛”并获得优胜奖。

2. 组织青年志愿者行动，参加艾滋病宣传等大型宣传活动。

3. 组织 35 岁以下青年嘉年华活动。

4. 建立了 35 岁以下青年档案，为团支部推优工作打下基础。

5. 我有幸作为团代表参加了丰台区的团代会，受益匪浅。

（四）办公室内部工作

协助办公室主任完成各项交办的工作；每月按时统计上报办公室考勤；定期清洗值班室被单；进行印刷、电脑设备的维修和耗材管理工作；协调办公室内部工作，合理调配人员。

二、业务能力的培养

1. 在《中华卫生与监督》杂志上发表论文《丰台区2003年食品卫生投诉举报现状分析及对策》，并协助所长完成了4篇论文的完善和修改，帮助完成杂志社投稿和发表工作。

2. 积极参与突发事件的处理，其中食物中毒3起，水污染事故1起，投诉2起，处罚1起，罚款5 000元，参加了防汛演习，通过锻炼使我的业务能力得到了进一步的提高。

3. 整理规范了创卫工作基础档案。

三、坚持严于律己、努力做好表率

（一）加强思想作风建设

我严格按照胡锦涛同志提出的“勤于学习、善于创造、乐于奉献”的要求，坚持“讲学习、讲政治、讲正气”，始终把耐得平淡、舍得付出、默默无闻作为自己的准则；始终把增强公仆意识、服务意识作为一切工作的基础；始终把作风建设的重点放在严谨、细致、扎实、求实上，脚踏实地，埋头苦干；始终保持青年干部的蓬勃朝气、昂扬锐气和浩然正气，努力成为青年同志的楷模。办公室工作最大的规律就是“无规律”“不由自主”。因此，我正确认识自身的工作和价值，正确处理苦与乐、得与失、个人利益与集体利益、工作与家庭的关系，坚持甘于奉献、诚实敬业，一年到头，经常加班加点连轴转，做到加班加点不叫累、领导批评不言悔、取得成绩不骄傲，从而保证了各项工作的高效运转。

（二）积极参加政治理论学习

一年来，始终把学习放在重要位置，努力在提高自身综合素质上下功夫。我重点学习了“三个代表”重要思想和十六届四中全会精神等文件，作为党支部的助手，及时将学习材料搜集打印下来发给党员进行学习，进一步增强了党性，提高了自己政治洞察力，牢固树立了全心全意为人民服务的宗旨和正确的世界观、人生观和价值观。

作为入党联系人，积极与入党积极分子联系谈话7人次。

四、存在的问题和建议

（一）自身的问题

一年来，在领导和同志们的关心支持下，工作也取得了一定的成绩，但距领导和同志们的要求还有不小的差距：

1. 由于工作性质的限制，深入基层锻炼的时间、机会偏少，对业务工作的了解只局限于书本经验的理性认识上，缺乏实在的感性认识。

2. 在工作中与领导交流沟通不够，有时候只知道埋头拉车。

3. 由于自己是年轻干部，工作中缺乏强有力的管理，开展工作时缺乏魄力。

（二）今后工作的思路

1.“没有规矩，不成方圆”，办公室特殊的地位和工作性质要求办公室必须是一个制度健全、管理严格、纪律严明、号令畅通的战斗集体。要本着“从严、从细、可行”的原则，在原有各项制度的基础上，进一步修订完善办公室工作规范、考核制度、保密制度、文件管理制度，从而使办文、办事、办会等各项工作的开展更加规范有序。

2. 办公室主任是所内最基层的管理者，既是指挥员又是战斗员，是领导意志、意见的体现，也是基层问题的反馈者，因此更要树立起良好的自身形象，在工作中成为同事的榜样，在感情上成为同事信任的伙伴。

3. 工作中要学会开动脑筋，主动思考，充分发挥领导的参谋作用，积极为领导出谋划策，探索工作的方法和思路。

4. 积极与领导进行交流，出现工作上和思想上的问题及时汇报，也希望领导能够及时对我工作的不足进行批评指正，使我的工作能够更加完善。

总之，完美主义和理想主义一直是我工作中的最大障碍，应当更加清醒地面对现实。在今后年度的工作中，我一定会进一步解放思想，紧跟监督所的工作思路，积极配合办公室主任的工作，认真实践“三个代表”重要理论，牢记“两个务必”，与时俱进，开拓创新，在现有工作的基础上更上一个台阶！

××办公室　李××

二○一四年一月八日

第二节　总结的结构、分类和要求

一、总结的文体结构和内容结构

1. 标题

标题必须准确、简洁，一般有以下几种写法：

（1）文件式标题

总结的标题有种种形式，最常见的是由单位名称、时限、内容和文种构成。如“永达商场2014年的销售工作总结”如《××市 财政局2013年工作总结》《××厂2014年上半年工作总结》《2013年教学工作总结》《创先争优活动总结》。

（2）文章式标题

用简练的语言概括总结的主要内容或基本观点，标题中不出现文种，即“总结”

的字样，如《股份制使企业走上快速发展之路》、《增强领导干部的公仆意识》、《一年来的谈判及前途》(《周恩来选集》上卷，人民出版社 1980 年版，第 251 页。)《走活三步棋，选好一把手》(《先锋》1996 年第 5 期)等。

(3) 总结采用双标题

一般由正标题与副标题组成。①正标题概括主要内容或揭示主题，副标题补充说明单位、时限和工作内容，如"抓改革促管理增效益———×××食品厂 2014 年工作总结"。②正标题点明文章的主旨或重心，副标题具体说明文章的内容和文种，如《构建农民进入市场的新机制——运城麦棉产区发展农村经济的实践与总结》、《加强医德修养树立医疗新风——南方医院惠侨科精神文明建设的经验》。

2. 正文

正文由开头、主体、结尾三个部分组成。

(1) 开头

总结的开头主要用来概述基本情况。包括单位名称、工作性质、主要任务、时代背景、指导思想，以及总结目的、主要内容提示等。作为开头部分，要注意简明扼要，文字不可过多。可以采用叙述的方式，概括说明某段时间内做了哪些工作，然后用一句"现将具体情况总结如下"引入下文。

(2) 主体

这是总结的主要部分，内容包括成绩和做法、经验和教训、今后打算等方面。这部分篇幅大、内容多，要特别注意层次分明、条理清楚。主体是总结的重点和核心，主要介绍成绩和问题，经验和教训。如果说计划的主体是写"做什么"、"怎么做"、"何时完成"，那么总结的主体就是写"做了什么"、"怎样做的"、"做到了什么程度"，它包括成绩和问题、经验和教训等方面，成绩问题就是"做了什么"、"做到了什么程度"，经验教训就是"怎么做的"。主体部分还涉及观点与材料的关系、取得的成绩或存在的问题，是总结的主要内容，目的是要肯定成绩，找出问题。成绩有多少，是怎样取得的；问题有多少，表现在哪些方面，属于什么性质的，都需要讲清楚。

应当看到，在一般情况下，成绩是主流的、本质的，不要因为有问题存在，就将总结写得像检查一样。经验和教训，是总结的重点和中心。从成绩或问题中分析出经验和教训，这是总结的根本目的，将其上升到一定理论的高度，从中提炼出带有规律性的东西，作为今后工作的借鉴。

(3) 主体部分常见的结构形态有三种

① 纵式结构：就是按照事物或实践活动的过程安排内容。写作时，把总结所包括的时间 划分为几个阶段，按时间顺序分别叙述每个阶段的成绩、做法、经验、体会。这种写法的好 处是事物发展或社会活动的全过程清楚明白。

② 横式结构：按事实性质和规律的不同分门别类地依次展开内容，使各层之间呈现相互并列的态势。这种写法的优点是各层次的内容鲜明集中。

③ 纵横式结构：安排内容时，即考虑到时间的先后顺序，体现事物的发展过程，又注意内容的逻辑联系，从几个方面总结出经验教训。这种写法，多数是先采用纵式结构，写事物发展的各个阶段的情况或问题，然后用横式结构总结经验或教训。

(4)主体部分的外部形式，有贯通式、小标题式、序数式三种情况

① 贯通式适用于篇幅短小、内容单纯的总结。像一篇短文，全文不用外部标志显示层次。

② 小标题式将主体部分分为若干层次，每层加一个概括核心内容的小标题，重心突出，条理清楚。

③ 序数式也将主体分为若干层次，各层用"一、二、三……"的序号排列，层次一目了然。

3. 结尾

在总结经验的基础上提出今后的打算，改进意见和设想。

二、撰写总结应注意的问题

就一篇总结而言，以上内容不一定面面俱到都写上。可以有所侧重，或者着重写成绩与经验，或者着重写经验体会，或者着重写缺点教训，一切都要从实际出发。

三、总结的分类

1. 从性质、时间、形式等角度

可划分出不同类型的总结，从内容分主要有综合总结和专题总结两种。综合总结又称全面总结，它是对某一时期各项工作的全面回顾和检查，进而总结经验与教训。专题总结是对某项工作或某方面问题进行专项的总结，尤以总结推广成功经验为多见。

2. 总结也有各种别称

如自查性质的评估及汇报、回顾、小结等都具总结的性质。

3. 根据内容的不同

可以把总结分为工作总结、生产总结、学习总结、教学总结、会议总结等等。

4. 根据范围的不同

可以分为全国性总结、地区性总结、部门性总结、本单位总结、班组总结等。

5. 根据时间的不同

可以分为月总结、季总结、年度总结、阶段性总结等。

6. 从内容和性质的不同

可以分为全面总结和专题总结两类。

四、总结的写作要求

1. 指导思想要正确

要写好总结，就必须以正确的观点和党的方针政策为依据来衡量各项工作，才能给予工作以恰当的评价；必须科学地分析整个实践活动才能总结出经验，并从中找出规律性的东西。如果缺乏正确的指导思想和科学的分析，就只能罗列现象，就事论事，甚至写成“流水账”，流于形式，无法达到总结的目的。

2. 态度要实事求是

工作总结中常常出现两种错误倾向：一种是好大喜功、浮夸，只提成绩，不谈问题；另一种是将总结写成“检讨书”，把工作说得一无是处。这两种倾向都不是实事求是的态度。写总结要从实际出发，实事求是地反映事物的本来面目，概括总结出事物本身固有的、而不是主观臆造的规律性的东西。

3. 找出规律

总结的根本任务在于总结经验，找出规律性的东西，不断把工作推向前进。因此要求作者从客观实际出发，从分析研究事实入手，发掘出事物的本质特点，找出其内在联系，找出取得成绩的原因或存在问题的根源，从而认识事物的本质规律，提出符合客观实际的意见，明确今后的工作任务和努力方向。

第三节　总结的原则

一、坚持实事求是原则

实事求是、一切从实际出发，这是总结写作的基本原则。但在总结写作实践中，违反这一原则的情况屡见不鲜。有人认为“三分工作七分吹”，在总结中夸大成绩，隐瞒缺点，报喜不报忧。只讲成绩，不谈问题；这种弄虚作假、浮夸邀功的坏作风，对单位、对国家、对事业、对个人都没有任何益处；另一种是将总结写成了“检讨书”，把工作说成一无是处。这两种都不是实事求是的态度。总结要在如实地、一分为二地分析、评价自己的工作时，对成绩，不要夸大；对问题，不要轻描淡写。

二、要有独到见解

要注意共性、把握个性。总结很容易写得千篇一律、缺乏个性。当然，总结不是文学作品，无需刻意追求个性特色，但千部一腔的文章是不会有独到价值的，因而也是不受人欢迎的。要写出个性，总结就要有独到的发现、独到的体会、新鲜的角度、新颖的材料。一方面，要抓主要矛盾，无论谈成绩或谈存在问题，都不要面面俱到。另一方面，对主要矛盾要进行深入细致的分析，并由感性认识上升到理性认识。

三、要详略得当，突出重点

有人写总结总想把一切成绩都写进去，不肯舍弃所有的正面材料，结果文章写得臃肿拖沓，没有重点，不能给人留下深刻印象。总结的选材不能求全贪多、主次不分，要根据实际情况和总结的目的，把那些既能显示本单位、本地区特点，又有一定普遍性的材料作为重点选用 ，写得详细、具体。而一般性的材料则要略写或舍弃。

四、正确的指导思想

必须以党的方针、政策、路线为依据，正确估计实际工作情况，从中总结出能够指导现实的有价值的经验。

五、语言简明、准确

总结的语言一定要简明、准确。要用第一人称，即从本部门的角度来撰写。如技术员工的总结，如果其主要受众是不懂技术的市场人员或其他领导，那么其在总结的过程中，应尽量使用读者能够看得懂的语言，而非纯技术性的术语。再如是一篇部门经理的部门工作总结，其使用的语言既要考虑到本部门员工的知情范围(如公司财务等)，又要考虑到上级经理的知情范围，甚至要分开来写。最重要的一点就是要把每一个要点写清楚，写明白。

【总结案例二】

新闻传播学院工会2013年工作总结

工会的基本职能有四项，一是维护职能，即维护职工的合法权益；二是建设职能，即动员职工参加建设和改革；三是参与职能，即组织职工参与民主管理；四是教育职能，帮助职工提高思想文化素质。

根据工会法和上海×××大学工会工作要求，新闻传播学院工会进行了工作，现总结如下：

一、维护职能

在院党组织的领导下，积极维护教职工的合法权益。定期召开教代会，学院内涉及重大教职工权益的有关工作或福利政策，须经教代会通过。日常注意听取和收集教职工的意见，涉及职工权益的，要与有关部门沟通并及时给教职工以答复。工会主席代表教职工的利益，积极参加学院院务委员会会议，在委员会中站在教职工的立场发表意见，参与决策。

二、建设职能和参与职能

积极动员职工参加学院各项建设，在教学、科研和学院文化建设方面做一些工作。协助学院召开两次教学和学生工作沙龙，发动教职工对教学和学生工作方面进行反思，找出薄弱环节和问题，提出积极的建议。在学期开始阶段开一次，提出问题和建议；在学期结束时再开一次，进行了总结。组织了一次学院的校友返校活动，策划建立一个校友的交流平台，听取已经毕业的校友对我院教学和学生工作的意见。

三、教育和桥梁纽带作用

协助学院党总支，积极组织学院教工的学习活动，邀请有关专家为教职工提供有益的讲座，积极开展文化活动，提高学院教职工的总体素质。发挥纽带作用，有两个方面，一是作教工和学院之间的纽带，一是作教工之间的纽带，排除相互间的误解，避免磨擦，增加沟通和理解。为此，工会应在平时注意发现问题，及时沟通解决问题，此外还要组织学院教工集体的文化娱乐活动，创造交流机会、建立沟通的平台。安排了两次活动，一是在学期开始时，举办一次聚餐会，一是在元旦时按惯例，组织学院的“忘年会”，集体迎接新年。此外，积极组织学院体育健身活动，进行乒乓球比赛、羽毛球比赛等。

四、职工福利和送温暖活动

根据年节和季节，协助学院发放相关的福利物品和奖金。在春秋两季组织职工的疗休养活动。对生病和生育的职工要积极地关心，进行探望和慰问。

新闻传播学院工会（公章）

二○一四年一月八日

复习思考题

一、结合这个开头，试着写出这篇文章表达的观点。

××制药总厂 20 年前以 30 万元贷款、两口煮中草药的大锅和 3 台压片机起家，现在已发展成拥有 70 多家分厂(公司)的大型综合性企业集团公司。××年在全国 500 家大型工业企业中名列第 73 位，制剂生产能力居全国同行业首位。与建厂时相比，全厂职工从 20 多人增加到 8 300 多人，产值从 24.7 万元增加到 11.95 亿元。××制药总厂之所以能迅速发展，效益显著，主要经验就是走“科技立厂”之路，依靠科技进步促进企业发展。

观点：

二、拟写一篇学习总结。

三、就你前阶段的学习情况或所开展的工作、活动，拟写一份详细的总结。要求内容真实，无论成败得失，都要作分析，写出经验教训和下一步的努力方向。字数 600 字以上。

第九章 调 查 报 告

内容提要

调查报告的特点和类型

总结的写作的结构、写法

学习目标

★ 能够实事求是撰写调查报告

第一节 调查报告的特点和类型

调查报告是对某项工作、某个事件、某个问题，经过深入细致的调查后，将调查中收集到的材料加以系统整理，分析研究，以书面形式向组织和领导汇报调查情况的一种文书。

一、调查报告的特点

（一）写实性

调查报告是在占有大量现实和历史资料的基础上，用叙述性的语言实事求是地反映某一客观事物。充分了解实情和全面掌握真实可靠的素材是写好调查报告的基础。

（二）针对性

调查报告一般有比较明确的意向，相关的调查取证都是针对和围绕某一综合性或是专题性问题展开的。所以，调查报告反映的问题集中而有深度。

（三）逻辑性

调查报告离不开确凿的事实，但又不是材料的机械堆砌，而是对核实无误的数据和事实进行严密的逻辑论证，探明事物发展变化的原因，预测事物发展变化的趋势，提示本质性和规律性的东西，得出科学的结论。

【调查报告案例一】

关于中学生上网的调查报告

××大学　　×××

二〇一四年八月十五日

我在××初中两个月的实习期间，安装了计算机网络系统、多媒体教学系统、教学现场评估系统、校园广播系统、闭路电视系统等，使校园教学设施网络化，实现了教学手段的现代化。由此，对中学生上网情况调查如下：

（一）中学生及其家长对网络的态度和相关行为的情况

1. 中学生上网率极高，上网时间长，多数家长却从未上过网，大部分教师上网经验不够丰富。互联网以独特的魅力吸引着广大中学生。调查显示，93.5%的中学生表示对网络感兴趣，并有11.4%的中学生认为“很长时间不上网是令人难以忍受的”。周末和节假日是中学生们上网的高峰时段。与孩子们相比，家长和教师们则大为逊色。45.2%的家长表示不了解网络为何物，没上过网的高达69.2%，只有7.7%的家长经常上网。

大部分教师的上网时间少、上网经验明显不足。

2. 多数中学生对在校上网的条件不满意，家长、教师呼吁改善条件。对于课余时间里在校上网条件表示满意的中学生只有19.4%，不满意率达59.2%。24.9%的中学生在学校里学会了上网技巧，而38.3%的中学生则认为学校并没有把必要的网络技巧教给他们。同时，不少教师对于学校的网络资源现状，特别是现有资源的利用率表示不满。

据教师们反映，校园网络设施和多媒体教学设备主要用于展示课件与公开课，而未能充分运用于平时备课和课堂教学，更不能充分满足学生们在校上网的需求。

3. 多数家长既赞成子女上网，又担心子女上网影响学业。对于子女上网，27%的家长持赞成的态度，反对的只有15.9%，大部分家长则顺其自然，但近半数的家长表示希望子女将来能从事网络工作。高达九成的家长认为，网络最大的好处是“能使子女开阔眼界，增长见识，并掌握好电脑技巧”；同时，29.5%的家长还觉得网络能促进子女的学习兴趣，11%的家长认为“网络没有任何好处和作用”。58.5%的家长表示，最不能接受的是孩子上网会浪费时间，耽误学业。

显然多数家长内心十分矛盾：既希望自己的子女能享受网络的好处，更怕因迷恋网络而荒废学业。此外，令家长们深感焦虑的事还有浏览淫秽、反动、暴力信息，产生网恋，痴迷网络游戏等。

（二）网络环境对中学生的影响

1. 网络环境对中学生的积极影响

（1）中学生使用互联网有助于形成全球意识，强化对国家对民族的责任感。透过网络的窗口，他们关注“家事、国事、天下事”，使视野空前开阔起来。全球意识的增强，适应了中国融入世界的新形势，对于中学生们今后走入日趋一体化的世界，显然是大有好处的。

（2）互联网为中学生学习提供了有利条件，拓宽了他们的视野。网络资源在一定程度上满足了中学生们进行探究性学习、研究性学习的需要。

（3）中学生使用网络有助于扩大交往的范围，促进青春期心理的健康发展。网络上，电子邮件、QQ聊天室、微信等把天涯海角、素不相识的人拉到“零距离”，在相互咨询、交谈、讨论、倾诉、请教的过程中，极大地满足了中学生们旺盛的表达欲、表现欲和社交欲。这对于舒解压力，保持青春期的心理健康有一定的好处。

（4）中学生常上网，激发了对英语和现代科学技术的学习热情。

2. 网络对中学生的负面影响

（1）网上信息垃圾使中学生深受其害。

（2）中学生迷恋网络对学业产生冲击。

（3）网上聊天引发网恋，调查显示，6.7%的中学生坦言自己有过“网恋”行为（实际比例会更多）。网恋中存在许多情感陷阱，中学生往往是受害者。

（4）网络不良文化弱化了中学生的道德意识。

（5）网吧管理问题依然严重，给中学生造成诸多问题。

（三）对策与建议

网络环境对中学德育工作提出了新的挑战，同时也提供了许多机遇。××同志在中央思想政治工作会议上强调指出：“对于信息网络化问题，我们的基本方针是积极发展，加强管理，趋利避害，为我所用。努力在全球信息网络化的发展中，占据主动地位。”这是我们进行网络德育工作的指导思想。我们建议：

1. 更新教育观念，推进学校网络德育工作的开展

第一，通过宣传和学习，使全体德育工作者转换观念，统一思想认识，抛弃“网络有害论”，消除“网络恐慌症”，充分认识到网络德育的重要性和网络在中学生成长过程中的重要作用。

第二，重新定位学校德育的目标，把青少年儿童的道德成熟度作为网络德育的首要目标，着力培养学生正确的道德价值观、判断力和自制力。

第三，重新设计学校德育的内容，在原有德育内容的基础上突出价值观教育，

增强识别评价和选择道德信息的能力；注重道德意志力的训练，使学生的道德认识与行为实践统一起来；开设网络德育课程，强化学生的网络道德意识和网络责任感。

第四，利用计算机和网络技术，拓展德育的时间和空间。

2. 培养网络德育队伍，增强网络德育力量

其一，通过各种形式的培训、讲座和考核，使各级教育管理者、德育工作者以及全体教师掌握网络基本知识、技能，并熟悉网络德育的运作方式和手段，学会常见的德育课件开发工具（如authware、director、flash等）。在讲求实效的前提下，改进和充实"××市中学教师计算机考核"的方式与内容，如增加教师利用网络开展道德工作的考核内容。

其二，选拔并培训一批思想政治素质高，网上沟通技巧好，具有丰富的网络经验和技能的专兼职网络德育工作者，由他们提供在线指导，帮助上网中学生解决各种心理、思想、学习等问题；同时，注意在网上收集整理有代表性的德育问题，向有关职能部门反馈，以加强德育工作的针对性。

3. 加强对中学生进行网络道德和网络行为规范教育，自觉筑起心灵的"长城"

一是加强以理想信念为主题的思想品质教育，用正确的人生观、世界观和价值观筑起心灵的"长城"，抵制网上各种不良思潮和有害信息的侵蚀。

二是加强中学生网络行为教育和安全教育。制定"××市中学生网络行为规范"，加大宣传力度，提高自我保护意识和自我约束能力。

三是各校可以组织中学生统一浏览思想品德教育的主题主页，向他们推荐国内外诸多优秀网站，把中学生们的上网热情转化为自觉学习先进文化、陶冶高尚情操的动力。

二、调查报告主要类型

（一）介绍典型经验的调查报告

某一地区、某一单位、某一企业，在贯彻落实党和国家的各项方针政策过程中，或在日常的思想政治、经济建设、科学教育等方面取得了突出的成绩，为了把他们的具体做法和成功奥秘反映出来，可以对他们进行专题的调查，然后写出调查报告，这种类型就是介绍经验的调查报告。

介绍经验的调查报告跟工作通讯中那些以反映工作成绩为主的类型有些近似。区别在于调查报告重在调查，特别注重对调查过程和调查所得数据的叙述和列举。

(二) 揭露问题的调查报告

跟上种类型相反，这是针对某一存在问题展开调查，以揭示这一问题的种种现象和深层原因为主要目的的调查报告。它的主要功能是揭露和批判，探究问题产生的原因，分析问题的症结所在，提供解决问题的思路和方法。

(三) 反映新生事物的调查报告

这是针对社会现实中某种新近产生或新近有了长足发展的事物而写的调查报告。

在现实社会中，新生事物总是不断涌现的。反映新生事物的调查报告的文体功能，就是全面的报道某一新生事物的背景、情况和特点，分析它的性质和意义，指出它的发展规律和前景。

(四) 社会情况的调查报告

这是针对一些社会情况所写的调查报告。这里所说的社会情况，主要是指社会风气、百姓意愿、婚恋、赡养、衣食住行等群众生活各方面的基本情况。

这类调查报告虽不直接反映政治、经济等重大问题，但百姓生活也跟政治、经济密切相关的。另外，这也是群众最为关心的一些问题。因此，各种新闻媒体都十分重视这一领域的报道，《新民晚报》《文汇报》等都曾开辟过公众调查专版。类似《北京人出游记——北京居民京、津、沪地区旅游消费调查》《中国夫妻过得怎样》等，都属于这种类型的调查报告。

第二节　调查报告的结构与写法

一、形式结构

从外部形式上看，调查报告由标题、前言、主体、结语四个部分组成。

(一) 标题

1. 单标题

(1) 公式化写法

公式化写法就是按照“调查对象＋调查课题＋文体名称”的公式拟制标题。如《一个富裕居委会的财务调查》就是这样的标题，其中“一个富裕居委会”是调查对象，“财务”是调查课题，“调查”显示文体是调查报告。这样写的好处是要素清楚，读者一看就知道这是写的什么单位，涉及的是哪些问题，文种也很明确。

（2）常规文章标题写法

具体方式灵活多样。可以用问题作标题，如《儿童究竟需要什么读物？》。可以显示作者自己的观点，如《莘莘打工者，维权何其难》。可以直接叙述事实，如《三个孩子去蛇岛》。可以用形象画面暗示文章内容，如《“航空母舰”逐浪经济海洋》。还有种种写法，不再一一例举。

2. 双标题

双标题由正副标题组成，其中正标题一般采用常规文章标题写法，具体手段如上所述。副标题则采用公式化写法，由调查对象、调查课题、文体名称组成。如《明晰产权起风波——对太原市一集体企业被强行接管的调查》。

（二）前言

调查报告的前言一般要根据主体部分组织材料结构顺序来安排，常用的有以下类型：

1. 提要式

提要式就是把调查对象最主要的情况进行概括后写在开头，使读者入篇就对它的基本情况有一个大致了解。例如《靠名牌赢得市场——关于深圳市飞亚达（集团）股份有限公司的调查》的开头：

飞亚达（集团）股份有限公司（以下简称飞亚达）是一家以生产钟表为主的大型企业，1987年成立于深圳。在经济特区这块改革开放的沃土上，该公司坚持不懈地实施名牌战略，终于在竞争激烈的钟表行业后来居上。历经二十多年的艰苦创业，飞亚达由一个钟表小厂发展为总资产逾八亿元，年创利润八千万元的上市公司，成为国内同行的翘楚。

这个开头把飞亚达公司发展情况和主要成绩作了概括的介绍，提纲挈领，统率全文。

2. 交代式

在开头简单地交代调查的目的、方法、时间、范围、背景等，使读者在入篇时就对调查的过程和基本情况有所了解。《关于上海市汽车销售情况的调查》一文的开头就是这样的：

为了增强计划性，加强对汽车的经营，更好地掌握市场销售动态，我们采取了走访经营单位与分析历史资料的办法，对上海市汽车历年销售情况以及当前社会保有量和市场需求变化进行了调查。经过分析，认为上海市场除德国××供不应求以外，其他牌号汽车销售在上海市已趋于饱和平稳状态。

这个开头包括目的、方法、范围和结论等几个方面，总的来说属于交代式的开头。

3. 问题式

在开头提出问题，引起读者对调查课题的关注，促使读者思考。这样的开头可以采用提问的方式引出问题，也可以直接将问题摆出来。例如《农村发展社会主义市场经济的成功之路——工农贸一体化、产加销一条龙经营的调查》的开头：

近些年，随着农村改革的深化和商品经济的发展，工农贸一体化、产加销一条龙的经营方式，正在我国农村迅速突起。它一出现，就显示出旺盛的生命力和巨大的优越性，为农村经济的发展注入新的活力。这种经营方式对我国农业向商品化、现代化转化有哪些作用？应采取什么方针政策扶持其发展？我们就这些问题进行了调查，并同10个市（县）的有关同志进行了座谈，形成了一些共识。

还有《明晰产权起风波——对太原市一集体企业被强行接管的调查》的开头：

企业要求按照有关法律、法规和政府规定明晰产权，本来是件好事。可太原市一家集体企业却因为明晰产权被所在区政府部门强行接管，陷于瘫痪。该企业把区政府两个部门告上法庭，至今已一年多时间，早就超过了审结期限，可法院却迟迟不判决。

前一段入笔先提问，后一段是采用叙述的方式直接暴露问题，都属于问题式写法。

（三）主体

前言之后、结语之前的文字，都属于主体。这部分的材料丰富、内容复杂，在写作中最主要的问题是结构的安排。其主要结构形态有三种：

1. 用观点串联材料

由几个从不同方面表现基本观点的层次组成主体，以基本观点为中心线索将它们贯穿在一起。例如××××年12月9日《人民日报》刊登的调查报告《按照市场经济规律指导农民增收——山东省微山县调查》的主体就是这样的形态。它由四个部分构成："抓住了规律就抓住了根本"，"把握市场需求，发挥自身优势"，"围绕市场竞争，加强联合与协作""遵循价值规律，推进农业'四化'"。这四个部分是由标题所显示的基本观点贯穿起来的。

2. 以材料的性质归类分层

课题比较单一，材料比较分散的调查报告，可采用这种结构形式。作者经分析、归纳之后，根据材料的不同性质，将它们梳理成几种类型，每一个类型的材料集中在一起进行表达，形成一个层次。每个层次之前可以加小标题或序号，也可以不加。例如××××年12月23日《人民日报》刊登的调查报告《不信民心唤不回——从宁乡县五个乡镇的变化看做好农村思想政治工作的重要性》，分别从原因、措施、启示三个方面着眼，写了三个大的层次。其中原因又概括为五条，启示也概括为三条，又形成大层次下的若干小层次。

3. 以调查过程的不同阶段自然形成层次

事件单一、过程性强的调查报告，可采用这种结构形式。它实际上是以时间为线索来谋篇布局的，类似于记叙文的时间顺序写法。×年 12 月 16 日《人民日报》“记者调查”栏目发表的《暗访北京站前发票非法交易》一文，分别写了这样几层内容：12 月 6 日 15 时 35 分，记者在北京站东侧出站口遇到第一个卖发票的人；过马路前，又遇到四五个卖发票的小伙子；过马路后，被一个穿棕色皮衣的卖发票者拦住、纠缠难以脱身；在站前丁字路口东北侧又遇到几个卖发票的男女。这种有清晰过程的写法，可以提高读者的阅读兴趣。

（四）结尾

调查报告常在结尾部分显示作者的观点，对主体部分的内容进行概括、升华。因此，它的结尾往往是比较重要的一个部分。常见的写法有下述三种：

1. 概括全文，明确主旨

在结束的时候将全文归结到一个思想的立足点上，例如《关于邯郸钢铁总厂管理经验的调查报告》的结尾：

邯钢的实践证明，国有企业适应建立社会主义市场经济体制要求，必须在转换经营机制的基础上转换经营方式，切实转变经济增长方式，这样才能充分挖掘企业的内部潜力，提高企业的整体素质和市场竞争力。邯钢的作法为国有企业实行从传统的计划经济体制转向社会主义市场经济体制，从粗放经营向集约经营两个具有全局意义的根本性转变提供了借鉴的经验。

这样的结尾，提供了清醒的理性认识。

2. 指出问题，启发思考

如果一些存在的问题还没有引起人们的注意，如果限于各种因素的制约作者还不可能提出解决问题的办法，那么，只要把问题指出来，引起有关方面的注意，或者启发人们对这一问题的思考，也是很有价值的。例如《暗访北京站前发票非法交易》一文的结尾：

记者随后又转了几个地方，16 时 10 分从北京站前离开。在这 40 分钟里，碰见了大约 20 名卖发票的不法人员。听口音他们大都是外地人。从言谈举止可以感觉到他们知道自己的行为是违法的。在广场、路口维持秩序的公安、保安人员不少，也许是司空见惯了吧，记者没有看到他们出面制止这种不法行为。

对发票非法交易的现象，到底该由谁来管，怎么管？

记者指出这一问题，相信能引起有关部门的重视。

3. 针对问题，提出建议

在揭示有关问题之后，对解决问题提供一些可行的建议。例如××××年 11 月 23 日《人民日报》刊登的专题调查《人情消费，让人如何承受你!》就写了一个建议性的结尾：

在人情消费已成为一种风气的情况下，制止大操大办单靠哪一个人、哪一个单位很难从根本上奏效，如喝喜酒，往往是通知范围大了人们反感，范围小了没接到通知的人也有意见。遏制人情消费，建立新型的人际关系，倡导社会新风，是一项社会系统工程，需要各级各部门共同努力。首先要加强宣传和教育。提倡新事新办，勤俭持家，厉行节约，建立新型的社会主义人际关系。节日期间，报纸、电台、电视台可举办专题栏目、节目进行宣传，文化部门应挑选一批优秀的影片(主要是婚丧嫁娶新事新办方面的)在各乡镇、村巡回播放。通过广泛深入的宣传教育，使人们树立正确的人情消费观。其次要制定社会规范。在政府机关和企事业单位建立红白理事会，推行节俭办红白喜事。建立约束机制，对人情消费进行引导、规范、管理。三是严格稽查。对大操大办甚至借机敛财的干部要严肃处理，直至在新闻媒体上曝光。

以上提出了三条建议来解决人情消费的严重问题，其中不乏切实可行的措施。

(五) 关于调查报告重要文件

附：

中共中央关于调查研究的决定

(一九四一年八月一日)

二十年来，我党对于中国历史、中国社会与国际情况的研究，虽然是逐渐进步的，逐渐增加其知识的，但仍然是非常不足；粗枝大叶、不求甚解、自以为是、主观主义、形式主义的作风，仍然在党内严重地存在着。

抗战以来，我党在了解日本、了解国民党、了解社会情况诸方面是大进一步了，主观主义、形式主义作风也减少了。但所了解者仍然多属粗枝大叶的、漫画式的，缺乏系统的周密的了解，主观主义与形式主义作风并未彻底消灭。

对于二十年来由于主观主义与形式主义，由于幼稚无知识，使革命工作遭受损失的严重性，尚未被全党领导机关及一切同志所彻底认识。到延安来报告工作的同志，其中的多数，对于他们自己从事工作区域的内外环境，不论在社会阶级关系方面，在敌伪方面，在友党友军方面，在自己工作方面，均缺乏系统的周密的了解。

党内许多同志，还不了解没有调查就没有发言权这一真理。还不了解系统的周密的社会调查，是决定政策的基础。还不知道领导机关的基本任务，就在于了解情况与掌握政策，而情况如不了解，则政策势必错误。还不知道，不但日本帝国主义对于中国的调查研究，是如何的无微不至，就是国民党对于国内外情况，亦比我党所了解的丰富得多。还不知道，粗枝大叶、自以为是的主观主义作风，就是党性不纯的第一个表现；而实事求是，理论与实际密切联系，则是一个党性坚强的党员的起码态度。

我党已是一个担负着伟大革命任务的大政党，必须力戒空疏，力戒肤浅，扫除主观主义作风，采取具体办法，加重对于历史，对于环境，对于国内外、省内外、县内外具体情况的调查与研究，方能有效地组织革命力量，推翻日本帝国主义及其走狗的统治。为此目的，特决定办法如下：

（一）中央设置调查研究机关，收集国内外政治、军事、经济、文化及社会阶级关系各方面材料，加以研究，以为中央工作的直接助手。

（二）各中央局、中央分局、独立区域的区党委或省委，八路军、新四军之高级机关，各根据地高级政府，均须设置调查研究机关，收集有关该地敌友我政治、军事、经济、文化及社会阶级关系各方面材料，加以研究，以为各该地工作的直接助手，同时供给中央以材料。

（三）关于收集材料的方法，举例如下：

第一，收集敌、友、我三方关于政治、军事、经济、文化及社会阶级关系的各种报纸、刊物、书籍，加以采录、编辑与研究。

第二，邀集有经验的人开调查会，每次三五人至七八人，调查一乡、一区、一县、一城、一镇、一军、一师、一工厂、一商店、一学校、一问题（例如土地问题、劳动问题、游民问题、会门问题）的典型。从研究典型着手是最切实的办法，由一典型再及另一典型。

第三，在农村中，应着重对于地主、富农、商人、中农、贫农、雇农、手工工人、游民等各阶层生活情况及其相互关系的详细调查；在城市中，应着重对于买办大资产阶级、民族资产阶级、小资产阶级、贫民群众、游民群众及无产阶级的生活情况及其相互关系的详细调查。

第四，利用各种干部会、代表会收集材料。

第五，写名人列传。凡地主、资本家财产五万元以上者，敌军、伪军、友军团长以上的军官，敌区、友区县长以上的官长，敌党、伪党、友党县以上的负责人，名流、学者、文化人、新闻记者在一县内外闻名者，会门首领、教派首领、流氓头、土匪头、名优、名娼，以及在华外人活动分子，替他们每人写一数百字到数千字的传记。此种传记，要责成地委及县委同志分负责任，传记内容须切合本人实际。同时注意收集各种人员的照片。

第六，个别口头询问。或派人去问，或调人来问，问干部、问工人、问农民、问文化人、问商人、问官吏、问流氓、问俘虏、问同情者，均属之。

第七，收集县志、府志、省志、家谱，加以研究。

（四）除中央及各地的调查研究机关外，必须动员全党、全军及政府之各级机关及全体同志，着重对于敌友我各方情况的调查研究，并供给上级调查研究机关以材料。

（五）向各级在职干部与训练干部的学校，进行关于了解客观情况（敌、友、我三方）的教育。鼓励那些了解客观情况较多较好的同志，批评那些尚空谈不实际的同志；鼓励那些既了解情况又注意政策的同志，批评那些既不了解情况又不注意政策的同志。使这种了解情况、注意政策的风气，与学习马列主义理论的风气密切联系起来。在学习中反对不管实际只记条文的风气，反对将学习马列主义原理原则与了解中国社会情况、解决中国革命问题互相脱节的恶劣现象。要提倡干部与学生看报，指导看报方法，指导他们分析时局的每一变动。要供给干部与学生关于国内外、省内外、县内外各种情况的实际材料，把讲授与研究这些材料及其结论当作正式课程，给与必要时间，并实行考绩。

（六）责成各级党部将本决定与中央七月一日所发关于增强党性的决定联系起来，向党的委员会及干部会议作报告，并讨论实施办法。

（根据中共中央书记处一九四一年编印的《六大以来》刊印。）

（注：这个决定是毛泽东起草的。）

二、调查报告的写法

调查报告一般由标题和正文两部分组成。

（一）标题

标题可以有两种写法。一种是规范化的标题格式，即“发文主题”加“文种”，基本格式为“××关于××××的调查报告”、“关于××××的调查报告”和“××××调查”等。另一种是自由式标题，包括陈述式、提问式和正副题结合使用三种。陈述式如《上海师范大学硕士毕业生就业情况调查》，提问式如《为什么大学毕业生择业倾向沿海和京津地区》，正副标题结合式，正题陈述调查报告的主要结论或提出中心问题，副题标明调查的对象、范围、问题，类似于“发文主题”加“文种”的规范格式，如《高校发展重在学科建设——××××大学学科建设实践思考》等。作为公文，最好用规范化的标题格式或自由式中正副题结合式标题。

（二）正文

正文一般分前言、主体、结尾三部分。

1. 前言

有几种写法：第一种是写明调查的起因或目的、时间和地点、对象或范围、经过与方法，以及人员组成等调查本身的情况，从中引出中心问题或基本结论来；第二种是写明调查对象的历史背景、大致发展经过、现实状况、主要成绩、突出问题等基本情况，进而提出中心问题或主要观点来；第三种是开门见山，直接概括出调查的结果，如肯定做法、指出问题、提示影响、说明中心内容等。前言起到画龙点睛的作用，要精练概括，直切主题。

2. 主体

这是调查报告最主要的部分。这部分详述调查研究的基本情况、做法、经验，以及分析调查研究所得材料中得出的各种具体认识、观点和基本结论。

3. 结尾

结尾的写法也比较多，可以提出解决问题的方法、对策或下一步改进工作的建议；或总结全文的主要观点，进一步深化主题；或提出问题，引发人们的进一步思考；或展望前景，发出鼓舞和号召。

【调查报告案例2】

大学生择业观调查报告

随着我国经济的不断发展，整个社会对高等学校毕业生的要求进一步扩大。大学生就业市场出现了新的形势。大学生就业问题历年来都是社会讨论的热点。为了更好地了解当代大学生的择业观，更好地了解当前大学生的就业心态，更好地了解社会的发展形势，我们进行了深入的调查，选取28名受调查者，从中发现了一些值得讨论和借鉴的问题和经验，希望本报告能为即将面临择业、就业的同学和将来面临择业、就业的同学有所帮助。

一、问卷内容

1. 性别
2. 攻读的专业类别
3. 毕业后的打算
4. 认为当前学哪类专业更易于找到工作
5. 择业时主要考虑的因素
6. 求职的月收入期望值底线

7. 是否希望获得的职位与专业对口
8. 在择业时，最为重要的素质
9. 若将来工作与期望不一致的处理方法
10. 对择业决策影响最大的因素
11. 对国家鼓励大学生自主创业的看法
12. 如何看待为了就业而千方百计考证
13. 大学生工作越来越难找的主因
14. 选择就业的途径
15. 找工作中的决定因素

二、调查对象与专业

1. 受调查男女比例：女 12 名，占 42.86%；男 18 名，占 57.14%
2. 攻读的专业类别：

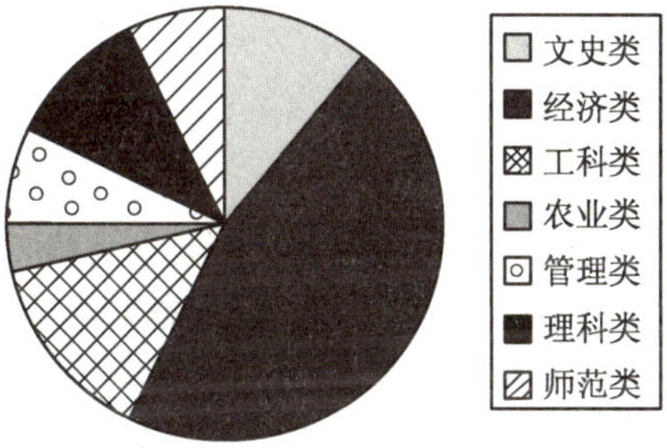

3. 毕业后的打算：选择 A. 直接求职找工作，10 名，占 35.71%；选择 B. 专升本，15 名；选择 C. 考公务员，1 名，占 3.57%；选择 D. 自主创业，2 名，占 7.14%；选择 E. 出国，0 名。

4. 认为当前学哪类专业更易于找到工作：

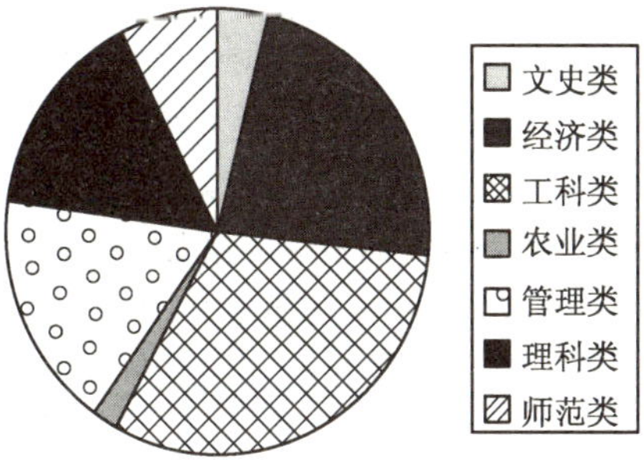

5. 择业时主要考虑的因素：

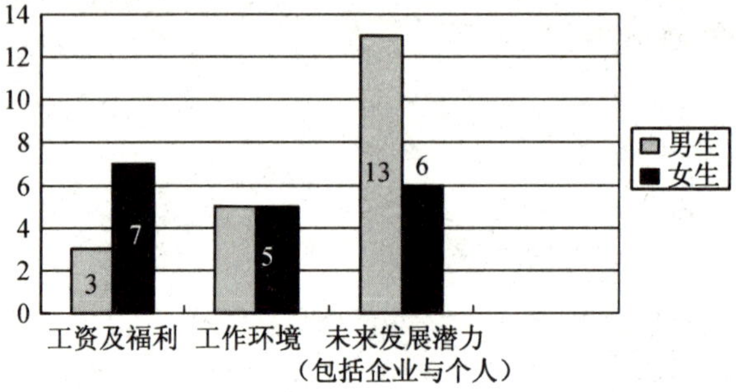

6. 求职的月收入期望值底线：选择 A. 1 500 以下，0 名；选择 B. 1 500～2 500 元，1 名，占 3.57%；选择 C. 2 501～3 000，13 名，占 46.43%；选择 D. 3 000 以上，5 名，占 17.86%；选择 E. 先找到工作再说，9 名，占 32.14%。

7. 是否希望获得的职位与专业对口：选择 A. 一定对口，1 名，占 3.57%；选择 B. 专业对口 但不一定强求，23 名，占 82.14%；选择 C. 专业并不重要只要找到工作就行，4 名，占 14.29%。

8. 在择业时，最为重要的素质：选择 A. 人际交往能力，12 名，占 42.86%；选择 B. 专业能力，3 名，占 10.71%；选择 C. 思想品德素质，5 名，占 17.86%；选择 D. 业务能力，1 名，占 3.57%；选择 E. 团队合作能力，7 名，占 25%。

9. 若将来工作与期望不一致的处理方法：选择 A. 接受 准备跳槽，9 名，占 32.14%；选择 B. 努力适应工作，9 名，占 32.14%；选择 C. 工作后考虑继续深造，8 名，占 38.58 %；选择 D. 其他，2 名，占 7.14%。

10. 对择业决策影响最大的因素：选择 A. 父母，14 名，占 50%；选择 B. 导师，4 名，占 14.28%；选择 C. 朋友，0 名，占 0%；选择 D. 不受他人的影响，10 名，占 35.72%。

11. 对国家鼓励大学生自主创业的看法：选择 A. 是次机遇具有挑战性 很好，14 名，占 50%；选择 B. 一般，8 名，占 38.58%；选择 C. 太难，3 名，占 10.71%；选择 D. 从来没想过自主创业，3 名，占 10.71%。

12. 如何看待为了就业而千方百计考证：选择 A. 这为求职成功增添砝码也是敲门砖，10 名，占 35.72%；选择 B. 这对求职成功没有多少帮助，1 名，占 3.57%；选择 C. 没有太大必要可以适当的挑需要的考但不是越多越好，17 名，占 60.71%；选择 D. 其他，0 名，占 0%。

13. 大学生工作越来越难找的主因：选择 A. 高校扩招，2 名，占 7.14%；选择

B. 缺少实际技能 难以符合企业实际需要,11 名,占 39.29%;选择 C. 企业只招有经验的不愿要应届生,1 名,占 3.57%;选择 D. 择业观念不对不屑到小地方和基层去都去挤大城市和热门职位,14 名,占 50%。

14. 选择就业的途径如下图所示:

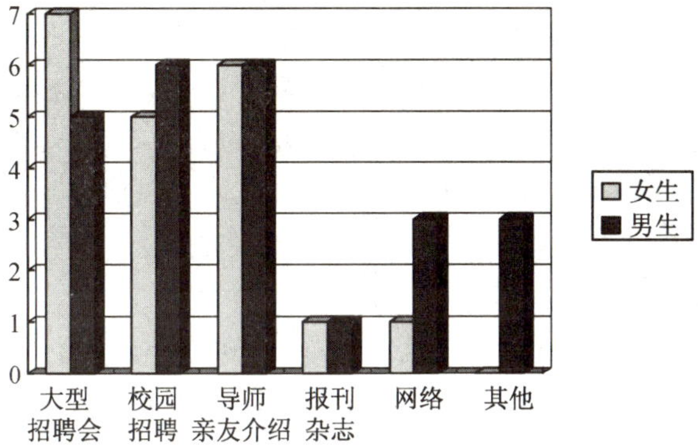

15. 找工作中的决定因素如下图所示:

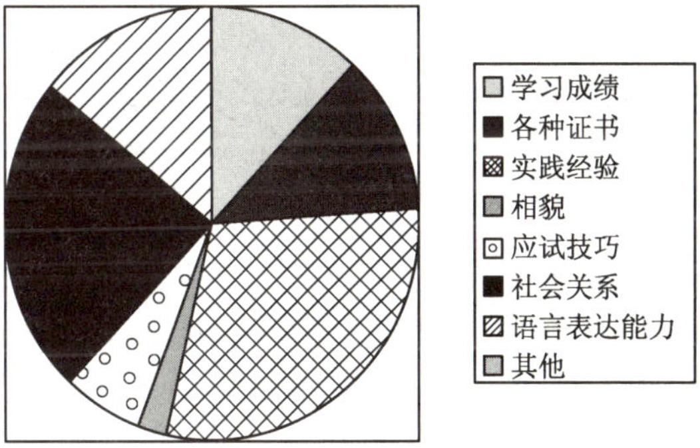

(一) 大学生择业观存在误区,持有"钱途"高于一切的观点

针对这个问题,半数以上的大学生把发展前景放在首位。影响大学生就业的因素依次是发展前景、工资待遇、实现个人价值、专业对口、地域和人文环境。

可以看出随着时代和社会的进步,新一代大学生的个体意识逐渐加强,非常注重自我价值的实现和关注生存条件。在就业观上重视工资待遇,同时更重视前途发展。当代大学生对"务实"已经有了新的认识,不再只是盯着眼前的经济收入,而更多从企业的发展前景、个人的发展机会这些更理性的角度来选择就业企业。这就从正面反映出当代大学生的择业观意识有了很大的提高,从反面可以看出如今各高校在重视学生能力、知识的培养的同时，更关心于学生的择业意识和价值观念。

（二）当代大学生择业就业存在的问题

我国大学生数量相对于发达国家来说极为甚少，其占国民总数的比例大大低于发达国家平均水平，但近几年来大学生就业形势却很严峻，造成大学生就业难题的原因是多方面，主要如下：

1. 企业招收新一代大学生默守"老一套"

不少企业在选择大学生时存在或多或少的误区，主要有：首先，过分关注文凭。第二，存在性别歧视。第三，过分看重工作经验。所以正是由于企业的这种老套模式，不能更好的吻合于当代大学生的属性，继而带来了更大的就业压力。

2. 新一代大学生的自身问题较为突出

新一代大学生毕业生自身问题不容忽视：首先，诚信问题。第二，大学生整体素质有下降趋势。第三，大学生自身定位偏颇，择业观存在误区。这些种种原因告诉我们，要想找到真正的"铁饭碗"，就要塑造真正的自己，用能力来争取生活，创造价值。

（三）由大学生的择业观念，对就业带来的有关问题

大学生是社会的未来，是我国能够不断进步的源泉和动力，今年来，由于人口的增长，各大高校扩大招生，大学生数量急剧增加，竞争更加激烈。而我国的大学生就业市场不够完善，大学生毕业后无法找到好的工作。我想，更多的是大学生本身的问题，也就是择业观念出现偏离。

（四）经过调查，我发现并总结的几点影响大学生就业的因素

1. 要有实力。发展，唯有技术

对每个大学生来说，能够跨入大学校门，这一事实已证明他们具备了一般能力，即在基本活动中表现出的能力，如观察能力、反应能力、抽象概括能力等。同时，大学生经过多年的基础学习和专业学习，也具有了特殊能力，即在专门活动中要求的能力，如写作能力、数学能力等。无论是一般能力，还是特殊能力，他们都对大学生的职业选择提供了参照系和定位器。在专业选择中，能力因素起到了参考作用，写作能力差的人一般不会选择新闻、文学专业，而语言能力差的人一般不会选择英语、教育专业；在职业选择中，能力因素则起到了定位器作用，不善驾驭文字的大学生是不会首先考虑文职工作的，而具备了初步的理论研究能力，并获得实际成绩的大学生很可能在所学专业上继续深造，以求获得能力的最大限度发挥。这一定位，就告诉了大学生在哪方面可以去做，去尝试，有这个实力去应付它。

2. 个人价值观念

价值取向是价值观的具体化和方向化,价值观是一个人对各类事物的一般性态度,这种态度表现出比较明确而单一的趋向和情感,便成为了价值取向。随着价值观的基本定型,大学生的价值取向也基本定型。具体到职业认识领域,大学生对某种价值的追求与排斥,对某类事物的偏好与厌恶,对某种情感的向往与躲避便成为价值取向中与职业最密切的部分。一个大学生可以为了维持生计而工作,为了避免生活空虚而工作,或者为了实现自己的梦想而工作。在大学生看来,一种工作可能具有多种意义,这些意义直接作用于职业定向与选择。并且,价值观直接影响大学生的择业观,从而影响就业。

3. 家庭的影响

大学毕业后,大学生又面临着具体职业的选择。这时家庭作用又会凸现出来。不过,此时它的影响力已远不如昔,因为大学生专业知识已较为丰富,职业意识也更加明晰,心理正在日渐成熟,相应地对家庭的心理依赖也就大为减弱。但是,家庭作为大学生的后盾力量,对职业选择发挥的影响不会根本上丧失,尤其当子女在职业选择道路上犹豫不决并寻求帮助时,父母意志的作用又会放大,对子女的职业选择产生重要影响。有些大学生完全按照自己的意愿选择了某种职业,有些大学生则被引入了父母正在从事或者希望子女从事的职业。在后者的情况下,子女大学生是被看作父母希望的延伸,或者家庭的代表,他们的使命是实现父母的理想。这种职业选择的效果不能一概而论,不过,这也在无形中隐藏了一种危险,即如果职业实践不如人意,那么子女很可能会将这种结果归咎于父母,让父母来承担职业实践不理想的责任。因此,家庭因素影响大学生如何来选择工作,如何实现自己的价值问题日益凸显。

三、解决大学生就业问题的对策及建议

由于造成大学生就业问题原因是多方面的,从根本上解决大学生的就业问题需要我们每个人的共同努力。

(一)对大学生自身方面

首先,就业心态的建议:

1. 调整心态,放低架子,虚心学习。在能力没达到时将自己的期望值降低些,务实些。

2. 大学生在首次就业时,要有好的心理素质,不要期望太高。

3. 大学生应提高敬业精神和注重能力培养,端正择业的心态注重职业道德。

其次,关于专业知识的建议:

1. 关键在于提高自身专业知识,调整心态。

2. 他们应该更加地深化他们的专业知识，增强他们的综合能力；要有适当的薪酬期望。

3. 专业理论不全面，缺乏基础操作技能，薪酬待遇期望过高。

再次，关于品德：

1. 企业喜欢录用有德有才之人，希望毕业大学生们要有良好的职业道德，确切地说，这是其自身素质的表现。

2. 树立良好的职业道德，提高自己的专业技能。

3. 提高品德修养，增强对社会的了解与认识。

最后，端正就业态度

1. 希望大学生能够了解社会目前的情况，及时调整就业心态，丰富自己的实践经验，从而达到理想就职的目的。

2. 提高自身素质；多参加一些社会实践；调整就业心态。

3. 增强社会适应能力，务实勤奋。

要想让自己能够立足于社会，不被淘汰，贡献于社会，就要搞好自己与群体的利益关系，端正择业观念，踏踏实实，从基层做起，一步一步实现自己的价值。只要我们共同努力，大学生就业不再是问题，将来的中国会更加灿烂辉煌。

×××

二〇一四年八月×日

（来源：http://zhidao.com/link? url=inPxLNwOU3qg6SGBzZt）

复习思考题

一、什么是调查报告？

二、根据大学同学的择业观或课外生活安排（阅读情况、打工、恋爱、抽烟、月消费等，还可根据现实情况自拟。）等情况展开调查。要求：先设计一张调查问卷表进行调查，然后进行统计，根据统计数据，写一份调查报告。

三、抽空阅读毛泽东的《湖南农民运动考查报告》（一九二七年三月）

第四单元
常用财经基础文书

第十章　简报

第十一章　规章制度

第十章　简　　报

内容提要

简报的分类、特点和作用
简报的写作格式和基本内容

学习目标

★ 明确简报的分类、特点和作用
★ 掌握简报的写作格式
★ 能够编写日常简报

第一节　简报的分类、特点和作用

一、简报概述

简报就是简要的情况报道。是传递某方面信息的简短的内部小报。具有汇报性、交流性和指导性的特点。简短、灵活、快捷的简报又称“动态”、“简讯”、“要情”、“摘报”、“工作通讯”、“情况反映”、“情况交流”、“内部参考”等。简报也是简要的调查报告,简要的工作报告、简要的消息报道等。它具有简、精、快、新、实、活和连续性等特点。

(一) 简报内容结构和特点

简报工作的内容,可依从下列三个步骤:

1. 了解阅读对象

了解读者,如他们的背景、需要、甚至地点。对小学生作的简报,简报就要活泼简明;对大学生作的简报,要清楚而不含糊。会议简报,可以讲得会议内容多些;要事前了解阅读对象不会遗漏最重要的内容。

2. 设立简报主题

先设立主题,然后是这个简报的各个目的;后开始写大纲、覆盖的范围。简报应该鼓励读者的阅读兴趣，并鼓励他们作出回应。

3. 发表简报

现今发表简报，都会借助简报软件，而很少印出或手写投映片，所以在发表时要熟悉简报内容。避免在简报上引入过量的动画，以免听众分神。如果简报内容对听众很重要，可以把全份投映片连同笔记打印交与听众。

（二）简报的特点

简报具有一般报纸新闻性的特点，这是共性；它又有本身的特点，主要是：

1. 内容专业性强

公开的报纸，一般是综合性的，内容广泛，政治经济文化、工农商各行各业、城市乡村、国内国外的新闻等；它能满足各阶层读者的需要，有宣传政策、沟通信息、传播知识和陶冶性情等多方面的作用。

简报就有所不同，它一般由有关单位、部门主办，专业性十分明显。如《人口普查简报》、《计划生育简报》、《水利工程简报》和《招生简报》等。分别由主办单位组织专人撰写，传递该项工作的各种信息，包括情况、经验、问题和对策，一般性的东西少说，无关的东西不说，专业性的东西多说。对读者来说，能了解工作的进展情况，增强责任感。对领导机关来说，“各级领导接到这样的简报，掌握了情况，有问题就有办法处置了。”

2. 特别简短

简报姓“简”。简，是它区别于其他报刊的最显著的特点。一期简报最少登一篇文章，几段信息，或一期几篇文章，总共一两千字，长的也不过三五千字，读者可以用很短的时间把它读完，适应现代快节奏工作的需要。简报的语言必须简明精炼。

3. 限于内部交流

一般报纸面向全社会，内容是公开的，没有保密价值，读者越多越好，正因如此，它除了新闻性外，还要求有知识性和趣味性。简报则不同，它一般在编报机关管辖范围内各单位之间交流，不宜甚至不能公开传播，特别是涉外机关和专政机关主办的简报更是如此。有的简报，往往是专给某一级领导人看的，有一定的保密要求，不能任意扩大阅读范围。

二、简报的作用

（一）反映情况

通过简报，可以将工作进展情况以及工作中出现的新情况、新问题、新经验，及时反映给各级决策机关，使决策机关了解下情，为决策机关制定政策、指导工作提供参考。

（二）交流经验

简报体现了领导机关的一定指导能力，通过组织交流，可以提供情况、借鉴经验、吸取教训，这样对工作有指导和推动作用。

（三）传播信息

简报是单位部门一种信息载体，可以使各级机关及从事行政工作的人互相了解情况，吸收经验、学习先进、改进工作。

据《纽约时报》11 月 10 日报道，“9 · 11”事件独立调查委员会和美国参议院情报委员会现在都在要求看到一份报纸：《总统每日简报》。

《总统每日简报》是全球最独特的报纸，一份中央情报局最绝密的“汇编”，一份高度敏感、一旦被广泛传播就可能有人因此丧命的文件。《总统每日简报》由中央情报局在头天晚上撰写，第二天交给总统阅读的一份 10～12 页的报告。

从外表看，《总统每日简报》是一本蓝色的三环活页笔记本，封页上印着“总统每日简报”。里面的内容则是中央情报局认为在过去 24 小时发生的最重要的事情和信息，包括针对美国的潜在恐怖威胁以及外国领导人的身体状况等。

三、简报的种类

简报的种类，按时间分有定期的简报、不定期的简报；按性质分，有工作简报、生产简报、学习简报、会议简报；按内容分有综合反映情况的简报和反映特定情况的专题简报。

1. 日常工作简报又称业务简报

这是一种反映本地区、本系统、本部门日常工作或问题的经常性简报。它包含的内容较广，工作情况、成绩问题、经验教训、表扬批评，对上级某些政策或指示执行的步骤，措施都可以反映。它常以定期或不定期的形式出现，在一定范围内发行。

2. 中心工作简报

又称专题简报。它是一种阶段性的简报。它往往是针对机关工作中某一时期的中心工作、某项中心任务办的简报，中心工作完成，简报也就停办了。

3. 会议简报

这是会议期间反映会议情况的简报，它是一种临时性的简报，内容包括会议中的情况、发言及会议决定等。规模较大、时间较长的会议常要编发多期简报，以起到及时交流情况，推动会议的作用。小型会议一般是一会一期简报，常常在会议结束后，写一期较全面的总结性的情况反映。

4. 动态简报

包括情况动态和思想动态。这类简报的时效性、机密性较强，要求迅速编发，发送范围有一定限制，在某一个时期、某一阶段要保密。

第二节　简报的写作格式和基本内容

一、简报格式

简报的种类尽管很多，但其结构都有共同之处。一般都包括报头、标题、正文和报尾四个部分。有些还由编者配加按语，成为五个组成部分。

（一）简报的结构

简报一般都有固定的报头，包括简报的名称、期号、编发单位和发行日期。

1. 简报名称

印在简报第一页上方的正中处，为了醒目起见，字号易大，尽可能用套红印刷。

2. 期号

位置在简报名称的正下方，一般按年度依次排列期号，有的还可以标出累计的总期号。属于"增刊"的期号，要单独编排，不能与"正刊"期号混编。

3. 编发单位

应标明全称，位置在期号的左下方。

4. 发行日期

以领导签发日期为准，应标明具体的年、月、日，位置在期号的右下方。

5. 报头

这部分与标题和正文之间，一般都用一条红粗线拦开。

6. 密级

有些简报根据需要，还应标明密级，如"内部参阅""秘密""机密""绝密"等，位置在简报名称的左上方。

7. 报尾部分

应包括简报的抄报、抄送、抄发单位。（简写为"报""送""发"）报，指简报呈报的上级单位，送，指简报送往的同级单位或不相隶属的单位，发，指简报发放的下级单位。如果简报的报、送、发单位是固定的，而又要临时增加发放单位，一般还应注明“本期增发×××(单位)”。报尾还应包括本期简报的印刷份数，以便于管理、查对。报尾部分印在简报末页的下端。

（二）注意事项

1. 字体要够大

太细太小，也没有人可以看到，就失去了意义。

2. 切忌在简报内插入表格

特别是资产损益表之类的表格。没人有心机去细阅每一行小字所表达的内容。

3. 切忌贪心

在每一版塞入太多内容。每一版内最多放四、五行。太多的话，也最多分成两版或三版表示。要是你发觉你的内容超过三版，那表示你的简报不够简洁。

（三）简报写法

1. 简报名称

一般用套红印刷的大号字体。如有特殊内容而又不必另出一期简报时，就在名称或期数下面注明“增刊”或“××专刊”字样。秘密等级写在左上角，也有的写“内部文件”“内部资料，注意保存”或“内部交流，注意保存”等字样。

2. 期号

可写在名称下一行，用括号括上。

3. 编印单位

写在左侧红线之上。

4. 印发日期

写在与编印单位平行的右侧红线之上。在下面，用一道横线将报头与报核隔开。

报头格式如图：

密级（可选）　　　　编号(可选)

××简报

（第×期）

编制单位(必备)　　　　二○一四年×月×日(必备)

【简报报头案例】

上海财经大学
税务专业学位研究生教育简报
（第 11 期）
上海财经大学税务专业学位研究生教育中心　　　　期二〇一四年九月一日
本期目录
☆ 上海财经大学税务专业硕士学位教育项目简介
☆ 上海财经大学税务专业硕士研究生开学典礼
☆ 相关领导和专家在开学典礼上的讲话
☆ 2014 级税务、专业硕士、新生学术报告会
☆ 简讯两则
……

（四）报核

报核，即简报所刊的一篇或几篇文章。简报的写法是多种多样的，因此，它的形式也较灵活。大多数是消息，包括标题、导语、主体、结果和穿插在叙述中的背景材料。除了消息，还有别的文体，所以，不是每篇简报都有这几项内容。

1. 简报的标题

类似新闻的标题，要揭示主题，简短醒目。

2. 导语

通常用简明的一句话或一段话概括全文的主旨或主要内容，给读者一个总的印象。导语的写法多种多样，有提问式、结论式、描写式、叙述式等。导语一般要交待清楚谁（某人或某单位），什么时间，干什么（事件），结果怎样等内容。

3. 主体

用足够的、典型的、有说服力的材料，把导语的内容加以具体化。

4. 结尾

或指明事情发展趋势，或提出希望及今后打算。如果主体部分已经把事情说清楚，那就不必再加“尾巴”了。

5. 背景

即对人物、事件起作用的环境条件和历史情况。背景可以穿插在各个部分。

报核格式如图：

编者按：(本期要目或本期目录，还可以直接标题)(可选)

简报标题(必备)

简报内容(必备)……

供稿单位：(必备)……

供稿人：(必备)……

简报标题(必备)

简报内容(必备)……

供稿单位：(必备)……

供稿人：(必备)……

(五) 报尾

在简报最后一页下部，用一横线与报核隔开，横线下左边写明发送范围，在平行的右侧写明印刷份数。

报尾格式如图：

抄报(报)：
抄送(送)：
抄发(发)：　　　　印刷份数(必备)：……

二、写作要点

(一) 抓支点

即抓要害，抓主导，抓全局性、指导性的问题，抓问题的核心、关键。抓支点，应该注意四点：

1. 从全局着眼

简报的作者必须站在单位领导的高度、全局的高度去观察事情、分析问题。一定要跳出自己工作岗位的“小天地”，放眼全局，做到“全局在胸”。

2. 善于抓趋势

所谓趋势性问题，既不是偶然发生的问题，也不是个别的问题，而是反映事物发展的动向性问题。这种动向，有好的，也有不好的，不论哪一种，只要及时抓住，就能提炼出有针对性的好的简报主题。掌握了事物发展的趋势，了解了本单位工作和生产下步朝着哪个方向发展，再去观察问题，就能是非清楚。符合事物发展方向的先进经验、障碍事物发展的不良倾向以及事物发展遇到的实际问题，都是撰写简报应该抓准的问题。

3. 善于抓苗头

所谓苗头性问题，就是那些代表新生事物的先声、新创造的火花、新经验的先导，具有强大的生命力，采写简报应该对这种代表事物发展方向但还处于萌芽状态的苗头性问题予以高度的注意。不能只注意那些众所周知的典型性事物，还必须特别留神尚未引起人们注意的细小之事，认真剖析，放大比较，沙里淘金，抓出“小中见大”的带有典型意义的问题，用简报宣传、反映。

4. 具备工作敏感

所谓工作敏感，是指作者对于单位内外各种客观事物具有敏锐的观察能力、判断能力和预见事物发展进程的能力，以及能够及时、准确反映事物的能力。我们要抓准问题，从长远看，必须不断地提高自己的工作敏感。工作敏感不是一日之功，它是长期学习、观察和实践的结果。

（二）抓热点

热点问题不仅是群众关心的问题，同时也是各级领导关心的问题。热点问题更让人关注，因而引起的社会反响会更大。

（三）抓亮点

亮点，必定是能让人眼睛一亮、为之一振的事情。日常活动中，我们要捕捉生活中的亮点。简报多感人的事迹，有的老党员躺在病榻上坚持让子女念文件，这些看似细小的事情恰恰是“于细微处见精神”，以老干部的一些感人事迹为例先后编发过“满目青山夕阳红”“从古到今话廉政——与市局机关的年轻共产党员谈谈心”等简报，受到了上级机关的好评并被转发，而且在普通党员干部中也赢得了一致好评。

（四）抓材料

简报作为加强领导和推动工作的重要工具，内容必须保证绝对真实、准确。否则，就会造成不良后果。简报一是要准确。不允许对那些心理活动、环境、气氛等无形的事实搞“合理想象”。必须深入调查研究，不走马观花、浮光掠影，更不可“听风就是雨”，保证材料绝对真实可靠。要做到简报所选用的任何材料，包括人名、地点、时间、情节、数字、引语、因果关系等等，都完全准确无误，没有丝毫的虚构、夸张、缩小和差错。特别在估计成绩和宣传先进时，更要严格把握分寸，有一说一，有二说二，实事求是，恰如其分，留有余地。二是要强调真实性。必须注意做到不为迎合而弄虚作假，不赶“浪头”追时髦，不扭歪写作角度，不搞事态发展的“提前量”，忠实于事实，保证符合事物本来面貌。简明扼要，一目了然。

三、简报写作注意事项

做到简短、明快，用尽可能少的文字说清楚必须说明的问题。

1. 注意主题集中

一稿一事，不贪大求全。一份简报只抓住一个问题，不搞面面俱到才能使简报的主题凝聚，篇幅短小，问题说得透彻。如果简报所涉及的内容较多，可以把想说的问题进行归纳、提炼，抓住最能反映事物性质的东西做主题，重点来写，其他则一概摒弃；也可以将可写的几个问题，各写一期简报分期介绍，一期一个重点，上篇一个侧面，千万不可使几个观点纠缠在一篇简报上。

2. 注意精选材料

围绕主题精心挑选典型事例。简报所使用的材料和其他文章一样，总是以个别反映一般，不能也没有必要写尽事物的整体。因此，撰写简报之前，必须对材料进行分析研究，精心选择。凡是能够表现主题的材料，都要注意加以精选，不可轻易放过；凡是与主题无关的材料，即使十分生动，也必须忍痛割爱、坚决舍弃。选择材料还要注意选择典型材料。典型材料具有代表性，最能反映事物的本质。筛选出最能代表一般的典型材料加以使用，做到不堆砌，不罗列，不雷同，少而精。要通过材料的剪裁突出主题、缩短篇幅。使简报的主题充分而明确地表现出来，使简报的内容更加简洁。

3. 注意既要求简又要写清

简报求简，是在说明问题的前提下求简。“简”，应该是服从内容的需要，不能由一个极端走向另一个极端。

4. 讲究时效，反应迅速

简报是单位领导对一些问题做出决策的参考依据之一，也是单位推动工作的一个重要手段。简报的功能，决定了简报的编者必须讲求时效。这就要求简报的作者思想敏锐、行动敏捷，对问题反映得快，对材料分析得快，写作构思快，动笔成稿快，同时，还要求简报的编辑、签发、打印、发稿速度快，共同把握发稿时机。

5. 内容实在，不空洞

简报的写作既不同于文字作品，也不同于评论文章。文学作品的创作，靠刻划形象来表达主题思想；评论文章的写作，靠理论论证来阐述观点。简报则和新闻报道一样，是靠用现实生活中活生生的生活事实来宣传党的路线、方针、政策。用事实说话，是简报的主要特征之一，也是我们编写简报应该注意的一个重要问题。

四、选稿要求

简报选稿要有代表性。选好稿，必须围绕该简报所在机关的职能来确定主要选稿原则“有的放矢”选稿。简报编辑要从大量来稿中挑出好的稿子，需要注意四个问题：

1. 思想要敏感

简报编辑的思想敏感应该表现三点：一是对中央的方针政策，对上级机关的工作部署和本单位领导的要作安排，头脑要敏感。既要能够迅速理解其精神实质，又要能够清醒而敏捷地意识到简报在贯彻落实这些部署中应起的作用。二是对周围的事物，对各方面工作的变化和发展，对各式各样的信息，反应要敏感。既能条理清楚地把这些情况输入自己的脑海，又能迅速地反应简报工作应采取的对策。三是对来稿中反映的动向、火花、事物萌芽反应要敏感，既能意识、鉴别，又能牢牢抓住不放，不放过好的线索。

2. 看问题要有预见性

工作不是一成不变而是不断发展的。简报要起到对工作的指导作用，就必须对工作的进程有预见性。简报的编辑看问题、审稿，不能只想到今天，只看到眼前，还是看到明天，要想到工作的下步发展，这样才能真正抓住符合事物发展方向的先进经验，抓住阻碍事物发展的不良倾向，抓住事物发展过程中即将遇到的实际问题，选择出有指导意义的简报来。

3. 判断要准确

简报编辑的水平，在很大程度上体现在对稿子的判断能力上。简报具体讲，做好稿子的选择工作，应从三个方面搞好判断：

（1）搞好稿件的真伪和准确程度的判断

也就是通过看稿，要对稿件的真实程度心中有数，对稿件在政治上、政策上、理论上以及工作上的指导意义正确与否心中有数。

（2）搞好稿件实际价值的判断

有的来稿所反映的问题抓得很准，写得也很清新，也有的来稿反映问题不突出，缺乏指导意义，简报编辑对这两类稿子是容易鉴别的，是能够迅速做出选择的。但有的稿子拉拉杂杂，往往把有价值的内容淹没在一大堆材料中了，对这种稿子，编辑要慧眼识货，能从璞玉中剖露出“和氏璧”来。

（3）搞好稿件刊发“利与弊”的判断

有些来稿，事情是真实的，观点也是对的，但怎样刊发，什么时候刊发，有的应该掌握一定的火候。特别的一些反映问题的、对工作提出批评的稿子，在刊发时机上，是早发还是晚发“情况简报”，让大家都知道，还是发“情况反映”，只供领导参阅，不扩大宣传范围；在提法和措词上，掌握什么样的分寸、用什么样的口径，这些都需要简报编辑认真动一番脑筋，积极而稳妥地做出判断。灵活掌握稿件的写作质量。

【简报案例】

政协××市六届×次会议

简 报

（第24期）

大会秘书处　　　　　　　　　　　　　　　　　　二○一四年八月三十日

今年政府应办几件实事

一、××委员说：建议市长要有相应的任期目标，要像×××那样一年办几件实事，年终总结，有哪些完成，有哪些没完成，为什么。

二、改“三公开一监督”为好

×××、×××委员说：报告在谈到廉政建设时，提出实行“两公开一监督”，我们认为应改为“三公开一监督”，即再增加公开市、县两级主要领导的经济收入，以便接受人民群众的监督。

三、不能再走大投入低效益之路

×××委员认为：近两年我市社会总产值为180亿元，国民收入为74亿元，而全市的财政收入只有9.15亿元，很明显，经济效益是很低的。而过去的计划数字，基本上是按比例同步增长，经济效益无明显提高。这是我市多年来生产发展的一个关键性的问题，即大投入，低效益，致使财政拮据，入不敷出。市领导应着眼长远，从当前入手，立足于大力提高经济效益和增强生产后劲(包括政策、体制、发展规划、产业结构、环境整顿、提高管理水平、提高劳动力的素质、提高劳动生产率、大力发展科技、教育等多方面综合治理)。只有这样，才能使我市的经济进入高一层次的发展，形成良性循环。这才是提高经济效益的真正出路。

供稿单位：

供 稿 人：

报：××政协

抄：××部门

送：××政府　　　　　　　　　　　　　　　　　　　　　　共印×份

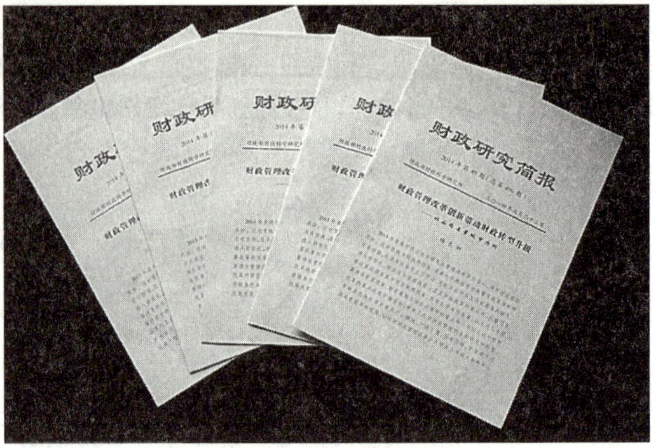

7 月 23 日，财政部财政科研所《财政研究简报》第 49 期以山西省晋城市为例，刊发了基础理论研究室主任、博士生导师杨良初研究员题为《财政管理改革创新带动财政转型升级》的调研报告，此报告是杨良初研究员 6 月到晋城调研财政绩效评价工作后撰写的调研报告。报告从“主动创新财政管理改革，管理机制、能力、素质得到大幅提升”和“财政管理改革创新促进财政工作转型升级”两个板块全面分析和总结了我市国库集中收付、政府采购、预算绩效管理、信息化建设、干部队伍培训和廉政教育、服务型财政的构建、民生型财政的打造、绩效型财政的创新、透明性财政的探索、法制型财政的约束等十个方面的财政改革创新情况以及我市财政事业的发展变化，并以晋城财政改革案例为样本，对未来国家层面的公共财政制度改革方向、目标和重点进行了深入思考和理论探索。

财政研究简报是财政部财政科研所向国务院、财政部、中央智库机构和高层领导专送的一份内部刊物，主要报道全国范围内财政改革发展的前沿动态和典型做法。

供稿单位：科研所

供 稿 人：李　军

（源于http：//jccz. jconline. cn/contents/308/49025. htm）

复习思考题

一、简报的报头部分包括哪些内容？

二、入校以来，请根据本院、本班或学校举办的活动、会议，或针对学生中出现的一些情况，编写一份综合简报。

三、抽时间阅读全国政协简报、中国发展简报、教育部简报中国非国有经济简报等。

第十一章 规 章 制 度

内容提要

规章制度的概念、种类、特点
规章制度的种类及重要性
规章制度的常用结构和写法

学习目标

★ 了解规章制度的概念、种类、特点。
★ 掌握规章制度的种类及规律
★ 掌握规章制度的写作要求

第一节 规章制度的概念、程序和特点

一、规章制度的概念

规章制度是国家机关、社会团体、企事业单位，为了维护正常的工作、劳动、学习、生活的秩序，保证国家各项政策的顺利执行和各项工作的正常开展，依照法律、法令、政策而制订的具有法规性或指导性与约束力的应用文，是各种行政法规、章程、制度、公约的总称。

规章制度内容广泛，包括了用人单位经营管理的各个方面。根据 1997 年 11 月劳动部颁发的《劳动部关于对新开办用人单位实行劳动规章制度备案制度的通知》，规章制度主要包括：劳动合同管理、工资管理、社会保险福利待遇、工时休假、职工奖惩，以及其他劳动管理规定。

用人单位制定规章制度，要严格执行国家法律、法规的规定，保障劳动者的劳动权利，督促劳动者履行劳动义务。制定规章制度应当体现权利与义务一致、奖励与惩罚结合，不得违反法律、法规的规定。否则，就会受到法律的制裁。制度第七

十九条规定："用人单位制度的直接劳动者切身利益的规章制度违反法律、法规规定的，由劳动行政部门责令改正，给予警告；给劳动者造成损害的，用人单位应当承担赔偿责任。"

二、规章制度制定程序

规章制度的制定程序关键是要保证制定出来的规章制度内容具有民主性和科学性。规章制度的大多数内容与职工的权利密切相关，让广大职工参与规章制度的制定，可以有效地杜绝用人单位独断专行，防止用人单位利用规章制度侵犯劳动者的合法权益。

1. 平等协商的内容

按照《全民所有制工业企业职工代表大会条例》，直接涉及劳动者切身利益的劳动报酬、工作时间、休息休假、劳动安全卫生、保险福利、职工培训、劳动纪律以及劳动定额管理等规章制度或者重大事项。规章制度如工作时间、休息休假、劳动安全卫生、劳动纪律以及劳动定额管理等规章制度，重大事项如劳动报酬、保险福利、职工培训等。

2. 具体制定程序

制定规章制度或者决定重大事项，应当经职工代表大会或者全体职工讨论，提出方案和意见，与工会或者职工代表平等协商确定。所以，这个程序分为两个步骤：第一步是经职工代表大会或者全体职工讨论，提出方案和意见；第二步是与工会或者职工代表平等协商确定。可以说是"先民主，后集中"。

3. 规章制度异议程序

用人单位的规章制度既要符合法律、法规的规定，也要合理，符合社会道德。实践中有些用人单位的规章制度不违法，但不合理，不适当。如有的企业规章制度规定一顿吃饭只能几分钟吃完；一天只能上几次厕所，一次只能几分钟等。这些虽然不违法法律、法规的规定，但不合理，也应当有纠正机制。因此，本条规定在规章制度实施过程中，工会或者职工认为用人单位的规章制度不适当的，有权向用人单位提出，通过协商作出修改完善。

4. 规章制度告知程序

规章制度是劳动合同的一部分，要让劳动者遵守执行，应当让劳动者知道。因此，本条规定，直接涉及劳动者切身利益的规章制度应当公示，或者告知劳动者。关于告知的方式有很多种。实践中，有的用人单位是在企业的告示栏张贴告示；有的用人单位是把规章制度作为劳动合同的附件发给劳动者；有的用人单位是向每个劳动者发放员工手册。无论哪种方式，只要让劳动者知道就可以。

【规章制度案例】

民事调解工作制度

一、原则

（一）依据法律、法规、规章和政策进行调解，法律、法规、规章和政策没有明确规定的，依据社会公德进行调解；

（二）自愿平等原则，在双方当事人自愿、平等的基础上进行调解协议；

（三）尊重当事人诉讼权利的原则，尊重当事人的诉讼权利，不得因未经调解或调解不成而阻止当事人向人民法院起诉。

二、调解工作纪律

（一）不得徇私舞弊；

（二）不得对纠纷当事人压制，打击报复；

（三）不得侮辱、处罚当事人；

（四）不得泄露当事人的隐私；

（五）不得吃请受礼。

三、调解程序

（一）受理纠纷：

1. 当事人请求调解的纠纷及时调解；

2. 发现纠纷要主动受理及时调解；

（二）调查分析：受理纠纷，要迅速查明纠纷发生的原因和争议焦点，及时判明纠纷性质，是非曲直，进行研究分析；

（三）调解：在调查分析的基础上做好双方当事人的工作，充分说理，耐心疏导，学习法律规定，消除隔阂，促使当事人达成调解议。

（四）汇报制度

1. 每周向主管领导汇报一次纠纷排查及调处工作情况；

2. 每季向党委会汇报一次纠纷排查及调处工作情况；

3. 重大活动和重要工作部署及时向党委会汇报；

4. 每月向司法局汇报工作情况。

（五）登记制度

1. 受理民事、经济纠纷应填写登记表；

2. 调解民事纠纷，调解结果要进行登记、建档保存；

3. 重大疑难案件的讨论研究，要填写案件讨论登记表，登记表要附卷；

4. 向司法局请示、报告重大疑难案件，并做好登记。

规章制度的使用范围极其广泛，大至国家机关、社会团体、各行业、各系统，小至单位、部门、班组。它是国家法律、法令、政策的具体化，是人们行动的准则和依据，因此，规章制度对社会经济、科学技术、文化教育事业的发展，对社会公共秩序的维护，有着十分重要的作用。

三、规章制度的特点

1. 约束性

规章制度明确规定了应该做什么，不应该做什么。它是人们的行为准则，一经生效，有关单位或个人就必须严格遵守或遵照执行。如果违反有关条款，就要受到相应的处罚。

2. 权威性

规章制度的权威性来源于机关单位的权威性。规章制度的作者是法定的，即依法能以自己的名义行使权利与承担义务的组织。规章制度是这些法定作者根据自己的职责和权限制订，是本级机关权力意志的反映。

3. 稳定性

规章制度既然是人们的行为准则，就不宜经常变动和修改，应具有相对稳定性。因此，不能将脱离实际的条文，属于临时性的、个别性的问题，暂还没有条件实行的问题引入规章制度。但并不是说规章制度是一成不变的，在条件成熟的时候或环境发生了变化，我们应及时修改并完善它。

第二节　规章制度的种类及重要性

一、规章制度种类

规章制度包括行政法规、章程、制度、公约四大类。不同的类别，反映不同的需要，适用于不同的范围，起着不同的作用。

公司规章制度涉及面很广，包括经营企业管理制度，组织机构管理制度，办公总务管理制度，财务管理制度，会计管理制度，人事管理制度，员工勤务管理制度，员工培训制度，员工福利管理制度，生产管理制度，设备管理制度，质量管理制度，采购管理制度，仓储管理制度，销售管理制度，代理连锁业务管理制度，广告策划制度，CI管理制度，进出口管理制度，工程管理制度，信息管理制度，安全生产管理制度，紧急预案，涉危涉化紧急预案，公司产品、技术、信息保密制度等方面。我们的兴趣是从合法性的角度和规章制度制作技术层面的视角来对待规章制度。

（一）行政法规类

1. 条例

条例是具有法律性质的文件，是对有关法律、法令作辅助性、阐释性的说明和规定；是对国家或某一地区政治、经济、科技等领域的某些重大事项的管理和处置作出比较全面、系统的规定；是对某机关、组织的机构设置、组织办法、人员配备、任务职权、工作原则、工作秩序和法律责任作出规定或对某类专门人员的任务、职责、义务权利、奖惩作出系统的规定。它的制发者是国家最高权力机关、最高行政机关（国务院各部委和地方人民政府制度的规章不得称“条例”）。例如：《失业保险条例》《中华人民共和国人民币管理条例》。

2. 规定

规定是为实施贯彻有关法律、法令和条例，根据其规定和授权，对有关工作或事项作出局部的具体的规定。是法律、政策、方针的具体化形式，是处理问题的法则。主要用于明确提出对国家或某一地区的政治经济和社会发展的某一方面或某些重大事故的管理或限制。规定重在强制约束性。它的制发者是国务院各部委、各级人民政府及所属机构。例如：《关于制止低价倾销工业品的不正当价格行为的规定》《关于出版物上数字用法的试行规定》。

3. 办法

办法是对有关法令、条例、规章提出具体可行的实施措施；是对国家或某一地区政治、经济和社会发展的有关工作、有关事项的具体办理、实施提出切实可行的措施。办法重在可操作性。它的制发者是国务院各部委、各级人民政府及所属机构。例如：《南方工业学校班主任工作考核办法》《广东省普及九年制义务教育实施办法》。

4. 细则

细则是为实施“条例”“规定”“办法”作详细、具体或补充的规定，对贯彻方针、政策起具体说明和指导的作用。它的制发者是国务院各部委、各级人民政府及所属机关。例如：《〈对外汉语教师资格审定办法〉实施细则》《审批个人外汇申请施行细则》。

（二）章程类

章程是政府或社会团体用以说明该组织的宗旨、性质、组织原则、机构设置、职责范围等的纲领性文件，具有准则性与约束性的作用。它的制发者是政党或社会团体。例如：《中国共产党章程》、《中国写作学会章程》。

（三）制度类

1. 制度

制度是有关单位和部门制订的要求所属人员共同遵守的准则，是机关单位对某项具体工作、具体事项制订的必须遵守的行为规范。它的制发者是机关团体、企事业单位及其部门。例如：《安全生产制度》《××地区环保局廉政制度》。

2. 规则

规则是机关单位为维护劳动纪律和公共利益而制定的要求大家遵守的关于工作原则、方法和手续等的条规。它的制发者是机关团体、企事业单位及其部门。例如：《全国安全生产委员会专家组工作规则》、《南方工业学校图书馆借书规则》。

3. 规程

规程是生产单位或科研机构，为了保证质量，使工作、试验、生产按程序进行而制订的一些具体规定。它的制发者是机关团体、企事业单位及其部门。例如：《车间操作规程》、《计算机操作规程》。

4. 守则

守则是机关团体、企事业单位要求其成员遵守的行为准则，它倡导有关人员遵守一定的行为、品德规范。它的制发者是机关团体、企事业单位及其部门。例如：《全国职工守则》、《汽车驾驶员守则》、《高等学校学生守则》。

5. 须知

须知是有关单位、部门为了维护正常秩序，搞好某项具体活动，完成某项工作而制订的具有指导性、规定性的守则。它的制发者是有关单位、部门。例如：《观众须知》、《参加演讲赛须知》。

（四）公约类

公约是人民群众或社会团体经协商决议而制订出的共同遵守的准则。是人们为了维护公共秩序，经集体讨论，把约定要做到的事情或不应做的事情，应该宣传的事情或必须反对的事情明确写成条文，作为共同遵守的事项。它的制发者是人民群众、社会团体。例如：《居民文明公约》《北京市各界人民拥军优属公约》。

二、规章制度重要意义

制定企业规章制度是建立现代企业制度的需要；制定企业规章制度是规范指引企业部门工作与职工行为需要；企业的规章制度是完善“劳动合同制”，解决劳动争议不可缺少的有力手段。

公司规章制度是为进一步深化企业管理，充分调动发挥公司员工的积极性和创造性，切实维护公司利益和保障员工的合法权益，规范单位全体员工的行为和职业道德。结合《公司法》和《劳动法》等相关规定，企业建立一套管理制度，以促使公司从经验管理型模式向科学管理的模式转变。

【规章制度案例一】

公司财务管理制度

第一章 总 则

第一条 为加强财务管理，规范财务工作，促进公司经营业务的发展，提高公司经济效益，根据国家有关财务管理法规制度和公司章程有关规定，结合公司实际情况，特制定本制度。

第二条 公司会计核算遵循权责发生制原则。

第三条 财务管理的基本任务和方法：(略)

第三节 规章制度的常用结构和写法

一、规章制度的格式写法

规章制度的种类多，每一种的格式写法都有所不同，不可能把各种规章制度归入一种结构模式。但种种规章制度的格式写法也有许多相同之处，一般规章制度由标题、制发时间、正文、落款四部分构成。

1. 标题

规章制度的标题一般有两种形式：一种是“事由＋文种”，如《店堂广告管理暂行办法》；另一种是“制文机构名称（或施行范围名称）＋事由＋文种”，如《中华人民共和国海关关于进出境旅客通关的规定》。

2. 制发时间

一般在标题之下用括号注明规章制度通过的年、月、日，或批准、公布的年、月、日。如《中国共产党机关公文处理条例》(中共中央办公厅 1996 年 5 月 3 日发布)。

3. 正文

规章制度的正文结构一般有两种形式：

(1) 章条式

即把规章制度的内容分成若干章，每章又分若干条。①第一章是总则，中间各章叫分则,最后一章叫附则。总则一般写原则性、普遍性、共同性的内容,包括制定规章制度的目的、意义、依据、指导思想和适用原则、范围等等。②分则是规章制度的具体内容,通常按事物间的逻辑顺序,或按各部分内容的联系,或按工作活动以及惯例分条列项,集中编排。③附则是对规范内容的补充说明,包括用语的解释和解释权、修改权、公布实施的时间等。

(2) 条款式

就是只分条目不分章节,适用于内容比较简单的规章制度。一般开头说明缘由、目的、要求等,主体部分则分条列出规章制度的具体内容。其中第一条相当于章条式的总则,最后一条相当于附则的写法。

4. 落款

写上制发单位名称、具体时间。如标题中已有制发单位名称,落款可不再署名。

【规章制度案例2】

财务管理制度

第一章　总　则

第一条　为加强公司的财务工作,发挥财务在公司经营管理和提高经济效益中的作用,特制定本规定。

第二条　公司财务部门的职能是:

(一) 认真贯彻执行国家有关的财务管理制度。

(二) 建立健全财务管理的各种规章制度,编制财务计划,加强经营核算管理,反映、分析财务计划的执行情况,检查监督财务纪律。

(三) 积极为经营管理服务,促进公司取得较好的经济效益。

(四) 厉行节约,合理使用资金。

(五) 合理分配公司收入,及时完成需要上交的税收及管理费用。

(六) 对有关机构及财政、税务、银行部门了解,检查财务工作,主动提供有关资料,如实反映情况。

(七) 完成公司交给的其他工作。

第三条　公司财务部由总会计师、会计、出纳和审计工作人员组成。

在没有专职总会计师之前,总会计师职责由会计兼任承担。

第四条　公司各部门和职员办理财会事务,必须遵守本规定。

……

……

二、规章制度的写作要求

1. 体式的规范性

规章制度是用来规范人们的言行的，它的制订与颁布都有严格的程序，它的写作编制也要体现严肃性。因此，写作规章制度一定要按照规范的格式，不能各行其是，自创一套。

2. 内容的科学性

规章制度在一定范围内、一定程度上具有法定效力，涉及人们的切身利益，影响到人们工作、生活的方方面面，所以编制规章制度一定要考虑周全，使规章制度的内容科学合理，切实可行。最好在写作规章制度前能深入了解实际情况，充分考虑普遍性与典型性，分析科学性与可行性，写作过程中要反复讨论研究，集思广益，使规章制度能体现大多数人的利益及意愿。

3. 结构的条理性

为了便于人们理解、熟记与执行，规章制度要求条理清晰，简洁明了。所以规章制度在结构安排上要注意有层次性，层次应根据具体文种的内容需要而设置，可多可少。多的可以达到七级：编、章、节、目、条、款、项。最常见的由章、条、款三层组成。

4. 表述的严密性

规章制度是规范人们行为的依据，也是对人们工作、学习、生活等事项做出评判及处理的凭证，因此规章制度的语言表述要富于逻辑性、严密性，不能有漏洞，不能有歧义，否则给执行带来困难。

【规章制度案例3】

北京大学2013年硕士研究生奖学金及助学金发放办法

1. 学校设立的学业奖学金参考标准为：

基本学习年限为2年的硕士生一等奖学金27 900元/年，二等奖学金23 100元/年，三等奖学金13 500元/年。其中含生活费部分和冲抵学费部分（学费13 500元/年）。

基本学习年限为3年的硕士生一等奖学金24 400元/年，二等奖学金19 600元/年，三等奖学金10 000元/年。其中含生活费部分和冲抵学费部分（学费10 000元/年）。

2. 各学院（系、所、中心）参考上述标准自行制定奖学金设置和评定办法，并实行动态评审。

3. 北京大学硕士研究生（专业学位研究生、人事档案不转入我校的研究生、已获硕士学位或博士学位的人员、外国留学研究生以及其他经特别说明的研究生教育项目招收的研究生除外)获得奖学金的平均覆盖面一般不低于90%。

4. 学校针对全日制专业学位研究生设立奖优性质的“科学实践创新奖”(医学部、软件与微电子学院、深圳研究生院另行各自制定)。标准为10 000元/人/学年,每年的获奖人数比例占全校专业学位研究生的10%左右。

5. 除专业学位研究生、外国留学研究生以及其他经特别说明的研究生教育项目招收的研究生按其招生简章缴纳学费以外,各年度未获得奖学金的同学,也须按上述标准缴纳学费。

6. 各学院(系、所、中心)根据实际需要设立助研、助教、助管岗位,根据岗位工作发放津贴。

7. 有关奖助学金具体规定参见研究生院奖助办网站(http://grs.pku.edu.cn/jzgz/wjhb/)。

复习思考题

一、规章制度有哪些写作要求?

二、请为自己班级拟订一份班级公约。

第五单元
常用财经行政公文

第十二章　行政公文概述

内容提要

常用公文的概念、种类和写作要素
公文写作的常用模式

学习目标

★ 了解公文的概念、种类和写作要素
★ 掌握常见公文的写作格式
★ 能够撰写常见公文

第一节　公文的概念、种类和写作要素

一、行政公文的概念

行政公文，是公务文书的简称，是人类在治理社会、管理国家的公务实践中使用的具有法定权威和规范格式的应用文。

作为表述国家意志、执行法律法规、规范行政执法、传递重要信息的最主要的载体，从某种程度上来说，公文是国家法律法规的延续和补充。

二、公文特点

（一）作者的法定性

有法定作者制发。法定作者指依法成立并能以自己名义享有权利承担义务的社会组织及其领导人。

（二）高度的权威性

具有法定的权威性和现行效用。法定权威性是指公文在法定时间和空间范围内能够对受文者的行为产生一定程度的强制性影响。现行校用指公

文在其内容所针对的现行公务活动中直接发挥实际效力具有依据和凭证功能。

(三) 规范体式和特定程序

公文具有规范的体式和特定的处理程序。公文的规范体式是指公文的文体和格式必须符合国家的统一规定。收文和发文均有一定的处理程序各环节皆有顺序性和规范性不得自行其是。

三、行政公文的种类

国家行政机关公文最新版本有15种,分别是决议、决定、命令(令)、公报、公告、通告、意见、通知、通报、报告、请示、批复、议案、函、纪要,比旧版本增加了决议和公报两个文种。

(一) 公文的种类

1. 按照行文关系和行文方向分类

按照行文关系和行文方向的不同,行政公文分类

(1) 上行文

上行文是指下级机关向所属上级机关呈送的公文。如报告、请示等。

(2) 平行文

平行文是指平行机关或不相隶属的机关送交的公文。如函等。

(3) 下行文

下行文是指上级机关向所属下级机关的发文。如命令(令)、决定、公告、通告、通报、批复等。

通知在不同情况下属于平行文或下行文。会议纪要在不同场合分属下行文和上行文。函一般属平行文,但有时也属上行文(如请示较小事情的函),有时也属下行文(如答复下级机关询问的函)。

2. 按照保密程度分类

按照保密程度来分,行政公文可以分为绝密文件、机密文件、秘密文件。

3. 按照紧急程度分类

按照紧急程度分类,行政公文可分为“特急”、“急件”两类。

4. 按照具体职能分类

(二) 按照具体职能的不同,行政公文可以分为

(1) 法规性公文

法规性公文是用来颁布法令、法律或对有关问题作出规定的公文。

(2) 指挥性公文

指挥性公文是直接体现上级机关的决策意图,对有关事项的处理、有关工作的进行起着指令或指导作用的公文。

(3) 报请性公文

报请性公文是下级机关用来向上级机关汇报、请示工作的公文,这类公文是上行文。

(4) 知照性公文

知照性公文是向有关方面告知情况、关照事项的公文。这类公文既有下行文,也有平行文。

(5) 联系性公文

联系性公文是用于各部门之间联系工作的公文。这类公文主要有函等。

(6) 实录性公文

实录性公文主要是指真实地记录会议情况和议定事项的公文,会议纪要就是这类公文。

此外,行政公文的分类还有一些,这里不一一列举。

四、写作要素

(一) 格式

行政公文的格式要素可划分为眉首、主体、版记三部分。红色反线以上的各个要素统称眉首;红色反线(不含)以下至主题词(不含)之间的各要素统称为主体;主题词以下的各要素统称为版记。

(二) 结构用语

公文结构的用语:

1. 开头用语

用来表示行文目的、依据、原因,伴随情况等。如:为(了)、关于、由于、对于、根据、按(遵、依)照、据、查、奉、兹等。

2. 结尾用语

如:为要(荷、盼)、是荷、特此通知(报告、函告)等。

3. 过渡用语

如为(对、因、据)此、鉴于、总之、综上所述等。

4. 经办用语

如:经、已经、业经、现经、兹经、办理、责成、试行、执行、贯彻执行、研究执行、切实执行等。

5. 称谓用语

有第一人称：我、本；第二人称：你、贵；第三人称：该。等等。

（三）版头

由发文机关全称或者规范化简称加上“文件”二字或者加上带括号注明的文种名称组成，用套红大字居中印在公文首页上部。联合行文，可用主办机关名称，也可并用联署机关名称。

（四）发文字号

由机关代字、年份和发文序号组成。如：沪字〔2014〕28 号

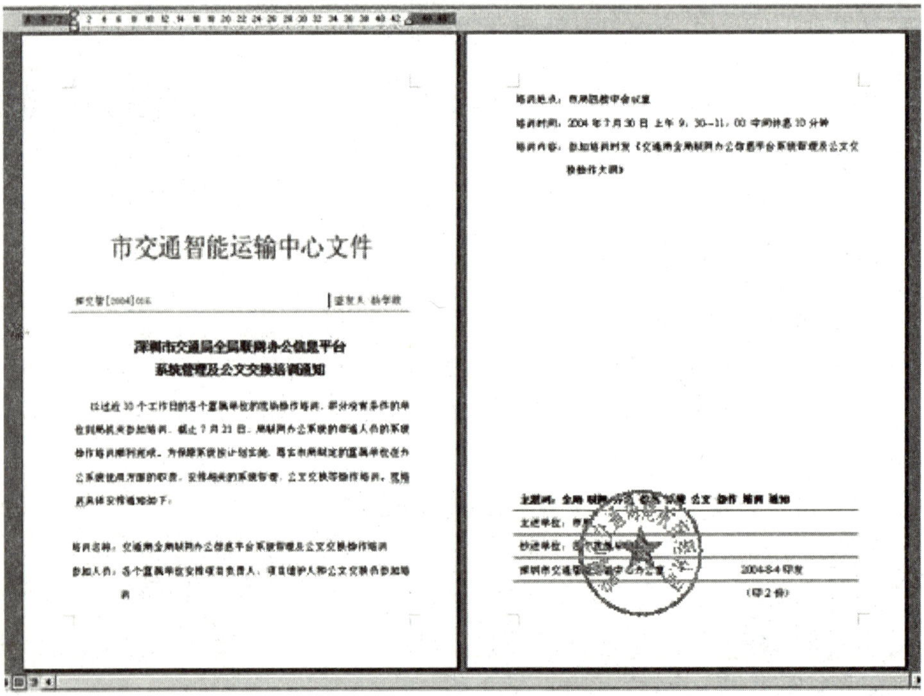

市交通智能运输中心文件

深圳市交通局全局联网办公信息平台
系统管理及公文交换培训通知

培训时间：2004 年 7 月 30 日 上午 9:30—11:00 中间休息 10 分钟

2004-8-4 印发

（印 2 份）

1. 份号

标注同一份公文正本份数的号。在秘密以上等级公文中标引。

2. 密级

秘密，机密，绝密

3. 紧急程度

特急，加急，急件

（五）标题

1. 规范式

即：发文机关＋事由＋文种——用于重要、庄重的公务

2. 灵活式

① 发文机关＋文种（以上标题下可加时间）

② 事由＋文种

③ “转发＋始发机关及原通知标题”

④ 只有文种：——通常是不大重要的公文，带周知性。

⑤ ★带发文机关的标题下面如写发文时间，则须用括号，公文须是重大的、庄重的。文后不写落款及时间。

（六）正文

1. 主送机关（面向机关全体人员或者社会群体的，公务是周知的、重大的，常常不写；注意工作实际中组织关系）

2. 正文

（1）原由

一是依据：①情况：叙述时间、单位、地点、人物和事件等；常用“目前…”类时间状语；简介人物及事迹。②文件：常用“根据…”；往往是一句话。③意义、议论：常用“是…”④作用：常用“将使……”。

二是目的：常用“为……”

原由部分可省略，或只省略依据、目的之一。

（2）事项（内容多而重要的分条列项即列出层义，或用小标题，或用句子表达）

① 并列式较常见。一般写的是公务的横向的、静态的情况。各部分相互之间无紧密联系，独立性强，但共同为说明主旨服务。能够省略某一部分。这种方法的好处是概括面广，条理性强。

并列式内容之间的序码可用数字式，也可用分段式；段中并列的内容可用数字、分号（；），也可用句子并列式。要求重轻有序，重要的放在前边，依次类推。

图8　联合行文公文末页版式2

② 递进式。一般写的是公务的纵向动态的过程或者事理。各部分层层递进，每一部分都不可缺少，前后顺序也不能颠倒。这种方法的好处是逻辑严密，能说明问题。在一篇公文中，两种方法可以互相交叉，即以一种方法为主，在某一部分即某一层次中用另一种方法。

注意：自此以下常运用序码。顺序是一、(一)、1、(1)①共五层。

不重要内容分项可用分段甚至加分号(;)的形式。

3. 结尾(可以不要)

常见有两大类：一是各文种专用语，如“请予批准”“特此通知”等。二是希望、号召类。

第二节　公文常用模式

一、从15种行政公文中选择出3种社会生活中常用的模式化如下

(一) 请示(模式)

请示是向直接上级请求指示、批准的公文。必须事前行文，一事一文。上级应在一定的时限内批复。

【标题】一般由发文机关、事由、公文种类三部分组成。如：《×××学校关于创办<校园文学>报的请示》。可以省去发文机关。

【主送机关】是接受请求的直接上级机关，在标题下面一行顶格写起。

只写一个，如需同时送其他机关，应用抄报(在文末左下角写明)形式。

【正文】

1. 请求缘由

一写情况依据(往往用“目前”开头)，二写目的说明(用“为……”开头)。

2. 请求事项

分层分项写清具体要求，并说透理由，提出充足的事实和理论根据。同时，依据实际情况，提出切实可行的处理意见，作为上级机关进行判断和指示的参考。

【结尾】只是一句祈使性的话：“当否，请批复”或“以上如无不当，请批准”。

【附件】可有可无。是随同请求的有关材料、图表或其他文件。在正文之后(隔一行)注明附件名称和顺序。

【印章、发文时间】

（二）报告模式

报告是向上级机关报告工作、反映情况、提出建议和答复询问的公文。一般事后、事中行文。不要求上级批复，行文较长。报告和总结、调查报告的写法大同小异。

【标题】一般是："事由＋报告"。

【主送机关】与请示相同。

【正文】种类繁多，正文内容有差异。为学习方便，把报告正文大致分为二种：

一是综合性报告正文，或称总结性报告。政府及机关单位都要在大会上作此种工作报告。

1. 情况简述

工作时间、地点、背景、条件或各项工作的开展情况。这种开头称为概述式。此外还有结论式（议论判断）、说明式（用"为了……"）等。百字上下。

2. 成绩做法

这是主体。可以简要叙述一下工作过程。成绩常常通过数字、比较、事实来表现。安排形式有条陈式、小标题式、阶段式和贯通式。

3. 经验教训

要有观点、看法和规律，又要有具体的典型事例以及理论分析。常常占五分之一篇幅。

4. 今后计划

往往写成今后的工作计划。常常占三分之一篇幅。

各级各类行政机关每年都要作这种总结式的报告。

二是专题性报告正文。着重汇报某项工作或某个问题，特点是专项、特殊，一事一报。

1. 概述情况

讲清工作开展情况，或问题发生的原委，事项的起因和经过。

2. 说明理由、做法和反映

或取得的成绩和经验，或分析存在的问题及原因，或说明工作做法，或写出群众反映。

3. 提出意见

写基本看法，解决问题的建议和办法。

报告要用事实说话，以叙述为主，叙议结合。

【结尾】一般用"特此报告"，"以上报告如无不妥，请批转各地执行"等习惯用语，有的不写。如有附件，与请求相同写法。

最后写发文机关或个人，盖章，写发文时间。

(三) 通知模式

通知是批转下级公文、转发上级或不相隶属机关公文、发布规章、传达事项和任免干部所用的公文。它是最常用的行政公文。根据其作用分为五种：发布性通知、批转性通知、事项性通知、会议通知和任免通知。

【标题】灵活，甚至只有“通知”这一部分（内容不大重要又是周知的）。但批转性通知的标题按照《办法》“准确简要”的规定，省略文种，即：“批转（或转发）＋（始发机关）原文标题”。

【主送机关】直接上级。

【正文】

发布性通知和批转性通知的正文：“主体（发布或转发的文件）＋批语”。如：“现将《＊＊＊办法》发给你们，请认真贯彻执行。”

事项性通知：原由＋事项＋结语（特此通知）

会议通知：名称、时间、地点、内容、人员、报到时间、地点和要求、需带材料等

任免通知：格式固定

【附件】可有可无

【发文机关】标题中有发文机关并且标题下有发文时间的不署。

【发文时间】用汉字小写数字。

二、条例附

党政机关公文处理工作条例

中办发〔2012〕14 号

（二〇一二年四月）

第一章　总　　则

第一条　为了适应中国共产党机关和国家行政机关（以下简称党政机关）工作需要，推进党政机关公文处理工作科学化、制度化、规范化，制定本条例。

（略）

第二章　公文种类

第八条　公文种类主要有：

（一）决议。适用于会议讨论通过的重大决策事项。

（二）决定。适用于对重要事项作出决策和部署、奖惩有关单位和人员、变更

或者撤销下级机关不适当的决定事项。

（三）命令(令)。适用于公布行政法规和规章、宣布施行重大强制性措施、批准授予和晋升衔级、嘉奖有关单位和人员。

（四）公报。适用于公布重要决定或者重大事项。

（五）公告。适用于向国内外宣布重要事项或者法定事项。

（六）通告。适用于在一定范围内公布应当遵守或者周知的事项。

（七）意见。适用于对重要问题提出见解和处理办法。

（八）通知。适用于发布、传达要求下级机关执行和有关单位周知或者执行的事项,批转、转发公文。

（九）通报。适用于表彰先进、批评错误、传达重要精神和告知重要情况。

（十）报告。适用于向上级机关汇报工作、反映情况,回复上级机关的询问。

（十一）请示。适用于向上级机关请求指示、批准。

（十二）批复。适用于答复下级机关请示事项。

（十三）议案。适用于各级人民政府按照法律程序向同级人民代表大会或者人民代表大会常务委员会提请审议事项。

（十四）函。适用于不相隶属机关之间商洽工作、询问和答复问题、请求批准和答复审批事项。

（十五）纪要。适用于记载会议主要情况和议定事项。

第三章　公文格式

第九条　公文一般由份号、密级和保密期限、紧急程度、

发文机关标志、发文字号、签发人、标题、主送机关、正文、附件说明、发文机关署名、成文日期、印章、附注、附件、抄送机关、印发机关和印发日期、页码等组成。

（一）份号。公文印制份数的顺序号。涉密公文应当标注份号。

（二）密级和保密期限。公文的秘密等级和保密的期限。

涉密公文应当根据涉密程度分别标注“绝密”“机密”“秘密”和保密期限。

（三）紧急程度。公文送达和办理的时限要求。根据紧急程度,紧急公文应当分别标注“特急”“加急”,电报应当分别标注“特提”“特急”“加急”“平急”。

（四）发文机关标志。由发文机关全称或者规范化简称加“文件”二字组成,也可以使用发文机关全称或者规范化简称。联合行文时,发文机关标志可以并用联合发文机关名称,也可以单独用主办机关名称。

（五）发文字号。由发文机关代字、年份、发文顺序号组成。联合行文时,使用

主办机关的发文字号。

（六）签发人。上行文应当标注签发人姓名。

（七）标题。由发文机关名称、事由和文种组成。

（八）主送机关。公文的主要受理机关，应当使用机关全称、规范化简称或者同类型机关统称。

（九）正文。公文的主体，用来表述公文的内容。

（十）附件说明。公文附件的顺序号和名称。

（十一）发文机关署名。署发文机关全称__________或者规范化简称。

（十二）成文日期。署会议通过或者发文机关负责人签发的日期。联合行文时，署最后签发机关负责人签发的日期。

（十三）印章。公文中有发文机关署名的，应当加盖发文机关印章，并与署名机关相符。有特定发文机关标志的普发性公文和电报可以不加盖印章。

（十四）附注。公文印发传达范围等需要说明的事项。

（十五）附件。公文正文的说明、补充或者参考资料。

（十六）抄送机关。除主送机关外需要执行或者知晓公文内容的其他机关，应当使用机关全称、规范化简称或者同类型机关统称。

（十七）印发机关和印发日期。公文的送印机关和送印日期。

（十八）页码。公文页数顺序号。

第十条　公文的版式按照《党政机关公文格式》国家标准执行。

第十一条　公文使用的汉字、数字、外文字符、计量单位和标点符号等，按照有关国家标准和规定执行。民族自治地方的公文，可以并用汉字和当地通用的少数民族文字。

第十二条 公文用纸幅面采用国际标准A4型。特殊形式的公文用纸幅面，根据实际需要确定。

（略）

复习思考题

一、填空题：

1. 行政机关的公文，是行政机关在行政管理过程中形成的具有__________的文书。

2. 我国行政机关现行的公文有________种。

3. 发文字号由______________组成。

4. 主体部分包括____印章、附注等项。

5. 主送机关的位置标题下空____。

6. 公文正文位于主送机关名称下 1 行，每自然段左空 2 字，回行顶格，____________不能回行。

7. 成文日期的书写位置有两种，一种是在_______________，一种______________________。单一发文只有一个印章时，成文日期_______________________________。

8. 公文除“会议纪要”和以电报形式发出的以外，应当加盖印章。联合上报的公文，由____________加盖印章，联合下发的公文，发文机关都应当加盖印章。

9. 标引主题词的数量一般是个。

10. 通报分____。

11. 报告中不能夹带_____________________________。

12. 有隶属关系的上下级之间，上级可用_____________询问，但下级不能用_________，而应以_________________________的形式予以答复。

二、选择题：

1. 常用的公文种类主要有(　　)

A. 决定、通报、批复、通知、命令、请示、报告、函、意见、会议纪要

B. 报告、批复、通知、指示、请示、报告、函、意见、会议纪要、决定

C. 决定、通报、批复、通知、公告、通告、请示、报告、函、意见、会议纪要、命令、议案、决议、公报

D. 决定、通报、批复、通知、公告、通告、请示、报告、函、申请、会议纪要、命令、议案

2. 下列单位可以联合行文的是(　　)

A. 新乡供电公司和市政府

B. 新乡供电公司和中共新乡供电公司委员会

C. 新乡供电公司和新乡供电公司工会委员会

D. 电度中心和省电力公司

3. 公文词语要求(　　)

A. 选择最贴切，最能表情达意的

B. 大量使用同音词

C. 使用口语词,歇后语,谚语

D. 反复强调、突出重点,大量用同义词

4. 涉及国家秘密的公文应当标明密级和保密期限。标注时对字号、字体和位置的要求分别是( )

A. 3号黑体、左上角第1行

B. 4号宋体、左上角第1行

C. 3号黑体、右上角第1行

D. 4号宋体、右上角第1行

5. 上行文的行文方向指( )

A. 给比本机关级别高的单位发文

B. 给比本机关级别低的单位发文

C. 给具有隶属关系的上级单位发文

D. 请示和报告

6. 联合行文标注发文机关时,标在前的机关是( )

A. 上级机关

B. 组织序列表中靠前的机关

C. 主办机关

D. 其他系统的机关

7. 向非同一组织系统的任何机关发送的文件属于( )

A. 上行文　　B. 平行文　　C. 下行文　　D. 越级行文

8. 向级别与本机关相同的有关主管部门请求批准某事项应使用( )

A. 请示　　B. 报告　　C. 通报　　D. 函

9. 公文中数量表述正确的是( )。

A. 200 kV　　B. 一百二十三万元

C. 88年—99年　　D. 2000年1月1日

10. 下列报告正文的结尾部分写法正确的是( )

A. "特此报告,请审阅"

B. "从管理基础工作入手,搞好整顿"

C. "实践说明,制定岗位考核标准,是落实岗位责任制的行之有效的办法"

D. "特此报告,如有不当之处,请予指正"

11. 在撰写总结报告正文的开头部分时通常采用的方法是( )

A. 叙述占有的材料

B. 介绍工作的成绩及工作进程

C. 概述基本情况

D. 简要揭示总结的主题，为进一步展开叙述奠定基础。

三、分析下列事例有无错误，并说明原因。

1. 某县人事局向县直属各单位下发年终考核工作通知，抄报于该县政府办公室。

2. ×市×区区属图书馆为办好图书事业，满足该区群众读书的要求，特向区政府请示增加经费，并将该请示抄送该区人事局、劳动局、物价局、财政局。

3. ×省×市×区区属瓷器厂因税务问题受到该区税务所的处罚，该厂认为处罚不符合国家税法，特向市税务局申诉，并同时向×省税务厅申诉，并抄报于×市政府、×区政府。

4. 某县农林局写例行报告，一向县政府汇报 2013 年全年工作，二在报告中请示了 2014 年增建农机站的事项，三建议对困难地区减免乡政府提留费用。

5. ×市×工业总公司因市属重点企业×××电器厂因领导班子个别人贪污犯罪，准备调整该厂领导班子，特向市政府请示。并将该请示抄送于该厂办公室。

6. ×市纪检委员会将 2014 年纪检情况通报于市各直属机关和各局。

7. ×市×区职工大学是受区政府和市成人教育局双重领导的单位。该职工大学就 1994 年需增加教育经费一事，特向两个上级机关请示。

8. 中共××市委与市委宣传部就学习贯彻中共第十八次代表大会精神，提出了全面建成小康社会的目标联合向下发出通知。

四、模拟写作练习

（一）给下面标题填写文种

1. ××部关于几起重大火灾的________________________________。

2. 国务院办公厅关于发布《行政机关公文处理办法》的__________________________________

3. ×××大学关于报送××省教育厅今年招生工作情况的________________

4. ××省财政厅关于要求解决××县广播、电视设备问题的______________________________。

5. ××省财政厅关于同意××大学新建教学楼的____________________________________

6. ××研究所关于要求改变拨款待遇的__________________________________

（二）根据以下内容提示，拟写公文标题

1. ××大学就××系学生×××擅离学校，违反学校纪律，给予警告处分一事发出文件，使全校师生周知。

2. 某省人民政府发文要求所属单位认真贯彻执行国务院关于调整纺织品价格的规定，以便保持市场的稳定。

3. 某县工业局为请求购置防暑设备的经费，特向该县财政局制发文件。

4. 某省财政厅对本省农业厅申请批准拨款购置办公设备的来文制发复文，批准对方的请求。

5. 国家××××局就当前农村基层土地管理人员队伍的现状和存在的问题向国务院行文汇报，并对如何进一步加强这支队伍的建设提出了具体的建议。

6. ××大学为了整顿学校的教学秩序特发文作出具体规定，要求全校师生周知并遵守。

（三）根据指定要求撰写公文

1. ××大学欲增设一个新的学院，请你代学校向××市政府拟一份请示类公文。要求：①必须包含标题、主送机关、正文、结束语、成文日期、附注等要素。②请示的原因、目的和依据要说清楚，要把理由谈充分，说透彻，有理有据，要把请示的事项写得概括而明确。③语言简练，语气中肯，言之有物。④不少于500字。

2. 为推动2014年普通高等学校毕业生就业工作的开展，拓宽毕业生就业渠道，为毕业生择业和用人单位选才搭建交流平台，建立统一高效的毕业生就业市场，实现毕业生顺利就业。由上海教育厅主办，上海市人事局、上海各区县市毕业生就业主管部门承办，上海××大学协办的“2014年上海普通高等学校毕业生供需见面会”，定于2014年11月20日在上海举行。请你代拟一份活动邀请函。要求：①必须包含标题、主送机关、正文、结束语、成文日期、附注等要素。②注意事项以及联系方式要说清楚。③字数不少于500字。

附：【复习练习题答案】

一、填空题：

1. 法定效力和规范体式； 2. 15； 3. 发文机关代字、年份和序号； 4. 公文标题、主送机关、公文正文、附件； 5. 1行，左侧顶格用3号仿宋体字标识，回行时仍顶格；最后一个主送机关名称后标　全角冒号。 6. 数字、年份 7. 在标题下，是在文后；右空4字； 8. 主办机关 9. 5个 10. 表彰性通报、批评性通报、情况通报。 11. 请示事项； 12. 函，函答复。报告；

二、选择题：

1. C 2. B 3. A 4. A 5. C 6. C 7. B 8. D 9. A 10. A 11. C

三、 分析下列事例有无错误，并说明原因。

1. 正确：向下级机关的重要行文，应抄报上级机关。

2. 错误：抄送单位应当是与该请示事项有关的单位。“人事局、劳动局、物价局”与区图书馆申请经费无关，不应将该请示抄送给他们。

3. 错误：主送单位应当一个。抄送单位应当是与该申诉事项有关的单位。“×市政府、×区政府”，与税务申诉事项无关，不应将该申诉抄送给他们。

4. 错误：报告中不能夹带请示，且公文应“一文一事”。

5. 错误：请示不能抄送下级机关

6. 正确：该通报属于情况通报，为知照类文件，可以有多个主送机关。

7. 错误：请示只能够有一个主送机关；若是双重领导机关，则需要向处理该事务的机关请求，另一机关应为抄报机关。

8. 错误：联合行文的单位应当是同级单位。

四、 模拟写作练习

（一）1. 通报； 2. 通知； 3. 报告 4. 请示 5. 函 6. 请示

（二）根据以下内容提示，拟写公文标题：

1. ××大学关于予以××系学生×××警告处分的通报

2. ××省人民政府关于认真贯彻执行国务院调整纺织品价格的规定的通知

3. ××县工业局关于申请购置防暑设备经费的函

4. ××省财政厅同意本省农业厅申请购置办公设备的函。

5. 国家××××局关于加强农村基层土地管理人员队伍的建设的意见。

6. ××大学关于整顿学校的教学秩序的暂行规定

（三）根据指定要求撰写公文

关于××大学增设信息管理学院的请示

×市政府：

随着信息技术的发展，信息技术在经济管理领域应用越来越广泛，我国信息化建设对人才的需求越来越大，信息管理人才必将受到人才市场的青睐。信息管理是指在现代信息技术广泛普及的基础之上，通过提高信息资源的管理和利用水平，在各种社会活动的功能和效率上的大幅地提高，从而达到人类社会的新的物质和精神文明水平的过程。为适应我国信息化建设对信息管理人才的需要，我校拟增设信息管理学院。

为筹建信息管理学院，我校已经成立了由××院长领导的筹备小组，成立了专门的信息管理教学教研室。我校现有教师×人，其中教授×人，副教授×人，讲师

×人，博士生导师×人，硕士生导师×人。现有很大部分老师均具有教授信息管理学相关课程的能力，而且我校已经制定了最新的信息管理教学专业任课老师引进计划，最近三年内将引进教师25名，将形成师资力量雄厚的教学队伍。同时，在××院长的带领下，我校编写了一部分信息管理学的教材，同时也选择了一系列有关国内外先进信息管理技术的教材，教学内容丰富。我校近年来还与多所国内开设信息管理学院的知名大学进行了学术交流，积累了相当丰富的经验。我校有信心依靠现有师资力量办好信息管理学院。

我校计划信息管理学制四年，学历本科，学生主要学习经济、管理、数量分析方法、信息资源管理、计算机及信息系统方面的基本理论和基本知识，信息系统和设计方法以及信息管理方法的基本训练，具备综合运用所学知识分析和解决问题的基本能力。毕业授予管理学学士学位。毕业生毕业后可到国家各级管理部门、工商企业、金融机构、科研单位等部门从事信息系统分析、设计、实施管理和评价等方面的工作。我校计划明年开始招生，每年招收50～60人，预计到2016年在校生可达到200～300人。

以上请示，当否，请批复。

附件：

1.《普通高等学校增设学院申请表》。

2.《××大学信息管理学院教学计划》。

××大学（公章）

【2014年上海普通高等学校毕业生供需见面邀请函案例】

尊敬的用人单位：

感谢贵单位长期以来对本地区毕业生就业工作的大力支持！

为推动2014年普通高等学校毕业生就业工作的开展，拓宽毕业生就业渠道，为毕业生择业和用人单位选才搭建交流平台，建立统一高效的毕业生就业市场，实现用人单位与求职毕业生的双向沟通和选择，促使毕业生顺利就业，本地区拟于2014年11月20日举办一场2014年上海普通高等学校毕业生供需见面会。

本地区今年有应届毕业生4 682人，其中本科生2 548人，专科生2 134人，包括经济学、法学、教育学、理学、工学、医学、管理学等多个学科专业，有较为丰富的毕业生资源。诚邀各用人单位积极参加本次见面会，我们将竭诚为您做好接待服务工作，免费提供食宿。

具体事项如下：

一、会议时间：2014年11月20日上午9:00—下午16:00。

二、会议地点：上海市××大学体育场。

三、联系方式：电话：658888　　传真：668888　E-mail：————

单　位：上海××大学就业指导办公室（上海市华山路×号）

联系人：王晶　联系电话：13871295866　传　真：021-2925846　E-mail：gf@163.com

四、乘车路线：地铁1号线、9号线、10号线均可到达。参会单位需自行解决交通问题。具体自驾车路线：……

五、注意事项：

1. 参会单位展位的宣传、展示材料等请参会单位自行准备。

2. 本次大会为公益性招聘会，毕业生与用人单位均为免费入场。

3. 请有意参会单位于2014年11月18日前将参会回执与需求信息表传真或发邮件给我校就业指导办公室。

上海教育厅　上海市人事局　上海各区毕业生就业主管部门　上海××大学（公章）

二〇〇五年十一月十日

第十三章 通知、通报

内容提要

通知、通报的概念、种类和写作要素
通知、通报写作的常用模式

学习目标

★ 了解通知、通报的概念、种类和写作要素
★ 掌握通知、通报的写作格式
★ 能够撰写通知、通报

第一节 通 知

通知适用于批转下级机关的公文，转发上级机关和不相隶属机关的公文，传达要求下级机关办理和需要有关单位周知或执行的事项，任免人员。通知是向特定受文对象告知或转达有关事项或文件，让对象知道或执行的公文。

一、通知分类

根据适用范围的不同，可以分为六大类：

(1) 发布通知：用于发布行政规章制度及党内规章制度。

(2) 批转性通知：用于上级机关批转下级机关的公文，给所属人员，让他们周知或执行。

(3) 转发性通知：用于转发上级机关和不相隶属的机关的公文给所属人员，让他们周知或执行。

(4) 指示性通知：用于上级机关指示下级机关如何开展工作。

(5) 任免性通知：用于任免和聘用干部。

(6) 事务性通知：用于处理日常工作中带事务性的事情，常把有关信息或要求

用通知的形式传达给有关机构或群众。

（7）会议通知：这是一种常见的通知，既可用于下行，也可用于平行。一般包括如下内容：召开会议的时间、地点以及会议的名称；会议的中心议题和主要程序；对与会人员身份的要求；对与会人员会前准备工作的要求；联系人等。

二、通知格式

由于通知的功能多，种类多，写法彼此有较大的区别，我们在分类时已经有意识地对各种不同通知的写法作了一些介绍，这里只能概括介绍一些通知写作的基本方法。

（一）通知标题和主送机关

1. 通知的标题

通知的标题一般采用公文标题的常规写法，由发文机关＋主要内容＋文种组成。如《中共中央办公厅、国务院办公厅关于严禁用公费变相出国（境）旅游的通知》。也可以省略发文机关，由主要内容＋文种组成标题。如《关于印发〈规范国有土地租赁若干意见〉的通知》。发布规章的通知，所发布的规章名称要出现在标题的主要内容部分，并使用书名号。批转和转发文件的公文，所转发的文件内容要出现在标题中，但不一定使用书名号。如《国务院办公厅转发教育部等部门关于进一步加快高等学校后勤社会化改革意见的通知》。

非公文性的通知，标题还可以只写文种"通知"。有的还可以根据通知内容的需要，在"通知"前加上定语，如"重要通知"、"紧急通知""补充通知"等。行政机关联合行文发通知，主办机关名称应排列在前。行政机关与同级或相应的党的机关、军队机关、人民团体联合行文，按照党、政、军、群的顺序排列。

2. 通知的主送机关

通知的发文对象比较广泛，因此，主送机关较多，要注意主送机关排列的规范性。

如，人事部《关于解除国家公务员行政处分有关问题的通知》的主送机关为"各省、自治区、直辖市人事（人事劳动）厅（局）、监察厅（局）；国务院各部委、各直属机构人事（干部）部门、监察局（室）："。

由于级别、名称不同，主送机关的称法和排列非常复杂，这个序列显然是经过深思熟虑后确定下来的。

（二）通知的正文

1. 通知缘由

发布指示、安排工作的通知，这部分的写法跟决定、指示很接近，主要用来表述有关背景、根据、目的、意义等。

2. 通知事项

这是通知的主体部分，所发布的指示、安排的工作、提出的方法、措施和步骤等，都在这一部分中有条理地组织表达。内容复杂的需要分条列款。

3. 执行要求

发布指示、安排工作的通知，可以在结尾处提出贯彻执行的有关要求。如无必要，可以没有这一部分。

【通知案例一】

会议通知

××同志：

按市委办公厅通知，市委定于本月二十五日（星期六）下午二时在友谊大厦召开干部会议，传达中央领导同志在党的第十八次全国代表大会上的讲话精神，并布置有关文件的学习计划。先送上会议入场券一张，请于下午一时正，在大门口集体乘车前往。

特此通知

党委办公室（公章）

二〇一四年九月二十日

【通知案例二】

××市环保局关于转发《××县环保局关于开展环保自检互检工作的总结报告》的通知

各县（区）环保局，各直属单位：

××县环保局是我省环保工作的先进单位，积累了丰富的工作经验。近年来，他们通过开展环保自检和互检，有效地推动了环保工作的深入开展，并取得了良好效果。他们的经验基本也适于我市。现将《××县环保局关于开展环保自检互检工作的总结报告》转发给你们，望参照执行，以推动我市环保工作的深入开展。

××市环保局（公章）

二〇一四年九月一日

【通知案例三】

××市财政局转发财政部关于日元贷款有关问题的通知

京财外[2001]1910号

××有关市属委、办、局(总公司),区县财政局:

为进一步规范我市日元贷款项目管理工作,防止日元贷款项目单位未经批准对外出售股权等情况的发生,避免发生日方对日元贷款项目采取停止支付贷款和要求借款人提前一次性偿还贷款的情况,现将财政部《关于日元贷款有关问题的通知》(财办金[2001]171号)转发给你们,并就有关事项补充通知如下,请一并遵照执行。

一、各日元贷款项目主管部门和区县财政局接此通知后,应及时将有关要求通知所属项目单位。

二、日元贷款项目如需变更借款人、担保人或对外出售股权等,应由项目单位事先通过主管部门或区县财政局向北京市财政局提出书面申请,以便及时上报财政部批准。

三、执行中如有问题,请与××市财政局外事处联系。联系电话:××××××××。

特此通知。

北京市财政局(公章)

二〇〇一年十二月×日

附:

中华人民共和国财政部办公厅关于日元贷款有关问题的通知

财办金[2001]171号

中央有关部(局)主管部门,国家电力公司计划部,神华集团计划部,各省、自治区、直辖市、计划单列市财政厅(局):

近期,我们发现部分日元贷款项目实施单位未按日元贷款有关规定,在事先没有征求我部和日本国际协力银行(JBIC)意见的情况下对外出售股权。JBIC对此表示强烈不满,并要求中方向其做出说明。

根据日元贷款的有关规定,借款人在转让或转移贷款协议规定的全部或部分义务,出售、出租、转移、分配全部或部分由贷款资助的资产或所有权时,事先须征求我部和JBIC的意见。我司曾于2000年2月24日下发了《关于日元贷款项目有关问题的通知》(财债函字[2000]63号),专门就上述问题提出了要求。但一些项目实施单位并未按照要求事先办理相关手续,造成我有关部门工作的被动,对整个日元贷款工作产生了不利影响。

为防止类似情况的再次发生,请各单位重视此事,严格按照中日间达成的协议和有关规定办事,积极做好监督管理工作,并定期进行检查。避免发生日方对我项目实施单位采取停止支付贷款和要求借款人提前一次性偿还贷款等制裁措施。

中华人民共和国财政部(公章)

二〇〇一年九月十日

【通知案例四】

××省财政厅 ××省国家税务局 ××省地方税务局转发财政部 国家税务总局关于企业参与政府统一组织的棚户区改造支出企业所得税税前扣除政策有关问题的通知

××省财政厅
××省国家税务局　　文件
××省地方税务局

×财税【2012】21号

转发财政部 国家税务总局关于企业参与政府统一组织的棚户区改造支出企业所得税税前扣除政策有关问题的通知

各市州、省直管县市财政局、国税局、地税局:

现将《关于企业参与政府统一组织的棚户区改造支出企业所得税税前扣除政策有关问题的通知》(财税〔2012〕12号)转发给你们,请遵照执行。

××省财政厅　××省国家税务局　　××省地方税务局(公章)

二〇一二年三月十一日

财政部 国家税务总局关于企业参与政府统一组织的棚户区改造支出企业所得税税前扣除政策有关问题的通知

财税〔2012〕12号

各省、自治区、直辖市、计划单列市财政厅(局)、国家税务局、地方税务局,新疆生产建设兵团财务局:

为鼓励企业积极参与棚户区改造，帮助解决低收入家庭住房困难，共享改革发展成果，现将国有工矿企业、国有林区企业和国有垦区企业参与政府统一组织的棚户区改造支出企业所得税税前扣除政策问题通知如下：

一、国有工矿企业、国有林区企业和国有垦区企业参与政府统一组织的棚户区改造，并同时满足一定条件的棚户区改造资金补助支出，准予在企业所得税前扣除。

二、本通知所称同时满足一定条件的棚户区改造补助支出，是指同时满足以下条件的棚户区改造补助支出：

（一）棚户区位于远离城镇、交通不便，市政公用、教育医疗等社会公共服务缺乏城镇依托的独立矿区、林区或垦区；

（二）该独立矿区、林区或垦区不具备商业性房地产开发条件；

（三）棚户区市政排水、给水、供电、供暖、供气、垃圾处理、绿化、消防等市政服务或公共配套设施不齐全；

（四）棚户区房屋集中连片户数不低于50户，其中，实际在该棚户区居住且在本地区无其他住房的职工（含离退休职工）户数占总户数的比例不低于75%；

（五）棚户区房屋按照《房屋完损等级评定标准》和《危险房屋鉴定标准》评定属于危险房屋、严重损坏房屋的套内面积不低于该片棚户区建筑面积的25%；

（六）棚户区改造已纳入地方政府保障性安居工程建设规划和年度计划，并由地方政府牵头按照保障性住房标准组织实施；异地建设的，原棚户区土地由地方政府统一规划使用或者按规定实行土地复垦、生态恢复。

三、本通知所称国有工矿企业、国有林区企业和国有垦区企业包括中央和地方的国有工矿企业、国有林区企业和国有垦区企业。

四、本通知自发布之日起实施。本通知发布之日前国有工矿企业、国有林区企业和国有垦区企业参与政府统一组织的棚户区改造支出税前扣除事项可按本通知规定的原则处理。

财政部　　国家税务总局（公章）

二〇一二年一月一十六日

四、通知的特点

（1）功能的多样性。在下行文中，通知的功能是最为丰富的。它可以用来布置工作、传达指示、晓谕事项、发布规章、批转和转发文件、任免干部等等。

（2）运用的广泛性。通知的发文机关，几乎不受级别的限制。大到国家级的党政机关，小到基层的企事业单位，都可以发布通知。

（3）一定的指导性。用通知来发布规章、布置工作、传达指示、转发文件，都在实现着通知的指导功能，受文单位对通知的内容要认真学习，并在规定时间内完成通知布置的任务。

（4）较强的时效性。通知是一种制发比较快捷、运用比较灵便的公文文种，它所办理的事项，都有比较明确的时间限制，受文机关要在规定的时间内办理完成，不得拖延。

（5）使用频率高。

五、通知的写作要求

（1）要讲求实效、注重实用。

（2）不要越俎代庖。

（3）注意通知内容的准确性。

（4）重点突出，措施具体。通知是要求受文单位了解、协助和执行、办理的公文。因此，写作时要重点突出，把道理讲清楚，任务提明确，措施订具体。只有这样，才便于受文者在执行、办理中不出现偏差或错误。

（5）注意通知与通告的区别。主要区别如下：

① 从使用范围看，“通知”适用于批转下级机关的公文，转发上级机关和不相隶属机关的公文，传达要求下级机关办理和需要有关单位周知或者执行的事项，任免人员等；而“通告”则适用于公布社会各有关方面应当遵守或者周知的事项。

② 从受文对象看，通知的对象一般是机关或单位；通告的对象一般是社会公众。

③ 从行文要求看，通知的事项一般需要办理和贯彻执行；而通告的事项只需遵守和知晓即可。

第二节　通　　报

一、概述

通报是上级把有关的人和事告知下级的公文。通报的运用范围很广，各级党政机关和单位都可以使用。它的作用是表扬好人好事，批评错误和歪风邪气，通报应引以为戒的恶性事故，传达重要情况以及需要各单位知道的事项。通报是各级机关、企事业单位和团体经常使用的文种。其目的是交流经验，吸取教训，教育干部、职工，推动工作的进一步开展。属知照类公文。

(一) 通报特点

1. 告知性

通报的内容,常常是把现实生活当中一些正反面的典型或某些带倾向性的重要问题告诉人们,让人们知晓、了解。

2. 教育性

通报的目的,不仅仅是让人们知晓内容,它主要的任务是让人们知晓内容之后,从中接受先进思想的教育,或警戒错误,引起注意,接受教训。这就是通报的教育性。这一目的,不是靠指示和命令方式来达到,而靠的是正、反面典型的带动,真切的希望和感人的号召力量,使人真正从思想上确立正确的认识,知道应该这样做,而不应该那样做。

3. 政策性

政策性并不是通报独具的特点,其他公文也同样具有这一特点。可是,作为通报,尤其是对表扬性通报和批评性通报来说,在这方面显得特别强一些。因为通报中的决定(即处理意见),直接涉及到具体单位、个人,或事情的处理,同时,此后也会牵涉到其他单位、部门效仿执行的问题。决定正确与否,影响颇大。因此,必须讲究政策依据,体现党的政策。

(二) 通报注意事项

(1) 行文要及时。

(2) 事例要真实、典型。

(3) 要对事件(事情)的叙述实事求是,不拔高,不贬低,一就是一,二就是二,确保“通报”的客观性。

(4) 要把握分寸,无论表彰先进的通报还是批评错误的通报,评价或定性要十分准确,恰如其分。

(三) 通报分类

1. 表彰性通报

表彰性通报,就是表彰先进个人或先进单位的通报。这类通报,着重介绍人物或单位的先进事迹,点明实质,提出希望、要求,然后发出学习的号召。

2. 批评性通报

批评性通报,就是批评典型人物或单位的错误行为、不良倾向、丑恶现象和违章事故等的通报。

这类通报,通过摆情况,找根源,阐明处理决定,使人从中吸取教训,以免重蹈覆辙。这类通报应用面广,数量大,惩戒性突出。

3. 情况通报

情况通报，就是上级机关把现实社会生活中出现的重要情况告知所属单位和群众，让其了解全局，与上级协调一致，统一认识，统一步调，克服存在的问题，开创新的局面。

这类通报具有沟通和知照的双重作用。

（四）通报性质

（1）通报属于奖励与告诫性公文。通报承负着“表彰先进，批评错误”的任务，因而具有奖励与告诫性质，这一点不同于通知。

（2）通报属于传达和告晓性公文。通报虽与通知均有传达、告晓职能，但通知是传达“要求下级机关办理和需要有关单位周知或执行的事项”，而通报则是传达“重要精神或情况”。

（3）通报的发布范围，往往是在一个机关或一个系统内部使用。通报虽然具有公开“通晓，广而报告之意”，但发布范围仅仅限于本机关或本系统。

二、写作结构

（一）标题

由制发机关，被表彰或被批评的对象和文种构成。通常有两种构成形式：

（1）由发文机关名称、事由和文种组成，如《国务院办公厅关于对少数地方和单位违反国家规定集资问题的通报》；

（2）由事由和文种构成，如《关于给不顾个人安危勇于救人的王××同志记功表彰的通报》。此外，有少数通报的标题是在文种前冠以机关单位名称，如《中共××市纪律检查委员会通报》。也有的通报标题只有文种名称——通报。

主送机关：有的特指某一范围内，可以不标注主送机关。

（二）正文

通报的正文一般包括如下三个方面的内容：

（1）主要事实。包括事实发生的时间、地点、涉及的单位与人员、大致过程、主要情节、结果和影响等。叙述事实的基本情况要真实、准确、扼要。要处理好详略关系，对涉及事实本质，对反映通报意图直接有关的过程、情节等，应该详写，其他可以略写。要让人们从叙述中既可很快掌握事实梗概，又能较快悟出其中的经验教训。

（2）分析事实所包含的意义。表彰性通报，需要分析先进事迹的意义和主要人物的可贵精神，主要经验和值得发扬与学习点，号召大家向先进学习的具体要求等。批评性通报，应分析产生问题的主客观原因、主要教训，以及指出防止和杜绝今后发生类似事件的措施等。情况通报要围绕某个问题，列举各个方面的情况，每种情况又分别以典型材料加以说明。

（3）结尾。通报如何结尾，这要根据通报的性质而定。多数情况通报不另加结尾部分，主体写完就结束全文。有的批评性通报，习惯以“希望引起大家的注意”“特此通报”等词语结束全文。

（三）通报的署名和成文时期

在通报正文的右下方署以发文机关的名称，署名下边写成文的年、月、日。

三、表彰（批评）通报的正文内容

正文内容包括三部分：

（1）说明表彰或批评的原因，即写清先进事迹或错误事实的经过情况，要求用叙述的手法真实客观地反映事实；

（2）对所叙述的事实进行准确的分析，中肯的评价，做到不夸大、不缩小，使人们能从好的人和事物中得到鼓舞，从错误中吸取教训；

（3）一般是对表彰的先进或批评错误作出嘉奖或惩处。最后还要根据通报的情况，针对现实的需要，发出号召或提出要求。

四、奖惩性通报与表扬批评性通报

（一）出发点与侧重点不同

奖惩性决定重在处置，它的着眼点在于奖惩有关单位或个人，它代表了领导层的权威意志。奖功罚过是其首要目的，教育或警示他人是其次要目的。通报的目的则是使受文单位了解某一重要情况或典型事件，从而受到教育或警示。表扬性通报对被表扬的单位主要是理解上级的精神，更上一层楼；而对后进单位主要是学习受表扬单位的经验，起步前进；对一般单位主要是学先进、找差距、定措施。批评性通报，对一般单位主要是对照自己，防患于未然；对有类似问题或尚有隐患存在的单位则鸣钟警戒以根除侥幸心理。总而言之，奖惩性决定重在处置，奖功罚过；表扬批评性通报重在教育比照，或先进示范，或以儆效尤。

（二）标题写法不同

表彰性决定的标题格式通常为：“关于授予×××称号的决定”或“关于给予×××表彰的决定”，如《国务院关于授予赵春娥、罗健夫、蒋筑英全国劳动模范称号的决定》。处分性决定的标题格式通常为：“关于对××的处理决定”，如《关于对

“六·二八”重大责任者××的处理决定》。决定的标题中常常含有处置性动词，诸如授予、处理、给予等动词。我们再来看看表扬批评性通报标题的实例，如《××××自治区人民政府关于柳州市壶东大桥特大交通事故的通报》《××市卫生局关于医生汪××滥用麻醉品造成医疗事故的通报》。我们可以看出，表扬批评性通报的标题中一般不使用处置性动词。

(三) 正文的组成不同

奖惩性决定一般先简要叙述先进事迹或错误事实，然后写明组织的处理决定；表扬性通报与批评性通报的写法略有不同。前者的正文部分一般包括以下内容：

(1) 概述先进事迹，表明通报发出单位对通报事项的态度。

(2) 指出先进单位或个人的主要做法经验，或叙述事情发生的经过并分析事件的意义。

(3) 提出要求和希望，号召大家学习。

后者的正文部分一般包括以下内容：

(1) 叙述错误事实经过。

(2) 表明通报发出单位对事件的态度及处理意见。

(3) 分析错误或事故产生的原因与危害性。

(4) 提出要求，警示其他单位或个人。

奖惩性决定重在处置，表扬批评性通报重在宣传与教育，正文的构成自然不同。

五、表彰通报

(一) 标题

如：上海立信会计学院关于对×××、×××、×××等五位学生予以表彰的通报

(二) 正文

表彰通报的正文分为四个部分：

1. 介绍先进事迹

这一部分用来介绍先进人物或集体的行动及其效果，要写清时间、地点、人物、基本事件过程。表达时使用概括叙述的方式，只要将事实讲清楚即可，不能进行绘声绘色的描绘，篇幅也不可过长。这段文字篇幅不长，但要素完备，事实十分清楚，体现了公文叙事的特点。

2. 先进事迹的性质和意义

这部分主要采用议论的写法，但并不要求有严谨的推理，而是在概念清晰的前

提下，以判断为主，也要注意文字的精炼。这部分评价性的文字，要注意措辞的分寸感和准确性，不能出现过誉或夸饰的现象。

3. 表彰决定

这部分写什么会议或什么机构决定，给予表彰对象以什么项目表彰和奖励。如果表彰的是若干个人，或者有具体的奖励项目，可分别列出，这部分在表达上的难度不大，要注意的主要是清晰、简练、用词精当的问题。

4. 希望号召

这是表彰通报必须要有的结尾部分，用来提出希望，发出号召。希望号召部分表述的是发文的目的，也是全文的思想落脚点，要写得完整、得体，富有逻辑性。

六、批评通报

批评通报是针对某一错误事实或某一有代表性的错误倾向而发布的通报。有针砭、纠正、惩戒的作用。

（一）标题

批评通报的标题不一定要出现“批评”两个字。

（二）正文

（1）错误事实或现象；

（2）错误性质或危害性的分析；

（3）惩罚决定或治理措施；

（4）提出希望要求。

批评通报也分为四个部分：

1. 错误事实或现象

如果是对个人的错误进行处理的通报，这部分要写明犯错误人的基本情况，包括姓名、所在单位、职务等，然后是对错误事实的叙述，要写得简明扼要、完整清晰。如果是对部门单位的不良现象进行通报，这部分将要占较大的篇幅，如《国务院关于一份国务院文件周转情况的通报》，将广东省政府用七十天时间才将国务院一份文件转发下去，而广州市政府又用了一百多天才将这份文件转发到各个区县的情况，进行了比较详细的叙述，占全文篇幅的一多半。如果是针对普遍存在的某一问题进行通报，这部分要从不同地方，不同单位的许多同类事实中，选择出一些有代表性的进行综合叙述，如《中共中央纪律检查委员会通报（立即刹住用公款请客送礼，吃请受礼的歪风）》，综合叙述了上海、长沙若干单位请客送礼、吃请受礼的事实，列举了大量的统计数字。

2. 错误性质或危害性的分析

处理单一错误事实的通报，这部分要对错误的性质、危害进行分析，一般都写得比较简短。对综合性的不良现象或问题进行通报。这部分的分析性文字可能要复杂一些。

3. 惩罚决定或治理措施

对个人单一错误事实进行处理，要写明根据什么规、经什么会议讨论决定、给予什么处分等。对普遍存在的错误现象或问题，在这部分中要提出治理，纠正的方法措施。内容复杂时，这部分可以分条列项，如中央纪委关于请客送礼、吃请受礼的通报，就提出了五条严厉措施来制止这股歪风。这些方法措施，跟指示的写法相似。

4. 提出希望要求

在结尾部分，发文机关要对受文单位提出希望要求。

七、通报的写作要求

（一）事实必须可靠

无论哪种通报的事实。都要准确无误，哪怕是一些细节问题也要认真核实材料的真伪。通报切忌无中生有，推理想象；或任意夸大或缩小事实。

（二）用词语造句必须严谨

通报对先进事迹的表彰，对错误行为的处理，以及对情况的分析和判断，都涉及到人和事的定性问题。因此，用词造句必须慎重严谨，讲究分寸。不能说过头话，不能称善过其美、言恶过其极，失去通报应有的作用。

【通报案例一】

关于给予王××等5名学生通报表扬的决定

2014年9月2日晚上，学院D幢公寓发生吵闹事件，多数学生在阳台大声喧哗喊叫，情况非常危急，校宿管会轻工系艺术1101班学生王××、张××、叶××、谢××发现后，马上采取了紧急措施，协助老师和宿管会在各楼层控制学生，维持现场秩序。在保卫处和学生处老师的共同努力下，场面得以控制。

上述学生在此次突发事件中所表现出的沉着冷静、机智果敢、无私奉献的良好素养和优良品德得到了老师和同学们的好评，展现了艺术班学生良好的素质和精神风貌，为班级争得了荣誉。根据《上海××学院学生手册》和《艺术班量化分管条例》的有关规定，决定对学生王××、张××、叶××、谢××进行通报表扬，给予每人加班级量化分2分。

另外，授予宿管会宣传中心张××荣获宿管会9月份工作月标兵，并根据《上海工贸学院学生手册》和《艺术班量化分管理条例》的有关规定，给予加班级量化分2分。

希望全体学生以他们为榜样，积极上进，勤奋学习，不断提高综合素质，为把自己培养成为高素质的合格人才而努力！

上海××学院轻工系艺术班
上海××学院校宿管会（章）
二〇一四年九月八日

【通报案例二】

福建纪委通报7起违反八项规定案例

（2014年09月01日08:55　中国广播网）

央广网福州9月1日消息（记者张子亚）8月31日晚，福建省纪委监察厅通报了7起违反中央八项规定精神典型案例。

1. 福州经济技术开发区新技术开发总公司副总经理张闽组织公款旅游，受到行政警告处分，责令所有参与人员退缴相关费用。

2. 新罗区岩山镇佳山村党支部组织公款旅游，村党支部书记陈潮华受到党内警告处分，责令所有参与人员退缴相关费用。

3. 厦门市财政局企业处处长黄维津收受管理服务对象赠送的购物卡，受到党内警告处分，其违纪所得予以收缴国库。

4. 云霄县马铺乡卫生院违规发放劳务补贴，院长张志坤受到党内警告处分。

5. 石狮市民政局于2014年春节期间用公款购买花卉及违规发放福利，局长陈清璜受到党内严重警告处分，责成有关人员退还相关费用。

6. 延平区木竹检验中心（国有企业）于2014年春节期间违规发放年货节礼，还涉及其他严重违纪问题，中心主任黄新春受到留党察看两年处分，中心班子成员郑丽红、王玉平、周富华和中心会计周晓如等4人分别受到党内严重警告处分。

7. 莆田市水利局水利水电建设与管理科科长陈国宁提供超标准公务接待，受到党内警告处分。

福建省纪律委员会（公章）

八、通知和通报的区别

(一)告知的内容不同

通知:告知的主要是工作的情况,以及共同遵守执行的事项

通报:告知正反面典型,或有关重要的精神或情况。

(二)目的要求不同

通知:要求受文机关了解要办什么事,该怎样办理,要求遵照执行。

通报:主要是交流、了解情况,起教育宣传作用。

(三)表现方法不同

通知:主要是叙述,告知人们做什么,怎样做,叙述具体。

通报:兼用叙述、分析和议论,有较强的感情色彩。

(四)其他

通知:事实尚未发生。

通报:以事实作前提。

复习思考题

一、通知在《国家行政机关公文处理办法》中规定适用于哪些范围?

二、试比较批转性通知和转发性通知的异同。

三、试比较通知和通告的异同。

四、按通报要求(根据自己学习、生活情况)写一份情况通报。

五、学院团委和学生会,准备召开各班团支部书记、班长会议,具体研究迎新文艺晚会等事宜。请代拟一份会议通知。会议通知的名称、时间、地点、出席对象、内容等各项要素可自拟,要求以行政公文的格式规范拟写。

第十四章　报告、请示和批复

内容提要

常用报告的特点、种类和写法
请示的内容、特点和写法
批复的特点和格式

学习目标

★ 了解批复的特点和性质
★ 掌握报告的写法
★ 掌握请示的写法

第一节　报　　告

一、报告概述

报告适用于向上级机关汇报工作、反映情况、答复上级机关的询问。报告属上行文，是公文中使用频率较高的文种之一。

(一) 报告使用范围很广

按照上级部署或工作计划，每完成一项任务，一般都要向上级写报告，反映工作中的基本情况、工作中取得的经验教训、存在的问题以及今后工作设想等，以取得上级领导部门的指导。

1. 报告

在已发布的党、人大、政府、军队、财经机关的公文处理规范中，都规定了这个文种。其适用范围，大体上是一致的。《中国共产党机关公文处理条例》(以下简称党的《条例》)中规定：报告，“用于向上级机关汇报工作、反映情况、提出建议，答复上级机关的询问”。

2. 报告产业

近年来，随着市场经济的推动，各种类型的公司也取得了长足的发展，报告成为了一种新兴产业。报告的用途逐步扩大，用于新产品开发、投融资、公司发展规划、年度发展等方面。

各单位撰写报告的机构有全国高校、社科、研究会、研究院、智库等国家的研究机构，如中国科学院、中国社会科学院、北京大学、清华大学、中国非国有经济研究会、北京创新中实信息科学研究院等。

3. 报告的主要内容

财务报告：财务报告包括会计报表及其说明。

企业发展报告：主要是侧重企业发展报告，如战略、管理、营销、生产、财务等。

政府发展报告：政府主要工作报告等，如规划、区域发展等。

行业发展报告：由中国非国有经济研究会研究发布的报告，如中国实体经济发展报告等。

工作总结报告：主要是侧重员工日常工作总结报告，如出差、检查等。

（二）报告的特点

1. 陈述性

报告主要是采用叙述手法，直陈其事，向上级机关讲明自己做了哪些工作，是如何做的，有哪些经验体会，还存在哪些问题，今后有什么打算等等，一般不展开推理论证，不要求上级机关答复，不使用祈使、请求笔法和语气。

2. 汇报性

所有的报告都是下级机关向上级机关或业务主管部门汇报工作，反映情况、答复上级机关的询问的上行文，是下级机关及时得到上级机关领导和指导的重要途径。

（三）报告的种类

1. 按照内容，报告可以分为例行报告、综合报告和专题报告

（1）例行报告：是下级机关根据工作需要，定期向上级机关所写的报告。主要是反映情况，使上级掌握、了解情况，以便更好地指导工作。例行报告（日报、周报、旬报、月报、季报、年报等）不能变成“例行公事”，而要随着工作的进展，反映新情况、新问题，写出新意。

（2）综合报告：反映本单位全面情况，可以和总结工作、计划安排结合起来。要有分析，有综合，有新意，有重点。以便上级机关全面指导工作的报告。

（3）专题报告：是下级向上级反映本单位的某项工作、某个问题、某一方面的情况，要求上级了解的报告。专题报告要迅速及时，一事一报。一般来说，机关日常工作中专题报告使用的频率较高，而且多数是需要领导机关给予批转的。呈报、呈转要分清写明。（如：薪酬调查报告）

2. 按照性质划分，报告有呈转性报告和呈报性报告

（1）呈转性报告：是一种针对某些涉及其他平行机关或不相隶属机关的情况或问题，提出处理意见或建议，请上级机关审阅并批转有关机关的报告。这类报告既要反映情况，又要写出具体意见，有时还要拿出切实可行的措施或办法来。经批准的呈转性报告，具有同批转机关的公文相同的效力。

（2）呈报性报告。是单纯反映情况，汇报工作，而不要求转发的报告。

二、报告正文的一般写法

报告的正文主要写明报告的起因、报告的内容。起因即报告的根据和目的，用简洁的语言进行说明，即为什么报告。起因写完后，用“现将有关情况报告如下”作为承启下文的用语。报告的内容即主体部分是报告的核心，一般为四部分：

（1）基本情况。不论是汇报工作、还是反映情况，答复上级的询问，均应实事求是地将具体情况交代清楚，以便上级了解下情，并以此作为依据，妥善地予以处理和指导。

（2）存在问题（或具体意见）。呈报性报告写存在问题，以便于上级了解工作进展的情况，同时为报告的下一部分内容（提出要求）打下基础；呈转性报告也要根据基本情况提出具体处理意见或解决办法，以供上级机关参考。

（3）具体要求或措施。即对今后工作的设想，提出要求或准备采取的措施。

（4）结语。报告的结语，要根据报告的性质和内容而定，不能千篇一律。报告的结语一般用“特此报告”“以上报告，如无不妥，请批转有关部门贯彻执行”“以上报告，请审阅”等字样。但也有的报告结尾不写这些用语。

三、报告的写作要求

（1）要注意与“请示”的相区别，“报告”中不得夹带请示事项，结尾不得误用“以上报告妥否，请批示”等语。

（2）内容要真实可靠，做到据实报告，即“好处说好，坏处说坏”，不能“报喜不报忧”。

（3）报告的中心应明确，详略得当，文字简洁、流畅，不拖泥带水。报告中切忌使用套话、废话。

【知识拓展】

财务报告

财务报告是反映企业财务状况和经营成果的书面文件，包括资产负债表、利润表、现金流量表、所有者权益变动表(新的会计准则要求在年报中披露)、附表及会计报表附注和财务情况说明书。一般国际或区域会计准则都对财务报告有专门的独立准则。“财务报告”从国际范围来看是较通用的术语，但是在我国现行有关法律行政法规中使用的是“财务会计报告”术语。为了保持法规体系一致性，基本准则仍然没用“财务会计报告”术语，但同时又引入了“财务报告”术语，并指出“财务会计报告”又称“财务报告”，从而较好解决了立足国情与国际趋同的问题。

财务报告包括会计报表及其说明，以下分别说明会计报表和会计报表说明的内容。

1. 会计报表

会计报表是企业、单位会计部门在日常会计核算的基础上定期编制的、综合反映财务状况和经营成果的书面文件。

会计报表包括资产负债表、损益表、现金流量表；事业单位除资产负债表外，还有收入支出表、事业支出明细表、经营支出明细表。

会计报表按编制时间可分为月报表、季报表、半年报表和年报表。

会计报表按报送对象不同，可分为对内报表和对外报表，内部管理所需会计报表的数量、内容、格式和报送时间，由单位自行制定；对外报送的会计报表的种类、格式、指标内容、编制时间等，均应执行国家有关会计制度的统一规定。

2. 资产负债表

资产负债表是反映企业(以企业为例，下同)在某一特定日期(年末、季末、月末)全部资产、负债和所有者权益情况的会计报表。

(1) 资产负债表的理论依据

资产负债表的理论依据是资产＝负债＋所有者权益。

(2) 资产负债表的基本结构

资产负债表分为左右两方，左边为资产，右边为负债和所有者权益；两方内部按照各自的具体项目排列，资产各项目合计与负债和所有者权益各项目合计相等。

(3) 资产负债表的作用

① 报表的资产项目，说明了企业所拥有的各种经济资源及其分布。

② 报表的负债项目，显示了企业所负担的债务的不同偿还期限，可据以了解企业面临的财务风险。

③ 所有者权益项目，说明了企业投资者对本企业资产所持有的权益份额，可据以了解企业财务实力。

④ 可据以了解企业未来财务状况，预测企业的发展前景。

3. 利润表

利润表是反映企业在一定期间的经营成果及分配情况的报表。

(1) 利润表的理论基础

利润表的理论基础是收入－费用＝利润(或亏损)。

(2) 利润表的基本结构

利润表有单步式和多步式之分，多步骤的格式是：产品销售收入减产品销售成本、产品销售费用、产品销售税金及附加，等于产品销售利润；再加其他业务利润，减管理费用、财务费用，等于营业利润；再加投资收益、营业外收入，减营业外支出，等于利润总额；再减企业所得税，等于净利润。

(3) 利润表的作用

① 反映企业利润总额的形成步骤，揭示利润总额各构成要素之间的内在联系。

② 可以使报表使用者评价企业盈利状况和工作成绩。

③ 有利于报表使用者分析预测企业今后的盈利能力。

4. 现金流量表

现金流量表是以现金制为基础编制的财务状况变动表。

现金流量表动态地说明企业某一会计期间各种活动产生的现金流量情况。

现金流量表的基本结构。

(1) 主表

按以下顺序列示：①结营活动现金流量；②投资活动现金流量；③筹资活动现金流量；④汇率变动影响；⑤现金及现金等价物净增加。

(2) 补充资料

包括三方面内容：①不涉及现金的投资及筹资活动；②将净利润调节为经营活动现金流量；③现金及现金等价物期初期末数。

5. 会计报表说明

会计报表说明指单位对会计报表及其财务计划指标执行情况进行分析总结所形成的书面报告，包括主要会计方法说明、报表分析说明和财务情况说明书。由于会计报表格式及其内容的规定性，只能提供量化的会计信息；而且要求列入报表的各项信息必须符合会计要素的确认标准，报表本身反映的会计信息就有一定的限制，这就在客观上要求在编制会计报表的同时，还要编制会计报表说明。

(1) 主要会计方法说明包括的内容

① 有关资产计价及处理方法的说明。

A. 材料及其他存货的收、发、结存计价方法及其变动情况与影响。如材料用计划成本还是实际成本核算、出库材料计价是用“先进先出法”还是“加权平均法”等。

B. 长期投资的计价核算,采用“成本法”或“权益法”等。

C. 采用的产品成本计价方法,如“品种法”或“分步法”、“分批法”、“分类法”等。

D. 固定资产及流动资产的报废、变卖、转让、盘盈盘亏、毁损等实际情况及核算方法(如历史成本和重置价值等)。

E. 坏账准备的计提和坏账损失的核销情况,以及无形资产、递延资产的确认情况。

F. 其他会计政策变动情况及其影响程度,如固定资产折旧年限、递延资产摊销期限等。

② 有关负债和所有者权益的处理情况说明。

A. 流动负债的基本构成项目。

B. 长期负债的基本构成项目。

C. 所有者权益的变动情况及其影响。

③ 有关收入、费用账务处理说明。

A. 收入、费用的核算是否严格遵循权责发生制基础。

B. 其他收入和其他支出的确认及具体收支项目构成。

(2) 报表分析说明主要包括的内容

① 分析说明的方法。

报表分析一般采用比较法,其内容包括:

A. 将有关指标的本期实际数据与计划或预算比较,以发现差异;

B. 将本期实际指标与上年或历史最好水平比较,以分析单位的发展变化趋势;

C. 将本期实际指标与同行业其他单位的指标进行比较,以寻找差距,提出改正措施。

② 分析说明的内容。

A. 基本情况。基本情况是报表分析说明的概述,在这一部分,应该用简练明快的文字进行表述。如企业生产经营状况,目标利润实现和分配情况,资金增减及资金周转情况,成本费用和收入计划完成情况,税金缴纳情况,基金增减情况,所有者权益变动情况，对本期或下期财务状况发生重大影响的事项，其他需要说明的事项等。

B. 影响计划完成情况的主要问题及其原因。这是报表分析的核心内容，要以数字和文字结合起来对重大因素进行分析。如用销售利润率，分析销售收入的获利水平；用总资产报酬率，分析全部资产的获利能力；用资本收益率，分析投资者投入资本获利能力；用资本保值增值率，分析投入资本的完整性和保全性；用资产负债率、流动比率、速动比率、应收账款周转率、存货周转率，分析企业资产负债水平和偿债能力；用社会贡献率和社会积累率，分析企业对国家的贡献水平等。

C. 改善管理的措施和效果。这是文字分析的主要内容。要针对性地指出管理中存在的问题，从主客观两个方面分析其原因及影响程度，以及对存在问题采取的措施和取得的效果。

D. 今后努力方向。在这一部分，应肯定成绩，指出今后工作中应当坚持的好措施、好方法；提出尚待今后克服的问题及其环节；对需要加强的环节提出建议。

【报告案例一】

国务院关于加强金融监管防范金融风险工作情况的报告

——2014 年 6 月 24 日在第十二届全国人民代表大会常务委员会第九次会议上

中国人民银行副行长　刘士余

全国人民代表大会常务委员会：

我受国务院委托，现向全国人大常委会报告党的十八大以来加强金融监管、防范金融风险有关工作情况，请审议。

一、加强金融监管防范金融风险的主要工作及成效

……

（一）实施稳健的货币政策，完善宏观审慎管理，有效防范系统性风险积聚。面对复杂的内外部形势，我们保持宏观政策基本取向不动摇，坚持实施稳健的货币政策，明确守住稳增长、保就业的下限和防通胀的上限，只要经济在合理区间运行，就集中精力抓转方式、调结构不放松，向市场传递保持总量稳定的政策信号，增强市场信心，稳定社会预期。同时，进一步完善宏观调控框架，创新调控方式，综合运用多种货币政策工具，适时适度、有针对性地调节流动性，在维护货币市场稳定的同时，引导货币信贷和社会融资总量合理增长。2013 年末，广义货币供应量同比增长 13.6%，人民币贷款余额同比增长 14.1%，居民消费价格指数涨幅 2.6%，经常项目顺差与国内生产总值之比降至 2.1%，达到了调控预期目标。

(二)(三)(四)(五)(六)(七)(八)略

二、(一)(二)(三)(四)(五)(六)(七)(八)略

委员长、各位副委员长、秘书长、各位委员：长期以来，全国人大高度重视金融监管和金融风险防范工作，全国人大有关领导和财经委多次听取国务院有关部门工作情况汇报，提出了很多宝贵意见和建议，有力支持和促进了金融监管和风险防范工作。今后，我们将在全国人大的监督下，深入贯彻落实党中央、国务院关于金融工作的各项部署，进一步加强和改善金融监管和宏观审慎管理，不断健全促进宏观经济稳定、支持实体经济发展的现代金融体系。

（来源：中国人大网）

【报告案例二】

2014年××金融统计工作检查自查报告

根据总行下发的《关于开展2014年度市金融统计工作检查的通知》要求，我支行按照通知精神进行了精心的准备并认真开展自查，现将自查情况汇报如下：

一、金融统计法律法规执行情况

1. 我支行能认真贯彻《中国人民共和国统计法》、《金融统计管理规定》法律、法规。

2. 贯彻执行中国人民银行制定的金融统计制度及有关管理办法，并接受人民银行的监督、检查。

二、金融统计制度的情况

我支行能及时收集、汇总、编制、管理本支行金融统计数据和报表。

三、统计工作管理情况

1. 统计岗位设置及人员配备情况。我支行有专人负责，辖内各成员积极配合提供统计数据和上报金融工作动态。

2. 日常报表操作情况。经查，所报的贷款月报、季报、年报、不良贷款统计表等各类统计报表均能及时、保质、保量地报送至上级支行，各类统计报表、统计数据能做到及时整理并归档保存，不存在虚报、瞒报、伪造、拒报、迟报统计数据的现象。

四、存在问题

1. 统计力量、科技支持力度尚显薄弱。我支行由于人员缺乏，没能设置独立的统计岗，配备专职统计人员是由其他岗位人员兼任。

2. 由于统计工作量大，仅仅依靠手工数据筛选汇总，数据质量的准确性难以

保证，故需要科技的进一步支持，加之员工由于忙于各自日常工作中的事情，对统计工作的认识不能真正地重视起来。

5、采取措施

1. 切实加强统计队伍建设，保证统计员队伍的稳定，加强岗位培训和岗位练兵，努力提高统计人员素质。

2. 逐步改进和完善金融统计报表制度，以适应经济体制改革和金融体制改革对金融统计工作要求，不断提高金融统计工作水平。

3. 强化科技对统计工作的支撑作用，尽快健全和完善覆盖面广、效率高、共享性强、规范的数据信息管理体系，保证金融统计工作快捷、高效地进行。

以上报告，请审阅

×××银行支行（公章）

二〇一四年八月×日

第二节 请 示

一、请示概述

请示适用于向上级机关请求指示、批准。

（一）用途

请示的用途比较广泛，凡有不太明确的问题或工作中遇到新情况，需要上级机关表态的事项，都可以向领导机关递交“请示”。如对现行方针政策、法规制度不甚了解，需要上级机关明确答复；下级机关遇到重大或疑难问题，请求上级给予指示；下级机关要办某一件事或上级机关指示办一件事，需要一定的财力、物力、人力，自己无力解决，需要请示上级机关审核批复；对某个问题的解决的办法，不知可否；对问题有处理的有效方法，但因权限关系需要由上级机关决定；对上级机关某一决定有不同看法，需要申诉自己的意见，请求上级机关重新研究等，都可以用请示行文。

（二）请示的特点

1. 请求性

请示一般涉及的是本机关、本部门打算办理或迫切需要办理的某种事情，而自己却无权自行决定，或者无力去做，或者不知应不应该去办，必须请求上级主管部门批准、同意之后才可以去办。

2. 单一性

请示都是一文一事行文简短,着重写需要解决的问题和自己的意见、要求,不涉及其他内容,以便上级尽快答复。

(三) 请示的种类

按照内容性质分,请示主要有以下几种:

1. 求示性请示

求示性请示就是请求上级给予指示、裁决的请示。其内容如工作中遇到的难以解决的关键问题,无章可循的新问题或意见分歧而无法统一执行的问题等。

2. 求助性请示

求助性请示即请求上级机关予以支持、帮助的请示。其内容如请求增补经费,增加设备,为某事情拨款、拨指标等。

3. 求准性请示

求准性请示即请求上级批准、允许的请示。其内容如超出本机关本单位无权处理的问题,因情况特殊需要变通处理的事项及按照上级机关规定应当请示的事项等。

二、请示的一般写法

(一) 标题

请示的标题一般由发文机关、事由、文种三项构成。也有的省略发文机关只写事由、文种。请示的标题与报告的标题写法相似。如《关于妥善处理高等学校学生退学后有关问题的请示》《广西师范大学关于增加教师编制名额的请示》《关于中国公民自费出国旅游管理暂行办法的请示》《关于购置办公设备所需经费的请示》《关于购置办公设备所需经费的请示》。

(二) 主送机关

即有权接受、批准请示事项的上级机关。一般写在标题与正文之间,单独一行,顶格书写。

(三) 正文

请示的正文包括请示的缘由、请示的事项、请示的要求三部分。

(1) 请示的缘由。是请示事项的基础和关键。请示的缘由一定要写得有理有据、实事求是、具体明白,否则就很难达到请示的目的。

(2) 请示的事项。是请求上级机关批准、帮助、解答的具体事项。阐述要实事求是，引用的数字要准确无误，提出的看法或处理的意见要具体明确切实可行，符合国家的法律、法规和方针政策，让上级机关看后一目了然，能迅速决断。如涉及其他单位的问题，应当预先征询意见，并将商洽的有关情况在文中予以说明，以供上级机关作出正确判断和指示。

（3）请示的要求。在请求的结尾，明确提出要求，请求上级批准、指示。一般都以请示的惯用语作结尾语，如“以上意见是否妥当，请批示”“妥否，请批复”等。语气中肯、果断，能够令人接受。

三、请示的写作要求

（一）请示应坚持一文一事，不能多头请示

写请示必须严格遵循一文一事的原则，不能把几件事写到一份请示中去，以免在公文的处理中产生麻烦。在行文关系方面，请示应明确一个主送单位，不能搞多头请示，尽量避免越级请示。多头请示有时难免造成上级机关之间不好答复或互相推诿，贻误工作。因特殊情况，必须越级行文时，应抄报越过的机关。除领导直接交办的事项外，请示不要直接送领导者个人，也不要同时抄送同级和下级机关。

（二）分清请示与报告的区别

“请示”和“报告”是两种不同的公文，应分开使用。有人把“请示”写成“请示报告”，这是混淆了两种公文的用法。因此，明确请示与报告的区别，把二者严格区分开来是十分必要的。请示与报告主要区别是：

（1）行文的目的不同。请示是为了解决工作中的具体问题，要求上级指示和批准而写的；报告是为了让上级了解下情，沟通和加强上下级之间的联系而写的。请示必须要求上级表明态度，作出明确答复，而报告则只是“告知”，大多数报告是不要求上级表态和答复的。

（2）行文的时间不同。请示必须在事前行文，在得到上级机关的批准、指示、批复以后方能行事，不允许“先斩后奏”；而报告则可根据实际情况，事前、事中、事后行文皆可。

（3）行文内容不同。请示主要写带有迫切性的，并需要上级机关指示、批准的事项；报告只着眼于汇报工作，反映情况。

正确使用报告与请示这两个文种，关键的问题是要抓住行文目的这一点，需上级机关答复的，用请示；只需上级机关了解情况或批转而无须答复的，则用报告。掌握了这一点，就不至于将报告和请示混淆使用了。

【考察类请示案例一】

关于××同志前往××(国家或香港)的请示

国际交流处:

应××××××(国家或港澳地区)×××××公司(单位)的邀请,我学院/处室拟派×××(写明真实身份,不宜对外公开的,还需写明对外身份)等×人,于××××年×月前往××××××(国家或港澳)。

一、出访的主要任务

(一) ××××××××

(二) ××××××××

(三) ××××××××

二、出访的时间和费用

拟定于×月×日至×月×日出访,在外停留×天。出访费用由派人单位(或外方)负担。

以上请示,妥否,请批示

××××(公章)

二〇一四年九月一日

【请示案例二】

××处关于购置新计算机的请示

××局:

我处于1992年购买的6台286计算机,经长期使用,已严重老化不能再继续使用,为了提高我们的工作效率,现需重新购置8台计算机。经市场调查,×××计算机是现今市场性价比较高的型号,预算每台为1.5万元,共计12万元。

鉴此,我处恳请××局协调有关部门拨款12万元。

特此请示,请批复

附件:各型号计算机功能、价格对比表

××处(章)

二〇一四年九月十日

第三节 批 复

一、批复的用途、特点和种类

(一) 批复适用于答复下级机关的请示事项

(1) 批复与请示，是彼此相互对应的两种公文。请示，是上行文；批复，是下行文，没有下级机关的请示，也就没有上级机关的批复。

(2) 请示与批复，是正式行政公文中唯一具有相互联系的一种文种。这一特点，决定了在批复的撰写中，应该充分体现出批复对于请示的针对性。因此，可以说批复是一种针对请求的批答公文。它是一种专门解决请示问题的专用公文，其行文受着请示机关和请示内容的制约，行文关系和行文内容都是特定的。

(二) 批复的特点

1. 行文具有被动性

批复的写作以下级的请示为前提，它是专门用于答复下级机关请示事项的公文，先有上报的请示，后有下发的批复，一来一往，被动行文，这一点与其他公文有所不同。

2. 内容具有针对性

批复要针对请示事项表明是否同意或是否可行的态度，批复事项必须针对请示内容来答复，而不能另找与请示内容不相关的话题。因此批复的内容必须明确、简洁，以利下级机关贯彻执行。

3. 效用的权威性

批复表示的是上级机关的结论性意见，下级机关对上级机关的答复必须认真贯彻执行，不得违背，批复的效用在这方面类似命令、决定，带有很强的权威性。

4. 态度的明确性

批复的内容要具体明确，不能有模棱两可的语言，使得请示单位不知道如何处理。

二、批复的种类

批复按其内容大致分为两类：

1. 指示性批复

这是针对下级机关请求指示的请示而发的，为下级机关在方针、政策等方面释疑解难的批复，以指示性为其突出特点。

2. 决定性批复

这是针对下级机关请求批准的请示而发的，就下级机关的请求批准事项作出决断的批复，以决定性为其突出特点。

三、批复的写法

批复的结构形式与其他公文相同，有标题、主送机关、正文、批复机关和成文日期等。下面主要介绍批复正文的写法。

(一) 批复的正文一般包括三部分内容，即引语、主体和结语

1. 引语

即批复的开头，一般先引下级来文(请示)的发文字号，以及来文的标题或文件的事由，来文的日期，使受文单位阅后明确批复的针对性。引语一般有“你局*月*日**〔***〕*号《关于……的请示》收悉”“你市**〔***〕*号收悉”“你单位**号文收悉”等几种写法。写引语较规范的要求是写明发文字号和标题。

2. 主体

引语之后，即正文的主体部分。这是批复的核心内容。

批复中的指示、决定、意见、要求等，都写在这一部分。一般有两种写法：一是，简明扼要的批复。主要是提出原则性的意见，不作具体的指示。二是，较为具体的批复。对请示的具体事项，要表示其明确的态度。如果同意请示的内容，则在表示同意之后，再进一步阐明之所以同意的理由，以及如何执行等指示性的意见。如果不同意请示的事项，那么在表示不同意之后，还要说明理由，进行必要解释。如果批复的意见不成熟，亦可写上“将另行研究”字样。

3. 结语

结尾语常用“此复”“特此批复”，可写在正文后面，也可单独占一行，后面加句号。也可视行文需要，不加结尾语，自然终结。

(二) 批复的写作要求

(1) 针对性强。必须针对下级来文(请示)中所提事项逐一答复，既不能答非所问，也不能对某一请示事项避而不答或漏答。

(2) 具有指导性。批复一般具有指导性，对受文机关讲明方针政策，工作方

法、处理程序，行动要点及注意事项等。

(3) 答复要明确具体。同意就明确表示肯定意见，并作必要的指示；不同意或只是部分同意就简要说明情况和原因，以便下级机关或单位重新考虑其他解决办法。批复切忌模棱两可，含糊其辞。

(4) 行文要简洁准确。批复的篇幅一般不长，行文要求简洁、概括、集中、文字简短、准确。

【审批性批复案例一】

关于××省撤销××县设立××市的批复

民行批［2014］4号

××省人民政府：

你省××××年×月×日《关于撤销××县设立××市的请示》和××××年××月××日的补充请示收悉。经国务院批准，同意撤销××县，设立××市(县级)，由省直辖，以原××县的行政区域为××市的行政区域，不增加机构和人员编制。

××部(盖章)

二○一×年×月×日

【授权指示性批复案例二】

国务院关于决定加入《专利合作条约》的批复

国函［2013］113号

中国专利局、外交部：

国务院决定：我国加入《专利合作条约》，具体手续由外交部办理。我国加入该条约后，关于《专利合作条约实施细则》的修订问题，由中国专利局同外交部决定，报国务院备案，可以不另行报批；中国专利局可以制定实施该条约的具体规定。

国务院(盖章)

××××年×月×日

【授权指示性批复案例三】

国务院关于《中国公民自费出国旅游管理暂行办法》的批复

国函［2014］209号

国家旅游局、公安部：

国务院原则同意《中国公民自费出国旅游管理暂行办法》，由你们发布施行。

附:《中国公民自费出国旅游管理暂行办法》(略)

国务院(盖章)

××××年×月××日

复习思考题

一、报告的种类与主要内容有哪些?

二、请示的种类与特点是什么?

三、报告与请示有何异同?

四、批复的用途、特点、要求有哪些?

五、请针对第二节《请示》中的两个案例写出两份批复。

六、请针对第三节《批复》中的三个案例写出三份请示。

第十五章　函、会议纪要

内容提要

函的特点、种类和写法
会议纪要的用途、特点和写法

学习目标

★ 了解函、会议纪要的特点
★ 掌握函的写法
★ 掌握会议纪要的写法

第一节　函

一、函的概念、用途、特点、种类

函适用于不相隶属机关之间商洽工作，询问和答复问题，请求批准和答复审批事项。

(一) 函的特点

(1) 使用范围的广泛性：函广泛用于公务活动的各个领域与各个不同级别的机关、社会团体、企事业单位。

(2) 行文的灵活性：函一般不受行文关系的约束，只要公务活动需要，就可以向平行机关和不相隶属机关发出，也可以向上级机关或下级机关发出。此外，函的篇幅短小，轻捷简便，写法也灵活。

(二) 函的种类

函按其内容性质可分为四种：

(1) 商洽函：商洽函是平行机关、不相隶属机关之间商洽工作、联系有关事宜时所使用的。

(2) 问答函：问答函是机关单位之间用来相互询问和答复问题的函。

(3) 请批函:请批函是向有关主管部门请求批准的函。这种函多是向业务主管部门或归口管理部门请求批准事项。

(4) 批答函:批答函是主管部门或经授权的部门以函的形式对有关单位请求审批的事项进行答复,既可用于批准同意的答复,也可用于不同意批准的答复。

二、函的一般写法

函一般由标题、主送机关,正文、落款等部分组成。下面主要介绍函的标题和正文的写法。

(一) 标题

函的标题有三种结构形式:

(1) 发文机关名称、事由、文种组成。

(2) 事由和文种组成。

(3) 发文机关名称和文种组成。这种情形较少。

(二) 正文

函的正文是函的主体部分,一般包括缘由、事项和结束语等内容。

(1) 写缘由要开门见山,简明扼要,高度概括;事项要写得具体、明白、条理清楚。如属于答复函,要注意答复的针对性和明确性。

(2) 函的结尾另起一段写上习惯用语"敬请函复"、"特此函告"、"为盼"、"为感"和"为荷"等。

(3) 有的函可以不用结束语。

三、函的写作要求

(1) 内容简洁扼要,直截了当、语言通俗易懂。

(2) 询问、商洽性的去函,语气要恳切,讲究礼貌。复函要针对对方提出的问题,及时具体明确地答复,便于对方处理。

(3) 函要做到一文一事。

【征求意见函案例】

国务院办公厅关于征求《国家行政机关公文处理办法(草案)》意见的函

国办函 [2014]16 号

各省、市、区人民政府、国务院各部门办公厅(室):

现将我们草拟的《国家行政机关公文处理办法(草案)》送给你们,请组织有关同志讨论修改，并将修改意见于十一月底前告诉我们。

国务院办公厅(盖章)

二〇一四年九月×日

【答复事宜函】

上海市人民政府办公厅关于临时工、合同工能否执罚问题请示的复函

市政办函[2014]68号

上海市容环境卫生管理局：

你局《关于明确临时工、合同工能否执罚问题的请示》收悉。现复函如下：

《中华人民共和国行政处罚法》于1996年10月1日起执行。该法对行政执法主体及执法人员作出了明确而严格的规定。按照行政处罚法和国务院《关于贯彻实施〈中华人民共和国行政处罚法〉的通知》，从今年10月1日起，合同工、临时工再不能从事行政处罚工作。

……

你局应按照上述精神，对全市市容卫生执罚人员进行清理，理顺执罚体制，保证行政处罚法的贯彻实施，促进市容卫生管理工作。

此复

市人民政府(公章)

二〇一四年九月七日

【催办函】

交通部广州救捞局催办函

××造船厂：

贵厂××年为我局建造的2640马力拖轮“穗救202”轮，出厂至现在已经三年了，可是当时欠装的拖缆机至今尚未安装。为此我局曾多次去函催贵厂尽快给予解决，但贵厂一直未明确答复。该轮由于缺少拖缆机，长期无法正常执行生产任务，经济上已造成了很大的损失。为此特再次函请贵厂尽快为我局“穗救202”轮安装拖缆机，以免再延误该轮的正常生产。

交通部广州救劳局(盖章)

二〇一四年九月×日

(来源 http://www.ynpxrz.com/n165131c1283.)

第二节　会 议 纪 要

一、会议纪要的用途、种类与会议记录的区别、特点

（一）会议纪要适用于记载和传达会议情况和议定事项

会议纪要可上报上级领导机关，供上级了解会议的情况，以便取得领导的支持与指导；可以送有关的平行单位交流信息，沟通情况，以取得他们的协助和配合，其主要作用是沟通情况，交流经验；统一认识，指导工作。

（二）会议纪要与会议记录有着十分密切的联系。

（1）写作会议纪要一般是在会议记录基础上进行的，它要对会议记录进行分析、整理、综合、概括，按照会议的议题和宗旨，把会议的主要精神及议定的事项准确地反映出来。因此，会议记录是会议纪要的基础，可以说没有会议记录就没有会议纪要。

（2）会议纪要与会议记录虽然都是会议内容，但二者又有着明显的区别。

① 文体性质不同。会议纪要是法定公文，一般都作为文件来处理，而且也不是逢会必“纪”的；会议记录则是记录会议内容的一种书面材料，既不上报，也不下发，只作为工作依据和参考材料来处理，或只起备查作用，因此是逢会必记。

② 基本内容和写法不同。会议纪要只反映会议的主要精神和议定事项，所以它要对会议内容进行分析和综合，使之条理化和理论性；会议记录则是对会议内容作客观记录和详细记录，即使是摘录，也是较详尽的。

（三）会议纪要的特点

（1）纪实性：会议纪要是根据会议的主旨、议程、决议等概括整理成文的，对会议基本情况是纪实性的。会议纪要的撰写者，不能变更会议议定的事项，不能随更改动会议上达成的共识和形成的决议，更不能对会议内容进行随意的评议。

（2）提要性：会议纪要与会议纪录不一样，不是有言必录，而是提要性的，是将会议中重要的情况、重大问题的决定和决策意见简明扼要地陈述出来。

（四）会议纪要的种类

按照会议的性质，会议纪要可以分为：

（1）决定性会议纪要：决定性会议纪要对与会单位具有指示和指导作用，具有决定的性质。因为它反映的是会议的结论性意见，具有较强的政策性。这种会议

纪要必须经过大会讨论通过，才能发布。

(2) 情况性会议纪要：情况性会议纪要，只起让与会单位了解会议进程和基本情况的作用，它反映的是会议的基本情况。

二、会议纪要的写法

会议纪要一般由标题、成文日期、正文三个要素构成。

1. 标题

会议纪要的标题一般由会议名称和文种两部分组成。

2. 成文日期

会议纪要成文日期一般加括号标注在标题之下正中位置。也有的标写在正文之后。

3. 正文

正文是会议纪要的主要部分。一般由开头、主体和结尾三部分组成。

(1) 会议纪要的开头。一般要写明会议的概况，包括会议召开的时间、主持召开会议的单位、开会地点、参加会议的人员以及会议的议题等。有的还写会议程序和概述会议总的情况。这一部分要写得简明扼要。

(2) 会议纪要的主体。记述会议的要点，主要写清三个方面的内容：第一，说明议题。主要是提示会议的宗旨，中心议题，内容不易多写，文字要高度概括。第二，分析形势，研讨问题。主要是阐述会议讨论的重大问题，或者是对工作情况的基本估计，总结经验，提出需要解决的问题。这一部分常在段落或层次之首冠以“会议认为”或“与会代表一致认为”作为提挈语。第三，阐述会议结果。这是会议纪要最重要的一部分，主要阐述会议讨论的意见、形成的决议、作出的决定、提出的要求、需要采取的措施等等。这部分常在段落和层次之间冠以“会议要求”、“会议决定”和“会议强调”等词语作为提挈语，以引出会议的主要精神。写这一部分常用的结构方式有：

① 归纳式。就是对会议内容进行分类整理，划分出一个一个问题，把每个问题作一个部分，大的部分之间还可以再分小的部分，每个部分的前面可以加序号，也可以加小标题。然后再按内容的自然顺序或者逻辑顺序排列起来。规模较大、涉及问题较多的会议，一般采用此法写会议纪要。

② 综述式，也叫概述式。就是把会议内容综合到一起，概括地反映出来的一种写法。这种写法比较适用于规模较小的会议的纪要。

发言记录式。这是一种写出发言者的姓名，并按发言的顺序，把每个人发言的要点如实地写出来的方法。这种写法用得不多，一般只见于某些座谈会纪要。

(3) 结尾。提出希望和号召，或者列出尚未得到解决的问题，供以后继续研究探讨。

三、会议纪要的写作要求

(1) 客观整理，保证真实。会议纪要是会后形成的文件，是对会议情况实事求是的反映，一定要保证内容的真实性。会议纪要的撰写者在会议期间要尽量全面掌握会议的情况；在综合会议内容时，只能进行必要的归纳、概括和提炼，不能随便增减内容或想当然地修改原意。

(2) 详略得当，突出“要点”。撰写会议纪要一定要抓住“要”字，紧紧围绕会议的中心议题，抓住会议要解决的问题，立足会议的实际情况，体现会议的主要精神。对会议材料要去粗取精，对与会者的发言要归纳出代表性、典型性的意见。对会议的一般内容不宜写得过于具体，要写得原则些，但要注意写好结论性的意见。

(3) 切忌将会议纪要写成会议决议和会议记录。会议纪要即使在会议结束前写出，其成文日期也不能写成会议结束前的时间。可以写成会议结束的同日，一般是会后正式定稿的日期。

【会议纪要案例】

中共××市委常委会议纪要

[2014]×号

时间：二〇一四年九月××日下午至××日

地点：市委主楼 218 会议室

主持人：×××

出席：×××、×××、×××、×××

列席：×××、×××、×××、×××

议定事项：

一、会议认真学习了省委 20××年×月××日《关于进一步统一认识，坚决搞好治理整顿的通知》，对我市前段治理整顿的情况和一季度形势逐项进行了分析和深入讨论，进一步统一了思想，明确了当前和今后治理整顿的任务和工作重点。

会议认为，半年来我市在贯彻中央治理整顿方针的过程中，态度坚决，工作扎实，初见成效，但对成绩不能估计过高，要看到思想认识的差距和治理整顿任务的艰巨，要按照中央精神，进一步统一思想，认真抓好治理整顿的各项工作。

会议决定：

在省委传达中央工作会议精神后，召开市委工作会议，通过传达中央工作会议精神，分析我市治理整顿形势和任务，提高认识，统一思想、动员广大党员一心一意搞好治理整顿。会议定于4月底召开，由市委办公室做好会议筹备工作。

二、听取了××同志关于20××年庆振兴××立功竞赛表彰大会准备工作的汇报，原则同意“立功办”提出的大会方案及召开时间，原则同意市级劳模及文明单位的名单，责成“立功办”根据市委常委意见进行调整，并做好大会准备工作。对有些需要进一步研究的问题由“立功办”再作准备，向书记办公会汇报。

复习思考题

一、请你代本学院给实习单位写份联系函，单位名称、实习人数、学生专业等事项自拟。

二、根据最近召开的班会或参加院、系学校等其他有关会议的内容，拟写一份会议纪要。

第十六章　公告、通告、议案

内容提要

公告的特点、种类和写法

通告的特点、种类和写法

学习目标

★ 明确公告与通告的区别

★ 掌握公告的写法

★ 掌握通告的写法

第一节　公　　告

一、公告的用途、特点、种类

公告适用于向国内外宣布重要事项或者法定事项。公告通常是国家向国内外宣布某些重大事项时才使用，一般单位不宜用公告行文。新华社、司法机关、以及一些政府机关有时可根据授权使用公告。

（一）公告的特点

（1）法规性：公告以国家宪法、法律和法规为依据，并且紧密结合具体情况而制定，具有法定权威和行政约束力。

（2）庄重性：发布公告的单位是国家领导机关、地方行政机关，公告的内容是国内外关注的大事，是公开郑重的宣布，因此内容、形式、行文语言都要求庄重、慎重。

（二）公告的种类

公告，从行文的内容和作用来划分，可以分为重要事项性公告和法定事项的公告。

（1）重要事项的公告。重要事项的公告是用来宣布有关国家的政治、经济、军事、科技、教育、人事、外交等方面需要告知全民的重要事项。包括：代表资格审查公告；国家主要领导人健康状况的公告；罢免代表资格或撤销人大常委会组成人员职务的公告等。

（2）法定事项的公告。法定事项的公告是依照法律和法规的规定，一些重要事情和主要环节必须以公告的方式向全民公布。包括公布重要法律的公告、关于重要制度的变更的公告等。

二、公告的一般写法

（1）公告写作比较简单，在结构上一般包括标题、正文和发文机关名称、日期等部分。

① 标题。公告的标题一般有三种形式：发文机关名称、事由、文种组成；）发文机关名称、文种组成；只标示文种。

② 正文。公告的正文，一般由三个部分构成：依据部分，写明发布公告事项的根据；事项部分，即发布公告事件的内容；结语部分，常用“现予公告”“特此公告”等语作结。

（2）公告的写作要求：

① 要直陈其事，一事一告，内容就实避虚；语言要严肃庄重，不发议论，不加说明。

② 一般的单位不能随意滥用公告。

【公告案例】

税务违法案件公告

×地税告字〔2014〕第6号

税务违法案件名称：×××市××工贸有限公司涉税案

单位名称：×××市××工贸有限公司

法定代表人：××

地址：×××市××新路88号

纳税人识别号：

检查所属期限：2011年1月1日至2011年12月31日

×××市××工贸有限公司经营范围：餐饮；纯净水生产及销售等。

一、纳税人税务违法事实

经查，该公司于2011年1月1日至2011年12月31日期间，采用其他违法违章类型的手段，少缴2011年度房产税15 825.46元，个人所得税1 150.48元。

二、处理、处罚依据及意见

（一）根据《中华人民共和国税收征收管理法》第三十一条“纳税人、扣缴义务人按照法律、行政法规规定或者税务机关依照法律、行政法规的规定确定的期限，缴纳或者解缴税款”之规定，责令该公司限期补缴房产税15 825.46元。

（二）根据《关于贯彻〈中华人民共和国税收征收管理法〉及其实施细则若干具体问题的通知》（国税发[2003]47号）第二条第三款“扣缴义务人违反征管法及其实施细则规定应扣未扣、应收未收税款的，税务机关除按征管法及其实施细则的有关规定对其给予处罚外，应当责成扣缴义务人限期将应扣未扣、应收未收的税款补扣或补收”之规定，责令该公司补扣并解缴2011年度个人所得税1 150.48元。

（三）根据《中华人民共和国税收征收管理法》第三十二条“纳税人未规定期限缴纳税款的，扣缴义务人未按照规定期限解缴税款的，税务机关除责令限期缴纳外，从滞纳税款之日起，按日加收滞纳税款万分之五的滞纳金”之规定，对该公司2011年度少缴的房产税加收滞纳金。

（四）根据《中华人民共和国税收征收管理法》第六十四条第二款“纳税人不进行纳税申报，不缴或者少缴应纳税款的，由税务机关追缴其不缴或者少缴的税款、滞纳金，并处不缴或者少缴的税款百分之五十以上五倍以下的罚款”之规定，对该公司少缴纳的房产税处以50%的罚款7 912.73元。

（五）根据《中华人民共和国税收征收管理法》第六十九条：“扣缴义务人应扣未扣、应收而不收税款的，由税务机关向纳税人追缴税款，对扣缴义务人处应扣未扣、应收未收税款百分之五十以上三倍以下的罚款”之规定，对该公司少扣缴的2011年度的个人所得税处应扣未扣税款百分之五十的罚款575.24元。

三、案件执行情况

×××市地方税务局稽查局下达了《税务行政处罚事项告知书》和《税务处理决定书》后，该公司既未提出听证，也未要求申辩，以自动履行方式缴纳了税款、滞纳金和罚款，此案件现已执行完毕。

特此公告

×××市地方税务局稽查局（公章）

二〇一四年八月×日

第二节　通　告

一、通告的用途、特点

通告适用于公布社会各有关方面应当遵守或者周知的事项。它是一文种在公务和业务管理中应用范围广泛、使用频率较高的具有知照性和一定约束力的普发性下行公文。

(一) 通告的特点

1. 内容的广泛性

通告的内容可涉及国家的法令、政策、也可以用来公布社会生活中的一些具体事务，如更换自行车牌照等。

2. 范围的局限性

通告只能在一定范围内公布，让一定范围内的人民群众遵守和周知的事项。

(二) 通告的种类

通告，按其作用的不同，可分为事项性通告、法规性通告二种。

(1) 事项性通告，是国家机关、社会团体或企事业单位为使某项涉及群众的事项迅速得以周知而发布的公文，包括告知性通告、限期办理性通告和就某一事项发出指示、政策的通告。

(2) 法规性通告，是国家的各级权力机关、人民政府和人民法院、人民检察院等机关以通告的形式直接发布的具有普遍约束力的法律、法规文件，要求所辖地域的人们必须认真执行，不得违背。

二、通告的一般写法

(一) 标题

通告的标题由发文机关名称、事由、文种三部分组成；有的省去事由；内容简单或难以概括标题的，只写“通告”二字。

(二) 正文

通告的正文一般由三部分内容构成。首先写清楚发布通告的目的和法律的依据。接着以“特此通告如下”作为过渡语，转入第二部分内容即通告的具体事项。第二部分一般采用分条列项的方法写出(通告事项单一的可例外)。最后单列一段提出希望和要求，或说明实施期限和告知有效范围。

（三）结语

一般采用“此告”“特此通告”等语。

三、通告的写作要求

（一）语言通俗易懂，准确明白

为便于受文对象的认读、理解、记忆和遵循，通告在语言表述上既要注意适应广大群众的普遍水平，做到通俗易懂，又要注意结合专门事项的要求恰当使用专业术语，使表达准确、明白。

（二）注意通告与公告的主要区别

通告、公告都是知照性公文，都具有很强的知照作用。但同时它们在许多方面具有严格的区别，不可混用。

(1) 重要程度不同。公告用来宣布国内外关注的重大事件；通告多用于宣布一般性的事项。

(2) 受文对象不同。公告范围很广，向国内外宣布，全国公民乃至全世界周知；而通告则是就某一部分的某项问题发布的，它只适用于某一限定范围内。

(3) 发布权限不同。公告是国家领导机关使用的公文，一般部门和单位不得使用这一文种；而通告是基层企业单位、事业单位、街道、村民委员会等均可制作、使用的一种公文。

【通告案例一】

2014注册会计师考试准考证下载打印的通告

2014年度注册会计师全国统一考试综合阶段考试将于2014年8月23日举行，专业阶段考试将于2014年9月13日至14日举行。现将考试准考证下载打印相关事宜通告如下：

一、综合阶段考试准考证下载打印时间为2014年8月4日至8月22日。专业阶段考试准考证下载打印时间为2014年8月27日至9月12日。请考生合理安排时间，尽早完成准考证下载打印工作。

二、考生可登录注册会计师全国统一考试网上报名网站(http://cpaexam.cicpa.org.cn)，以注册用户身份登录进入，下载打印准考证。

三、对于申请修改过姓名或者身份证件号码的考生，需要重新注册才能够下载打印准考证。对于姓名中有问号的考生，需要到报名所在地方注册会计师协会对准考证进行盖章确认。

四、未完成报名、未成功交费、未录入毕业证编号及未通过学信网学历认证的考生不能下载打印准考证。

考生在下载打印准考证期间，如有问题或疑问，请向当地注册会计师协会或我会进行咨询。我会咨询电话为(010)88250110。

中国注册会计师协会(公章)

二〇一四年八月五日

(来源：新浪教育)

【通告案例二】

9月4日大型骨科名医义诊通告

×字备登字(2014)第××号

经上海市浦东新区卫生和计划生育委员会批准，我院组织多名骨科专家举行“感恩父母，为健康放行”骨科名医大义诊活动。义诊期间本着“便民惠民看好病，全心全意为患者”的原则，为每个病例把关、为每位患者省钱、对每位患者负责。特别开通(免专家挂号费、免诊疗费)双项绿色就医通道，向广大颈肩腰腿痛、腰椎间盘突出症、颈椎病患者提供专业的咨询服务。

颈腰疾病危害大，早治早好早安心

颈肩腰腿痛在中老年人眼中看来是老毛病，能熬就不去看医生。症状不典型或疼痛不明显时，患者往往自诊自疗，从而错过了最佳治疗时机，加重了病情。颈椎病、腰突症患者神经根受压，若不及时治疗，年深日久导致颈肩、腰腿部疼痛、肢体麻木、头晕目眩、记忆力下降、心律不齐、脊柱变形、活动受限，跛行越发严重。如果反复不愈一味拖延，会导致骨质增生、骨刺、椎管狭窄、坐骨神经痛甚至偏瘫，极大影响患者的生活以及工作。所以广大颈肩腰腿痛患者应正视疾病，在专业骨科医生的帮助下，争取早诊断、早治疗、早康复，既为了自己的健康也让家人好放心。

义诊活动医者心，患者专家面对面

此次义诊活动于9月4日8:00正式启动，由×××院长(首席专家、骨科学科带头人)领衔骨科界权威专家×××(主任医师、教授、全国百名优秀医生、国务院特殊津贴获得者)\脊柱微创治疗委员×××(主任医师、教授、原三甲医院骨科主任)、庄洪岗(副主任医师、原××市第×人民医院骨伤科主任)组成骨科专家团，为被颈肩腰腿痛困扰的老百姓排忧解难。

义诊时间:9 月 4 日(周四)8:00—15:00

地址:浦东新区浦东大道×××号(甲)

上海××医院爱心提示:本次义诊全部采用预约报名的方法。

义诊电话预约:021—×××××××××

义诊备案编号:×字备登字(2014)第 0011 号

上海××医院(公章)

二〇一四年九月二日

(来源:新闻晨报)

第三节 议 案

一、议案的用途、特点、种类

议案适用于各级人民政府按照法律程序向同级人民代表大会或人民代表大会常务委员会提请审议事项。由此可以看出,议案的发文机关为各级人民政府、受文机关是同级人民代表大会或人民代表大会常务委员会。功用为提出审议事项和审议请求。

(一) 议案的特点

1. 行文的定向性

议案不是普发性公文,在行政机关只能由人民政府行文,行文时,发文机关可以署政府主要负责人。议案只能向同级人民代表大会或人民代表大会常务委员会行文,不能向别的任何部门和单位行文。

2. 内容的说服力

议案涉及的内容是其人民代表大会或者人民代表大会常务委员会职权范围内的该地区(域)重大事项或重要问题,因此,提交议案一定要把理由和根据写清楚,要言之有理,具有说服力。

(二) 议案的种类

1. 立法议案

立法议案主要是二种:一是政府机构制定了某项法律或法规之后提请人大审议通过时用,如《国务院关于提请审议〈中华人民共和国著作权法(草案)〉的议案》;二是建议、请求某行政机构制定某项法规时用,如《关于尽早制定我省普及九年制义务教育实施条例的议案》。

2. 任免议案

行政机关向权力机关提请任命、免去或撤消行政机关工作人员职务，请求人民代表大会审议批准的议案。如《国务院关于提请××等同志职务任免的议案》。

3. 建议议案

以行政部门的身份向权力部门提出建议，也可以使用议案。

4. 重大事项的决策性议案

关于财政预算决算、城乡发展规划、重大工程上马以及政治、经济、文化、教育、科技、卫生等领域中的重大事项的决策，需要提请人民代表大会审议批准时使用的议案，就属于重大事项的决策性议案。如《国务院关于提请审议兴建长江三峡工程的议案》《沈阳市人民政府关于组织动员全市人民综合治理开发建设浑河沈阳城市段的议案》。

5. 按"议案"的作者区分

主要有以下四类：第一，人大常委会"议案"，是各级人大常委会在本级人民代表大会上提出的"议案"。第二，人大专门委员会"议案"。这是各级人大的各专门委员会本级人民代表大会上提出的"议案"。第三，人民政府"议案"。这是人民政府向本级人民代表大会或其常委会提出的"议案"既有会上的，也有平日的。第四，人大代表"议案。这是各级人大代表在本级人民代表大会上提出的"议案"。

6. 按"议案"的形成时间区分

主要有以下两类：第一，平日"议案"。主要是从人民政府就日常工作中的有关重大事项向本级人大常委会提出供常委会议审议的。第二，会上"议案"。主要是人民代表大会召开期间，与会的人大常委会、人大专门委员会、人民政府和人大代表就有关重大事项向该次会议提出并供其审议的。

二、议案的一般写法

议案包括标题、主送机关、正文和落款几个部分构成。

(一) 标题

(1) 发文机关名称、案由、文种组成。如《××市人民政府关于提请审议〈××市乡镇企业条例〉的议案》。

(2) 案由、文种组成。如《关于提请审议修改后的国务院机构改革方案的议案》。

(二) 议案主送机关

议案的主送机关，只能是同级人民代表大会及其常务委员会，不能是其他机关。主送机关要采用全称或规范化简称。

(三) 正文

议案的正文主要包括案由、事项、结尾三个部分。案由，即提出议案的理由、根据。文字要简明扼要，又要把提出议案的理由说充分。事项，即议案中提出要求审议的具体事项，如措施、方法、方案等。结尾，即议案的结语，主要是提出的请求。一般采用习惯用语“现提请审议”“请审议决定”等。

1. 案由(案据)

议案的第一部分叫做案据，顾名思义，这部分要提供提出议案的根据。由于内容不同，这部分的篇幅长短在不同议案中会有很大差异。下面是《沈阳市人民政府关于组织动员全市人民综合治理开发建设浑河沈阳城市段的议案》的案据部分：

浑河是辽宁省第二大河，流经沈阳规划城市段50公里。长期以来，由于种种原因，造成浑河沈阳城市段河槽乱采乱挖，河障杂乱繁多，不仅直接影响城市安全防汛，而且严重污染城市环境。为了认真贯彻国家关于浑河综合治理的重大决策，提高城市防洪能力，缓解地表和地下水缺乏的矛盾，促进生态平衡，改善城市功能，适应改革开放和市场经济发展的需要，建设高科技、大生产、大流通、现代化、国际化的沈阳，根据外地经验和近几年的充分准备，组织动员全市人民对浑河进行综合治理和开发建设的条件已经成熟。为此，市政府向市十一届人大第三次常委会提出议案，请大会审议并作出相应的决议。

这个案据和常规的根据、目的、意义式的公文开头很接近。有时案据部分内容很复杂，文字也很多。如《国务院关于提请审议兴建长江三峡工程的议案》，案据部分超过全文的一半，对于这样一个耗时耗资十分巨大的工程，将理由阐述得充分一些，是很有必要的。有时案据可以写得很简短，如《国务院关于提请审议〈中华人民共和国著作权法(草案)〉的议案》，就是一个比较常见的“目的式”写法，不过三四行、百余字而已。

2. 方案

方案部分，就是对提请审议的事项或问题提出解决的途径、方法的部分。如果是提请审议已制定的法律法规的，解决问题的方案就在法律法规之中，这部分只需写明提请审议的法律法规的名称即可，但要把法律或法规的文本作为附件。如果是任免性议案，要将被任免人的姓名和拟担任的职务写明。如果是提请审议重大决策事项的，要把决策的内容一一列出，供大会审阅。如果是建议采取行政手段解决某方面问题的，要把实施这一行政手段的方案详细列出，以便于审议。不能只指出问题，而没有解决问题的方案。

3. 结语

结语是议案的结尾部分，主要用于提出审议请求。一般都采用模式化写法，言简意赅。如：“这个草案业经市政府同意，现提请审议。”

（四）落款

标明政府机关名称或政府负责人职务、姓名；写明成文时间。

一般行政公文，最后签署的都是发文机关的名称，而议案有所不同，要由政府首长签署。国务院提交给全国人大的议案，要由总理签署；各省、市、自治区提交给同级人民代表大会的议案，要由省长、市长或自治区主席签署。

日期格式与一般行政公文相同。

三、议案的写作要求

（一）行文要严格规范

议案的行文规范主要包括两个方面。一是议案只能用于国家行政机关向同级国家权力机关提请审议事项，行政机关的其他事项需要与权力机关沟通时，不能使用议案行文；二是国家行政机关向同级国家权力机关提请审议事项时只能使用议案行文，而不能用其他文种行文。

（二）内容要重在说理

一般情况下，凡议案的提请者要到会做一些说明，并解答代表们提出的问题，因此草拟时，一定要把理由和根据说得极其清楚，有很强的说服力。

（三）“议案”和“提案”要区分

不可将“议案”和“提案”混为一谈。其实“议案”与“提案”虽一字之差、却有本质之别。

（1）提出的主体不同。一般说来，“提案”专用于人民政协，而“议案”大多用于人大；提出人大议案，必须是法律规定的单位或代表团，人大代表提出议案必须达到法定的人数，县级以上人大代表十人以上联名、乡镇的人大代表五人以上联名才有提“议案”权。而对政协提案的主体要求相对较宽，既可以是政协的各专门委员会或参加政协的各党派、人民团体，也可以是政协委员个人或联名，人数不受限制。

（2）内容要求不同。“议案”内容相对较窄，法律规定：会议期间向人大提交议案，必须属于本级人民代表大会职权范围内，闭会期间向人大常委会提交议案，必须属于本级人大常委会职权范围内。而政协“提案”除了格式上有具体的要求，其内容上不受限制。

(3) 通过的方式不同。人大议案须经人民代表大会或人大常委会议审议后表决通过，然后形成相应的决议或决定。而政协提案，只要经过提案委员会审查，符合《政协提案工作条例》的规定，便予以立案。

(4) 时限要求不同。人大代表议案，一般只在大会期间提出，而政协委员提案，既可在全体会议期间提出，也可在休会期间提出，不受时间限制。

(5) 法律效力不同。议案具有法律的约束力，起法律的监督作用，承办单位必须执行；而政协提案不具有法律的约束力，只起民主监督作用。

【知识拓展】

国外议案

议员提交的议案（以下简称议员提案）指的是议员向议会（国会）提出的议事原案。可以说所有的国家都允许议员提交议案，只是有的国家规定单个议员就可以提交，如英国、加拿大、澳大利亚等；有的国家规定若干议员联名方可提交，如日本、韩国等；美国更是规定只有议员才有权向议会提交议案。议员提案并不等同于法律案，只要是议会职权范围内的事务，议员都有权提出议案。

一、议员提案意图的产生渊源

从各国的实践来看，议员提案意图产生渊源主要有以下几种：①竞选承诺，为赢得选举；②议员的政治理想和抱负；③政府的建议；④政党的建议；⑤选民或利益集团的建议；⑥公众的请愿。

二、议员提案的起草

议案因其内容不同可长可短，一般都需要说明提案的重要性及建议采取的具体措施。对法律案，大部分国家还要求附草拟的法律文本。议员提案的起草者主要有以下几类：

(1) 议员亲自或委托私人助理起草。

(2) 议会的工作机构起草。在英国、澳大利亚，议员有提案的意向，可以请议会的工作机构起草议案。

(3) 另外，在一些国家，议员也可以请议会的立法顾问处对自己起草或委托他人起草的议案进行修改，使其用语和形式更符合法律要求。由政府建议的议案，一般都可以请政府代为起草。由政党的工作机构或智囊机构起草。反映政党政治诉求的议案，一般都可以请政党的工作机构起草。

三、各国对议员提案内容的要求

各国对议员提案内容要求，分没有限制、适当限制、禁止性条款三种情况。对议案内容完全没有限制的国家很少。大部分国家都对议员议案内容有少量的限制。另外,有的国家规定议案不得包含某些内容,如新加坡和以色列规定议案不得包含种族主义等内容。

四、议员提案的提交

在大部分国家,对议员提交的议案无须审查。在有些国家,议员提案需经过程序性审查。

五、议员提案列入议程方式

一般说来,议员都希望多提交议案,并努力使自己的提案获得通过。为此,各国采取不同的方法来决定哪些议员的议案可以列入议程。

英国:英国议会议事规则规定,普通议员议案只能在议会会期内的每周五被讨论,所以提出议案的后座议员们必须事先向议会秘书登记,然后在星期四通过抽签的方法,挑出 20 件议员提案进入周五的议程。

加拿大:在加拿大,平民院每天有 1 小时专门用于审议普通议员提交的议案或动议,随机挑选出 20 名议员。在英国,每周二、周三全体会议质询议程完毕后,可由一名议员起立提出一项议案,他还可以就通过该议案的必要性等作 10 分钟的说明;之后,可由反对该议案的一名议员予以反驳,时间也是 10 分钟左右。该议案能否被接受,由议会全体会议表决。党团配额。

以色列:在以色列,议案的数量主要是由议会党团来控制的。

美国:在美国,控制议案数量任务主要落在议会常设委员会身上。美国国会两院各自的秘书按接收到时间先后对议案予以编号,然后送有关常设委员会,由委员会决定是否继续审议。在德国,议案主要是由各议会党团提出的。议案草稿首先要在议会党团理事会讨论,然后交其工作小组研究,最后召开议会党团全体成员讨论。议会党团内部达成一致意见后,议案就提到长老委员会,由它决定应否列入议程。

复习思考题

一、公告的特点种类有哪些?

二、通告的特点种类有哪些?

三、比较公告与通告的异同。

四、通告与通知有何异同?

五、议案的特点和种类有哪些?

第十七章　命令、决定、意见

内容提要

命令的用途、特点、种类和写法
决定的用途、特点、种类、写法和要求
意见的用途、特点、种类、写法和要求

学习目标

★ 明确命令与决定的异同
★ 掌握决定的写法
★ 掌握意见的写法

第一节　命　令

一、命令(令)的用途、特点、种类

命令(令)适用于依照有关法律公布行政法规和规章;宣布施行重大强制性行政措施;嘉奖有关单位及人员。

根据有关规定,全国人大常务委员会及委员长、国务院及总理、各地方人民政府及其首长,可以发布命令(令);国务院各部部长可以发布命令(令)。命令(令)虽然往往以领导人个人名义发布,但体现的不是个人的要求,而是权力机关的意志。

命令(令)属于上级机关主动下发的指挥性公文,具有极强的权威性和约束力,下级机关必须严肃对待,坚决执行。

(一) 命令(令)的特点

1. 权威性和强制性

命令(令)是所有公文中最具权威性和强制性的下行文种。命令一经发布,受令方面必须无条件服从,做到令行禁止,不能有丝毫偏差。

2. 使用权限有严格的限制

命令(令)一般只由国家行政机关及其领导人使用,党的领导机关一般不能单独使用,如有必要,要与国家机关联名制发命令。

(二) 命令(令)的种类

命令(令)按其内容和作用分,有公布令、行政令、嘉奖令等。

1. 公布令

公布令是依照有关法律规定发布行政法规和规章的公文。行政法规和规章不是行政公文,要公布于众,必须以行政公文中最富权威性的命令(令)来发布。

2. 行政令

行政令是宣布实施重大强制性行政措施的公文。如《××省人民政府关于查禁公路上"三乱"行为的命令》。

3. 嘉奖令

嘉奖令是表彰在工作中有重大贡献的集体和个人的公文。

二、命令(令)的一般写法

命令(令)在结构上一般包括标题、发文字号、正文、落款、发令日期等部分。

(一) 标题

命令(令)的标题有三种构成形式:

(1) 发文机关名称或发令机关领导人职务名称加文种名称两部分构成,此类标题写法常用于发布令。

(2) 发文机关名称、主要事由和文种名称构成。

(3) 标明文种。

(二) 发文字号

命令(令)的发文字号与其他行政公文的发文字号相同,也有一些命令(令)的发文字号不同于其他行政公文的发文字号,如命令中的发布令的发文字号就只标注顺序号"第××号",没有机关代字、年号。命令的发布令"第××号"表示发令机关或发令人的任职开始编列的流水号,到任职期满为止,下任再从头编号。这是命令的发文字号与其他公文不同的地方。

(三) 正文

命令的作用不同,正文的写法亦不同:

(1) 发布令,即用以发布各种法规或规章的命令,其正文须说明所发布法律法规的名称、通过或批准的机关或会议,通过或批准的时间及施行时间。

（2）行政令，即规定重大行政措施的命令，其正文包括两部分：一是说明发布命令的缘由，要做到理由充足，以达到令人信服的目的；二是写出命令具体内容，写明强制性行政措施及执行机关，要做到条目清晰，层次分明，便于执行。

（3）嘉奖令的正文一般包括三个方面的内容，一是嘉奖缘由，简要叙述被嘉奖者的主要事迹，并作出中肯的评价；二是嘉奖事项，写出嘉奖的具体内容，通常为授予的称号、记功的登记和次数及其他形式的奖励决定；三是发出号召，即号召广大人民群众向英雄人物学习，做好本职工作。

（四）落款

落款处签署发布命令机关领导人的职务名称和姓名。

（五）发令日期

命令的最后是注明发令日期。有的发令日期也可在标题下面注明。

【命令案例】

中华人民共和国主席令

第一号

根据中华人民共和国第十二届全国人民代表大会第一次会议的决定，任命李克强为中华人民共和国国务院总理。

中华人民共和国主席 习近平

二〇一三年三月十五日

第二节　决　　定

一、决定的用途、特点

决定适用于对重要事项或者重大行动做出安排，奖惩有关单位及人员，变更或者撤销下级机关不适当的决定事项。决定属于下行文，一般用于上级机关对下级机关，有时本单位内部也可使用。

（一）决定的特点

1. 强制性

决定虽然没有命令那样浓的强制色彩，但也是一种权威性很强的下行文。决定是对重大事项或行动做出部署，它不仅要让人们知道其内容，还要求人们必须无条件执行。另外，决定有时还起法规作用，在某些方面，决定往往是法规的延伸和补充，具有强制性和行政约束力。

2. 广泛性

决定的用途比较广泛，党政机关、社会团体或企事业单位对某些重要事项或重大行动作出安排，都可以用决定。其次，决定的受文对象有一定的普遍性，决定一般不向某一具体单位发出，它的内容所涉及的都是事关全局的重大问题或事项，即使有时涉及的事件比较具体，其意义也具有广泛性。

(二) 决定的种类

决定的使用范围较为广泛，种类也比较多，按照决定的具体用途和内容的不同，将其划分为两大类。

1. 对重要事项作出安排的决定

从具体事项的区别上看，常用的对重要事项作出安排的决定有法规性决定、政策性决定、布置重大事项的决定、审批性决定、表彰性决定、惩罚性决定、人事安排决定、接受组织成员决定等等。

2. 对重大行动作出安排的决定

这是一种事先对重要工作进行布置的决定，这类决定的指挥性很强。如召开会议的决定、重大活动安排的决定、重要机构设置的决定、行政区划重大调整的决定等等。

二、决定的一般写法

决定，在结构上由标题和正文两大部分组成。

(一) 标题

决定的标题包括发文机关名称、事由、文种三者缺一不可。如在报纸上公开发表的决定，成文日期应标在标题之下。

(二) 正文的写法

决定正文包括决定因由、决定事项两个部分。

决定因由，即作出决定的原因，有时讲述事件经过及其意义。这部分行文要求简明扼要，逻辑严密，用语准确。

三、决定事项的表达方式

通常有以下几种表达方式：

(1) 一段到底式。即不分段，一口气写到底。这种方式适用于内容单一、篇幅简短的决定。

(2) 分条标项式。即把决定中涉及的若干问题按照主次列成若干条项，并用数码标出。这种形式适用于牵涉较多具体问题、事项的决定。

(3) 小标题式。即把决定中每条的中心内容归纳成小标题，分列于每一部分之前。这种写法条理清晰，内容突出。

(4) 分部分表述式。即把全文分成若干部分，每一部分表达一个中心意思，用中文数码标明各部分的顺序。

(5) 决定的最后，可根据决定事项提出执行决定的要求、意见。表彰性的决定，则提出希望和号召。在行文上，可作为全文的单独一段来写，也可作为主体部分的一条来写。

四、决定的写作要求

(一) 要有政策或法律依据

决定是对重要事项或者重大行动作出安排的公文，因此，在形成文件之前，要充分搞好调查研究工作，一方面要弄清实际情况；另一方面要搞清国家的政策和法律依据，使撰写的决定既符合国家的政策和法律，又符合客观事物的实际。

(二) 事实准确，语言严谨

决定所涉及的事实，如对重要事项或者重大行动做出安排，奖惩有关单位及人员，变更或者撤销下级机关不适当的决定事项等，都要真实准确，按照事物的本来面目如实反映，既不夸大，也不缩小，以保证决定的正确性、立论的可靠性、安排部署的可行性。决定还要语言严谨，避免使用模棱两可、含糊不清的话语，以免造成受文单位贯彻执行上的困难或偏差。

【决定案例】

中共中央关于全面深化改革若干重大问题的决定

(2013 年 11 月 12 日中国共产党第十八届中央委员会第三次全体会议通过)

为贯彻落实党的十八大关于全面深化改革的战略部署，十八届中央委员会第三次全体会议研究了全面深化改革的若干重大问题，作出如下决定。

一、全面深化改革的重大意义和指导思想

(1) 改革开放是党在新的时代条件下带领全国各族人民进行的新的伟大革命，是当代中国最鲜明的特色。党的十一届三中全会召开三十五年来，我们党以巨大的政治勇气，锐意推进经济体制、政治体制、文化体制、社会体制、生态文明体制和党的建设制度改革，不断扩大开放，决心之大、变革之深、影响之广前所未有，成就举世瞩目。

(2)(3)(4)(略)

到二〇二〇年，在重要领域和关键环节改革上取得决定性成果，完成本决定提出的改革任务，形成系统完备、科学规范、运行有效的制度体系，使各方面制度更加成熟更加定型。

二、坚持和完善基本经济制度(5～8略)

三、加快完善现代市场体系(9～13略)

四、加快转变政府职能(14～16略)

五、深化财税体制改革(17～19略)

六、健全城乡发展一体化体制机制(20～23略)

七、构建开放型经济新体制(24～26略)

八、加强社会主义民主政治制度建设(27～29略)

九、推进法治中国建设(30～34略)

十、强化权力运行制约和监督体系(35～37略)

十一、推进文化体制机制创新(18～41略)

十二、推进社会事业改革创新(42～46略)

十三、创新社会治理体制(47～50略)

十四、加快生态文明制度建设(51～54略)

十五、深化国防和军队改革(55～60略)

全党同志要紧密团结在以习近平同志为总书记的党中央周围，锐意进取，攻坚克难，谱写改革开放伟大事业历史新篇章，为全面建成小康社会、不断夺取中国特色社会主义新胜利、实现中华民族伟大复兴的中国梦而奋斗！

(来源：新华每日电讯2版)

第三节　意　　见

一、意见的用途、特点

意见适用于对重要问题提出见解和处理办法。

意见这一文种是1996年中共中央办公厅印发的《中国共产党机关公文处理条例》正式列入的文种。在新形势下党的机关与行政机关联合发文中"意见"的使用频率比较高，因此，新颁布的《国家行政机关公文处理办法》增加了这一文种。“意见”不同于一般含义的意见，它是党和政府颁布方针政策的一种形式。“意见”的适用范围较宽，就其主体而言，可以适用于党政各级领导机关，就其内容而言，涉及党和政府以及企事业单位的方方面面。

（一）意见的特点

1. 内容的针对性

意见的制发往往是针对工作中急需解决的问题或必须克服的倾向，因此它提出问题及时，分析问题结合实际，提出见解、办法针对性强，目的明确。

2. 形式的灵活性

意见既可独立行文，也可与其他文种搭配行文。此外，意见既可以用于上行文、也可以用于下行文和平行文。作为上行文，用于下级机关向上级机关上报建议性意见，由上级机关作出处理或给予答复。作为下行文，用于上级机关向下级机关下发指导性意见，文中贯彻执行有明确要求的，下级机关应当遵照执行；无明确要求的，下级机关可参照执行。作为平行文，提出的意见供对方参考。它的行文方向比较灵活。

（二）意见的种类

主要分为一下三种：

1. 指示性意见

指示性意见是上级领导机关就某一问题或某项工作阐述、说明指导思想，提出原则要求的意见。如《中共中央、国务院关于进一步加强社会治安综合治理的意见》、《中共中央关于坚持和完善中国共产党的多党合作和政治协商制度的意见》。

2. 计划性意见

计划性意见是上级机关或业务主管部门就某项工作活动作出部署、安排，要求有关单位贯彻执行的意见。其内容具备计划的基本要素，但和一般计划相比，它对工作的指导思想和基本原则和方法、措施、步骤等阐述得较为具体、明确，对任务、目标的阐述侧重于宏观的定性分析而较少提出具体的量化指标。有的具有评估、鉴定作用，如《关于××市创建国家卫生城市工作的考核鉴定意见》《××县人民政府关于切实减轻农民负担的意见》。

3. 建议性意见

建议性意见是下级机关或业务管理部门就解决有关问题或推动、改进某项工作向上级机关献计献策，提出自己设想、看法和建议的意见。有的具有建议、参考作用，如《关于深化机关后勤改革的意见》就是××省人民政府机关事务管理局上报省人民政府的一份建议性意见，又如《关于加强国有土地资产管理建立储备制度的意见》是××市国土房管局向××市人民政府提交的一份建议。

二、意见的一般写法

意见一般由标题、主送机关、正文、落款四部分组成。

（一）标题

意见的标题有两种构成形式：

（1）发文机关、发文事由和文种组成。

（2）发文事由和文种组成。

（二）主送机关

上行文的意见一般有主送机关，下行文的意见，执行意图比较明确、针对性较强的、要写主送机关；涉及面较广的可以不写主送机关。

（三）正文

正文一般为前言、主体、结尾三部分。

前言部分一般交代提出意见的依据、目的、情况、意义等，回答“为什么提意见”。前言部分常用习惯用语“为……现(特)提出如下意见”过渡到下文。主体部分是核心内容，主要是对重要问题提出建议、主张及处理办法等。一般采用分条列项的写法。这部分既要讲道理、明政策、通法律，又要可实施、能操作、便督查。结尾部分，提出希望或要求。如果主体部分说清楚了，也可不写结尾。

（四）落款

落款，即标明发文机关和成文时间。由于意见带有较强的规范性，有的意见还将发文机关和成文时间置于标题之下。

三、意见的写作要求

（一）掌握好表述的分寸

意见的行文方向具有多向性，对不同行文方向的意见，要掌握好文字表述时的分寸。作为上行文意见，应按请示性公文的程序和要求办理。作为平行文的意见，提出的意见可供对方参考。作为下行文的意见，文中对贯彻执行有明确要求的，下级机关应遵照执行；无明确要求的，下级机关可参照执行。总之，意见是供别人执行或参照的，而行文对象不相同，表述和措词一定要注意把握准确。

（二）文种选用要审慎

意见的性质和功能介于建议性报告、请示、指示性通知之间，其间的严格区别还有待深入研究，所以在使用意见这一文种时，要特别注意与相近文种的区别。

【意见案例】

国务院办公厅关于实施《国家行政机关公文处理办法》涉及的几个具体问题的处理意见

国办函〔2001〕1号

各省、自治区、直辖市人民政府，国务院各部委、各直属机构：

为确保国务院发布的《国家行政机关公文处理办法》(国发〔2000〕23号)的贯彻施行，现就所涉及的几个具体问题提出如下处理意见：

1. 关于"意见"文种的使用。"意见"可以用于上行文、下行文和平行文。作为上行文，应按请示性公文的程序和要求办理。所提意见如涉及其他部门职权范围内的事项，主办部门应当主动与有关部门协商，取得一致后方可行文；如有分歧，主办部门可以列明各方理据，提出建设性意见，并与有关部门会签后报请上级机关决定。上级机关应当对下级机关报送的"意见"作出处理或给予答复。作为下行文，文中对贯彻执行有明确要求的，下级机关应遵照执行；无明确要求的，下级机关可参照执行。作为平行文，提出的意见供对方参考。

2. 关于"函"的效力。"函"作为主要文种之一，与其他主要文种同样具有由制发机关权限决定的法定效力。

3. 关于"命令"、"决定"和"通报"三个文种用于奖励时如何区分的问题。各级行政机关应当依据法律的规定和职权，根据奖励的性质、种类、级别、公示范围等具体情况，选择使用相应的文种。

4. 关于部门及其内设机构行文问题。政府各部门(包括议事协调机构)除以函的形式商洽工作、询问和答复问题、审批事项外，一般不得向下一级政府正式行文；如需行文，应报请本级政府批转或由本级政府办公厅(室)转发。因特殊情况确需向下一级政府正式行文的，应当报经本级政府批准，并在文中注明经政府同意。

部门内设机构除办公厅(室)外，不得对外正式行文的含义是：部门内设机构不得向本部门机关以外的其他机关(包括本系统)制发政策性和规范性文件，不得代替部门审批下达应当由部门审批下达的事项；与相应的其他机关进行工作联系确需行文时，只能以函的形式行文。

"函的形式"是指公文格式中区别于"文件格式"的"信函格式"。以"函的形式"行文应注意选择使用与行文方向一致、与公文内容相符的文种。

5. 关于联合行文时发文机关的排列顺序和发文字号。行政机关联合行文主办机关排列在前。行政机关与同级或相应的党的机关、军队机关、人民团体联合行文，按照党、政、军、群的顺序排列。行政机关之间联合行文，标注主办机关的发文字号；与其他机关联合行文原则上应使用排列在前机关的发文字号，也可以协商确定，但只能标注一个机关的发文字号。

6. 关于联合行文的会签。联合行文一般由主办机关首先签署意见，协办单位依次会签，一般不使用复印件会签。

7. 关于联合行文的用印。行政机关联合向上行文，为简化手续和提高效率，由主办单位加盖印章即可。

8. 关于保密期限的标注问题。涉及国家秘密的公文如有具体保密期限应当明确标注，否则按照《国家秘密保密期限的规定》(国家保密局 1990 年第 2 号令)第九条执行，即“凡未标明或者未通知保密期限的国家秘密事项，其保密期限按照绝密级事项三十年、机密级事项二十年、秘密级事项十年认定”。

国务院办公厅(公章)

二〇××年×月×日

(来源：http://wenku.baidu.com)

复习思考题

一、命令按适用范围可分为哪几种?

二、决定的种类有哪些?

三、意见有哪几种?

参 考 文 献

[1] 徐艳兰. 经济应用文写作. 北京:经济科学出版社,2010.
[2] 卢建超. 财政公文写作范例. 成都:西南财经大学出版社,2009.
[3] 饶静安. 新编应用文写作实训教程. 北京:中国水利水电出版社,2010.
[4] 陈新华,等. 财经应用文写作. 北京:华工工业出版社,2009.
[5] 陆亚萍,等. 应用文写作教程. 上海:复旦大学出版社,2011.
[6] 文天谷. 财经应用文写作教程. 上海:立信会计出版社,2011.
[7] 武小军. 经济应用文写作程. 上海:立信会计出版社,2006.
[8] 李薇. 财经应用文写作. 北京:高等教育出版社, 2014.
[9] 张兰生. 经济应用文写作. 上海:立信会计出版社, 2008.
[10] 傅宏宇,等. 财经应用文写作. 北京:北京大学出版社,2013.
[11] http://www.zhangzuijiulai.cn/
[12] http://zhidao.baidu.com/question/170539376.htm
[13] http://www.chinaddzx.com
[14] http://www.wyrj.com/study/mingren/yanjiang/60670_2.html
[15] http://www.btzx.cn/Article/zwzl/xzfd/200510/1204.html